◎ 高等院校经济与管理核心课经典系列教材 ◎

人力资源管理专业

员工培训与开发

YUANGONG PEIXUN YU KAIFA

（第三版）

赵耀 ◎ 编著

首都经济贸易大学出版社
Capital University of Economics and Business Press
·北 京·

图书在版编目(CIP)数据

员工培训与开发/赵耀编著. --3版. --北京:首都经济贸易大学出版社,2023.1
ISBN 978-7-5638-3458-7

Ⅰ.①员… Ⅱ.①赵… Ⅲ.①企业管理-职工培训-高等学校-教材 Ⅳ.①F272.921

中国版本图书馆CIP数据核字(2022)第222412号

员工培训与开发(第三版)
赵耀 编著

责任编辑 陈雪莲
封面设计 砚祥志远·激光照排 TEL: 010-65976003
出版发行 首都经济贸易大学出版社
地　　址 北京市朝阳区红庙(邮编100026)
电　　话 (010)65976483 65065761 65071505(传真)
网　　址 http://www.sjmcb.com
E-mail publish@cueb.edu.cn
经　　销 全国新华书店
照　　排 北京砚祥志远激光照排技术有限公司
印　　刷 唐山玺诚印务有限公司
成品尺寸 170毫米×240毫米 1/16
字　　数 356千字
印　　张 18.75
版　　次 2012年10月第1版 2016年1月第2版
2023年1月第3版 2023年1月总第4次印刷
书　　号 ISBN 978-7-5638-3458-7
定　　价 45.00元

第三版前言

本书距第一次再版,已经过去七年了。七年来,企业经营发展所面临的外部环境已经发生了惊人的变化。由于受到全球疫情蔓延、能源供给冲击、工资和物价螺旋式上升、供应链危机、贸易保护主义抬头、粮食与食品价格上涨、垄断和头部化加剧,以及为稳经济而发钱刺激消费等诸多原因的影响,一些国家出现了高通胀现象。与此同时,各国经济陷入衰退已成为事实。如何在全球经济开始经历通胀与衰退的当下,保持我国经济的持续性增长,已然成为国内经济学家思考的焦点。对此,有经济学家提出了用两个"深度转型"突破经济发展瓶颈的观点:一个是从以投资驱动为主到以消费驱动为主的增长结构的动力转型;第二个是用服务业的创新大发展推动制造业的转型升级。

显然,无论是实现第一个还是第二个转型成功,都需要生产型和服务型企业提供过硬的产品和服务。宏观上无论提出多么精彩的观点,最终也还是需要落实到微观的企业之中。说到底,一个国家的经济实力,拼的就是千千万万个企业的核心竞争力。而企业的制胜法宝就在于:对外,一定以客户为中心;对内,则以奋斗为本。倘若同时做到了这两点,必然说明该企业的人力资源管理成功了。在这方面,华为公司最具代表性。任总曾经说过:华为的胜利,很大程度上也是华为人力资源政策的胜利。在华为的人力资源管理纲要中也提道:华为成长和持续发展的关键驱动要素是人力资源管理,而人力资源管理不是驱动要素"之一",而是唯一。需要明确的是,企业员工培训与开发管理,作为人力资源管理中的重要组成部分,始终起到不可替代的作用。还是那句话:企业通过对员工进行知识、技能、理念、思维和心态全方位的科学系统性培训,才能够及时适应市场的瞬息万变,实现企业基业长青。可以说,对员工进行有效的培训与开发,永远是企业的追求。

作为一本再版的专门为高等院校学生编写的教科书,与第二版相比,本次修订了分布在各章节的理论阐释与论述、优化了各章的复习思考题、呈现了更具时代感的管理意识及手段与方法、修改了表述不精准的个别语句。特别是,为了给本书持续性赋能,在每章的应用案例部分,专门增选了具有中国特色的制造业企业和最具影响力的互联网企业的案例,案例迭代率达到64.3%。与此同时,本书仍然保留以下特点:

第一，易懂清晰。“大道至简”，用易于接受的思维方式将鲜活而又复杂的管理实践表达出来。考虑到教科书的使用者几乎没有企业员工培训与开发的实际经验，本书在每一章开头都有一个“课前提示”，提示使用者每章学习的目的与重点内容。同时，第四章至第八章是本书的重点部分，将企业员工培训与开发的管理活动按照流程以章的形式依次展开，即前一章的内容是管理流程中的前一个环节，后一章的内容则正好是下一个环节，从而有利于没有管理感觉的使用者树立正确的管理理念和掌握间接的管理经验。

第二，好练实用。为了培养使用者的管理技能和丰富的管理经验，本书在每一章中都穿插了一些“案例链接”内容。目的是使教师阐述和分析完理论之后，马上能够结合一个实际的管理活动，及时组织学习者展开课堂讨论，以便加深对该部分理论的理解和掌握，特别是提升学习者理论联系实际的应用能力。所以，每一个案例链接都给出了教师应带领学习者讨论的参考题目。此外，本书的每章还提供了来自现实中的案例应用题，以便锻炼学生综合运用该章理论的技能，发现、分析和解决现实管理中的实际问题，最终达到培养学习者创新意识、应用能力和管理技巧的教学目标。

第三，紧贴前沿。即使是一本专供本科生使用的教材，本书还是试图把国内外最前沿的员工培训与开发理论加以系统地介绍，力求保持企业员工培训与开发理论的完整性和引领性。从这个意义上来说，本书也是企业培训管理者的良师益友，对其管理实践具有积极的指导意义。

本次修订还增加了课程教学大纲、各章复习思考题答案、各章应用案例参考答案以及教师用教学课件，可以从“首都经贸教材服务”公众号获取。为了满足当前任课教师的教学要求，在该课件的每一章内容中，专门融入了思政元素。

本书前两次的编写，均得到了我的学生的帮助与支持，他们承担了部分资料搜集工作。在此，向曾经参与过这项工作的宋凯、王卓然、潘芳芳、金虎、周天绿、欧阳颖楠、徐太辉、雷文博和顾启赟同学，再次表示真挚的感谢。

同时，在编写过程中，参阅和引用了国内外相关学者的学术著作和研究成果，这些已尽可能地在书中做了注释或列为参考文献。借此机会，向该领域早已取得卓越成就和做出突出贡献的前辈与同仁表示衷心的感谢。

鉴于编写水平有限，本书可能存在不足。衷心期待读者提出宝贵的意见和建议，以使其日臻完善。

赵耀

2022 年 9 月 30 日

目 录

第一章

企业员工培训与开发概述

★ 课前提示 ★

虽然员工培训与开发对企业来说，是一种人力资本投资行为，确实要付出代价，但是，今天为员工培训与开发所付出的每一份辛苦和每一分金钱，都会在明天转变为企业的巨大财富！本章将回顾企业员工培训与开发的演变历程，分析员工培训与开发在企业中的地位与作用，探究员工培训与开发和企业竞争优势之间的内在关系。

第一节 员工培训与开发的概念及发展历史

一、员工培训与开发的含义

培训(training)与开发(development)是两个既相互联系又相互区别的概念。

(一)人力资源培训的概念

所谓人力资源培训，是指组织通过更新员工知识、增强员工技能、完善员工个性特质、激发员工工作动机和引导员工工作行为而满足岗位当前绩效需要所进行的一切有计划、有组织的活动。

(二)人力资源开发的概念

所谓人力资源开发，就是通过发掘、培养、发展和利用人力资源以满足组织未来需要的活动。它以人力资本投资为前提，包括人力资源的教育、培训、管理以及人才的发现、培养、使用与调剂等诸多环节，通过政策、法律、制度和科学方法的运用，提高人的素质和能力，挖掘人的潜力，力求人尽其才、才尽所能，促进企业和社会的发展。人力资源开发主要包括国家、企事业单位和社会团体，以及家庭和个人三个层次。其中企业是人力资源开发的重要主体，主要是制定有效的用人机制和开发机制，发现人才、培养人才、提高各类人员的素质和技能，调动其工作积极性、主动性和创造性，取得人力资源使用效益。

（三）员工培训与开发的概念

所谓员工培训与开发，是指企业通过一定的措施和手段，更新和提高员工的知识与技能，改善员工的工作态度和胜任特质，激发其潜在的创造力，促进员工努力实现自身价值，增强员工的工作满意度和对组织的归属感与责任感，从而提高企业的工作效率，实现企业人力资本增值和预期的社会经济效益，是有目的、有计划、有组织的人力资源管理活动。

本书将培训与开发作为逻辑上一脉相承的整体来看待，但也有不少专家和学者对培训与开发两者加以区分，赋予不同的含义而分别进行阐述和应用。

传统意义上的培训集中于员工现在的工作，关注现在，侧重近期目标，重心放在为提高员工当前的工作绩效从而开发员工的技术性技巧，以使他们掌握基本的工作知识、方法、步骤和过程，也正因为如此，员工培训具有一定的强制性。相对而言，开发则集中于员工对未来工作的准备，着眼未来，是一种具有长远目标规划的行为，目的是挖掘和激励员工潜在的能力和素质，使员工掌握将来工作可能需要的知识和技能，以应对随着企业内外部环境变化所带来的新要求。开发过程中所学习的内容并不一定与员工当前的本职工作直接相关，相对于培训的强制性，它更要求员工有参与开发的积极性。为帮助读者区别传统的员工培训与员工开发，这里基于表 1－1 列出了二者的比较特征。

表 1－1　员工培训与开发的比较

项 目	侧重点	时 间	内 涵	参与性	阶段性	工作经验
员工培训	当前工作	较短	较小	强制	较清晰	运用度低
员工开发	未来发展	较长	较大	自愿	较模糊	运用度高
相同点	二者都是一种由组织规划的学习过程，目的是通过把培训内容与员工、企业目标需求联系起来，促进个人和企业的成长，其中培训是开发的基础性工作，二者的边界趋于模糊					

然而，随着培训工作战略地位的凸显，员工培训与员工开发之间的界限日益模糊。培训是开发的基础，开发是在培训的基础上进行的更具前瞻性、针对性的完善和提高人力资本活动。对于企业来说，现代培训与开发都是注重员工与组织当前和未来发展需要相匹配的重要的人力资源开发工作，二者本质上是

一样的，随着时代的发展，员工培训与开发必将是同样必要且同样重要的。

二、员工培训与开发的历史沿革

（一）早期的学徒培训阶段

18世纪，由熟练技术工人经营的小店铺为了满足顾客对商品不断变化的需求，店主不得不额外雇用工人。但当时并没有出现类似今天的职业学校和技术学校，所以店主们只能自己训练新雇用的且毫无工作经验的工人。这些学徒向师傅学习手艺，只能拿到很少的工资或根本就不拿工资，直到自己成为熟练工为止。后来，这种模式被运用于内科医生、老师、律师等行业。

这个时期的人力资源开发活动，基本是一对一的师傅带徒弟式的培训。这种培训方式在今天的许多行业，特别是实践性强的行业仍被采用。

（二）早期的职业教育阶段

1809年，美国人戴维特·克林顿在纽约城建立了第一所公认的私人职业学校，也是一所手工技能培训学校，旨在给失业或有犯罪记录的、无熟练技术的年轻人提供职业培训机会，这是职业教育的雏形。如今，职业教育已经成为各国公共教育系统中非常重要的一部分。

（三）工厂学校的出现

工业革命时期，随着制造业的出现，一方面大量新工人不具备操作新机器的知识和技能，另一方面经验丰富的老员工也需要重新参加培训，对熟练技术工人的需求很快超过了职业教育学校毕业生的数量。为了满足这种需求，工厂开始尝试自行建立被称为“工厂学校”的机修和机械培训学校。其中比较有代表性的是福特公司的工厂学校，这对福特“T形”汽车引领时代潮流起到了很大的推动作用。第一次世界大战期间，为了满足对军事设备的巨大需求，许多生产非军工产品的工厂不得不重新装配机器并培训它们的工人，这更加促进了对非熟练工人的培训。这期间美国海运委员会主管查尔斯·艾伦创建的“演示、讲解、操作、检验”四步骤指导方法至今仍在企业员工的培训中使用。

（四）培训职业的创建与专业培训师的产生

第二次世界大战的爆发，使得人们不得不重新开始依赖工厂生产军需用品，美国联邦政府为此建立了行业内部培训服务机构（TWI）来组织和协调培训计划，培训项目包括与国防领域有关的各个工业领域。TWI同时还开展了公司的培训员在各自的工厂里开展培训项目的活动，并对工厂和培训服务机构的主管进行培训资格认证。

1942年美国成立培训指导协会（ASTD），为培训行业建立了标准，培训职业得以创建，专业培训师由此产生。

（五）员工培训与开发的蓬勃发展阶段

1. 培训地位上升，理念更新。随着知识经济时代的到来，知识型工人超过产业工人成为最大的工作群体，更多工人转入知识型工人队伍，培训与开发任务愈加繁重。与此同时，企业也将面临越来越多的变化与挑战，人们相信赢得竞争优势的关键在于开发和利用智力资本，这自然就使得人力资源工作中的培训开发成为战略的伙伴，培训的战略地位大大提高。让培训中心参与领导层战略制定，将员工培训开发计划纳入企业发展战略规划，根据战略变化调整员工培训开发内容、策略和活动等。时代的发展和企业的改观，也带来了培训与开发理念的更新，从重视“学习内容”到注重“学习速度”，从“以工作为中心”到“以人为中心”，从注重“投资”到注重“效益”，从“福利”到“竞争之本”，企业管理者对培训与开发的认知不断提升，也不断推动着培训与开发事业的新浪潮及其螺旋上升的良性循环。

2. 培训领域和培训内容不断扩展。正如前文所说，人力资源在企业发展中的作用越来越受到人们的重视，人力资源开发与培训工作也成为企业发展和战略变革的重要工具。管理者们逐渐意识到，人力资源的开发必须与企业的战略和目标相配合，在支持组织战略目标实现中充当重要角色，从而把组织建成高绩效的工作系统。在这种大背景下，培训与开发的领域得以扩充，凡是与企业战略相关的领域都可以成为人力资源开发与培训的内容。再者，在行业发展对从业者资格要求不断提高、变换加快、专业分工不断细化的大趋势下，智力资本开发与利用不仅在于传授知识和技能，其更深层次的价值在于培养企业内员工的系统理解能力和创新能力，在于不断提升员工可迁移性的本质潜能。由此，各类新的专业化、针对性强、系统化的培训层出不穷，以适应时代、企业和个人的发展。

3. 培训形式日新月异，呈现高科技、社会化趋势。首先，除了原有“工厂学校”形式的技能培训之外，建立与企业发展战略相匹配的企业大学逐渐成为一种新选择。据统计，在美国排名前500强的公司中，约有70%都拥有自己的企业大学。其次，员工培训与开发也大规模出现“外包”，传统企业自身进行的培训开发方式可能由于企业内部资源的限制而难以有效、及时进行，引进培训外包，将员工培训交给外部具有这方面核心能力的供应商来完成，成为当今很多企业的选择。再次，利用高科技来丰富培训的手段和形式，提高培训水平，是近年来逐渐兴起的潮流，特别是多媒体、卫星传输和其他新技术，互联网的发展更是打破了时间和空间的限制，方便满足即时、不同步的学习需求，给培训业带来根本性的变革。同时，培训多元化和社会化发展势不可挡，培训开发的一种未来趋势是企业之间联合起来，共同开展培训，并将培训与咨询相结合，更充分地利用培训项目开发设计人员和顾问资源，从而推动培训方式的灵活结合，建立综合性共享平台。

4. 全球化推动培训质量成为培训的生命。经济全球化，每一个企业必须面对国际市场，每个行业都在从现有分割的竞争局面逐步走向内外一体的新局面。各培训部门积极借鉴国外成功企业或培训机构的经验和运作模式，加快自身培训开发与国际接轨的步伐，有效弥补国内培训内容和形式的不足，同时获得新的外部资源注入，开辟新的教育培训渠道，既是培训机构生存发展的必然选择，也是未来协作性社会的需要。像其他行业一样，培训产品和服务也将实施国际标准，高质量标准化的培训体系和课程设计会更具有广阔的市场前景。为了规范培训行业的发展，同时给各培训机构提供指导，1999 年 12 月国际标准化组织（ISO）颁布了《ISO 10015：质量管理——培训指南》，它是由国际标准化组织在全世界推广的、适合各种规模、各类组织的一套通用的、规范的人力资源培训开发过程的专用标准。2001 年 3 月 20 日，中国国家质量技术监督局正式发布了 GB/T 19025—2001 idt ISO 10015：1999《质量管理培训指南》国家标准，这是对前者的等同转化。ISO 10015，不仅仅是一个指南性标准，更为企业培训与开发未来发展确立了明确目标。

☞ 案例链接　三星特色培训

“人才第一”位居三星五大核心价值观之首，也是三星（SAMSONG）几十年来注重和坚持的价值观。三星把员工培训视为企业经营的一个组成部分，而且是不可或缺的重要部分，无论工作多忙，都要保障培训计划的落实。三星建设培训体系的宝贵经验，尤其是在员工培训方面的很多经验和做法，值得我国企业借鉴。

一、三星特色的培训理念

很多企业认为培训是一种员工福利，这是对员工培训的一个误解。对员工培训的目的之一是让其更好地完成本职工作，在提升员工能力和素养的同时，也为公司的发展做出贡献，这正体现了企业与员工是合作伙伴的关系。企业发展离不开优秀的员工，而员工的发展同样离不开企业提供的舞台和环境。让员工养成良好的工作习惯，除了依靠公司的制度之外，持之以恒的员工培训是非常重要的手段。

有人把三星比喻成培养人才的学校，认为三星投入大量资源培训员工，若员工在培训完就选择跳槽，那不就是给其他企业培养人才了吗？对此，三星有着不同的看法：三星培养出来的人，如果能到其他企业去发挥作用，这同样是在做对社会有意义的事，这从另一个角度来看，体现了三星为人类社会做贡献的经营理念。在注重培养内部员工的同时，三星也有很多下属企业积极协助供应商进行员工培训，有的公司还派人到供应商那里进行无偿的现场指导,三星韩国总部还免费给供应商的员工提供培训场地和讲师资源。可以看出,三星把别人认为“虚”的企业文化一点一滴地融入了实际工作当中,甚至是细微的培训实践当中。经营理念的文字描述不是一种摆设,“为人类社会做贡献”已表现到实实在在的行为当中,能够让人感受到企业文化的存在。三星的培训理念是其企业文化的一脉之血,正是这种思想影响着三星集团在培训上的不同作为。

二、三星特色的培训体系

十年树木,百年育人!员工培训和人才培养是长期的工程,必须持续不断地有目标、有计划地去实施。企业除了要招聘适合的员工以外,决不能忽视内部的培养和训练。而要培养出适合本公司发展所需要的人才,完善的培训体系是必不可少的。如果说公司高层注重人才培养是一个企业实施员工培训的先决条件,那么,建立有效而又适合的培训体系,则是保证企业持续开展员工培训的第二个重要条件。完善的培训体系,能够保证所有的员工都可以在各自的岗位上接受相应的培训,同时,可以根据公司发展的需要有主有次地进行培训和对培训对象的管理。

很多企业只注重课程的选择,忽略了培训体系的建设;只注重课堂上的培训效果,忽略培训后的行为改变;只注重在规定时间内花掉经费,未能对症下药,甚至选错了培训对象;只注重短期目标,忽略了长期目标;等等。如果企业不能建立适合的培训体系和适用的培训计划,以上的问题就不能得到很好的解决。

当然,培训也要看企业处于哪个发展阶段。处于生存阶段的企业,重点是解决生存问题,自然就没有精力做培训,但企业一旦渡过了这个阶段,员工培训是必不可少的,否则就会出现占领了地盘却无人防守的局面。对此,三星一直坚持的观点是,企业在建设自己的培训体系的过程中,必须分析公司的发展战略和现况,维持层级和职能的平衡,征询企业各部门的建议和要求,制定培训制度,并落到实处,还要兼顾员工自我表现发展的需要。以人才和技术为基础,创造最佳产品和服务,是企业基业长青的关键。尤其对于人员规模不断扩大、公司业务处于迅速发展阶段的企业而言,尊重人才,重视人才,力争建立一套具有国际竞争力的人力培养制度,是企业求生存求发展的前提。

三星的培训体系包括:培训组织机构、培训课程体系、讲师队伍建设、培训支持体系。

三星特色的培训系统(ETS)课程包括 WSTC 课程(一线员工素养培训)、TWI 课程(基层管理者培训);MTP 课程(中高层管理者培训)等十二大模块。

模块 1:WSTC(workmanship training)一线员工素养培训;

模块 2:TWI(training within industry)基层管理者培训;

模块3:MTP(management training program)中高层管理者培训;

模块4:EMTP(effective management thinking process)理性思维流程;

模块5:PMDP(production manager development program)现场管理能力提升培训;

模块6:MAT(marginal ability training)极限能力培训;

模块7:QC(quality control)质量管理培训;

模块8:IE(industrial engineering)工业工程培训;

模块9:TPM(total productive maintenance)全员生产维护培训;

模块10:6σ DMAIC(six sigma)方法论培训;

模块11:OA(office automation)办公自动化培训;

模块12:TTT(training the trainer)内部培训师培训。

课堂讨论:三星集团的特色培训体现了哪些现代企业培训与开发蓬勃发展的趋势或特点?

第二节 员工培训与开发在企业中的地位与作用

一、培训与开发和企业人力资源管理的关系

(一)人力资源管理的主要模块

1. 工作岗位分析。所谓工作岗位分析,是指通过岗位信息收集和分析,明确工作目标、工作内容以及工作职责中所需完成的工作任务,并提出该岗位工作者应具备的胜任素质的管理活动。通常,企业以岗位说明书的形式对工作岗位分析的结果加以表达,该表达形式既有对岗位“事”的描述,也包括对从事岗位工作的“人”的要求。它是人力资源管理工作的基础性平台(如图1-1所示),这项工作的好与坏将对其他人力资源管理模块产生举足轻重的影响。

2. 人力资源战略规划。人力资源战略规划是一项系统性工程,它以企业发展战略为指导,以全面核查现有人力资源、分析企业内外部条件为基础,以预测组织对人员的未来供需为切入点。其内容包括人员招聘规划、晋升规划、补充规划、培训开发规划、人员调配规划、工资规划等,基本涵盖了人力资源的各项管理工作。人力资源战略规划还通过人力资源政策的制定对人力资源管理活

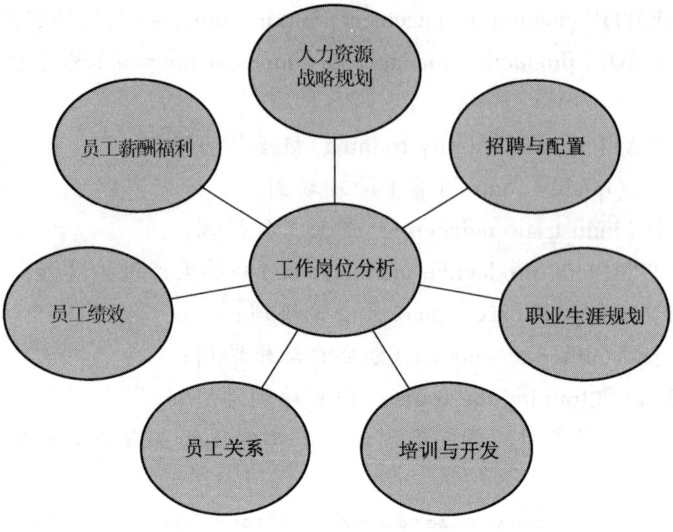

图 1－1　工作岗位分析与其他模块关系

动产生持续和重要的影响。

3. 招聘与配置。人员招聘是企业及时寻找、吸引并鼓励符合要求的人，到本组织中任职和工作的过程，是企业运作中一个重要的环节，通常有内部提升和外部招聘两种途径。人员配置就是指在具体的企业中，为了提高工作效率，实现人力资源的最优化，而对企业中的人力资源进行科学、合理的人岗匹配。

4. 培训与开发。所谓员工培训与开发，如前文所分析，这里不再赘述。

5. 员工绩效。所谓员工绩效，是指各级管理者和员工为了达到企业目标共同参与的绩效计划制订、绩效辅导沟通、绩效考核评价、绩效结果应用、绩效目标提升的持续循环过程。绩效管理的目的是持续提升个人、部门和企业的绩效水平与质量。

6. 员工薪酬福利。员工薪酬福利是企业给员工发放的报酬，它体现了劳动力市场中劳动力供给和需求双方相互交换的关系。薪酬福利是每个员工都关注的问题，也是提升员工满意度的关键因素之一。企业的薪酬福利体系对企业的发展会产生不可或缺的作用。

7. 员工关系。员工关系是在企业人力资源体系中，各级管理人员，通过拟订和实施各项人力资源政策和管理行为以及其他的管理沟通手段，调节企业和员工、员工与员工之间的关系，从而实现组织的目标并同时满足员工与社会的需求。从狭义上讲，员工关系就是企业和员工的沟通管理，这种沟通更多采用柔性的、激励性的、非强制的手段，从而提高员工满意度，支持企业其他管理目标的实现。其主要职责是:协调员工与管理者、员工与员工之间的关系,引导建立积极向上的工作环境。

8. 职业生涯规划。职业生涯规划是指员工对自身的职业发展路径乃至人生轨迹持续进行系统的计划和实施的过程。一个完整的职业生涯规划,包括了职业定位、目标设定、生涯发展策略等多重要素构成。人力资源管理各模块的关系如图 1 –2 所示。

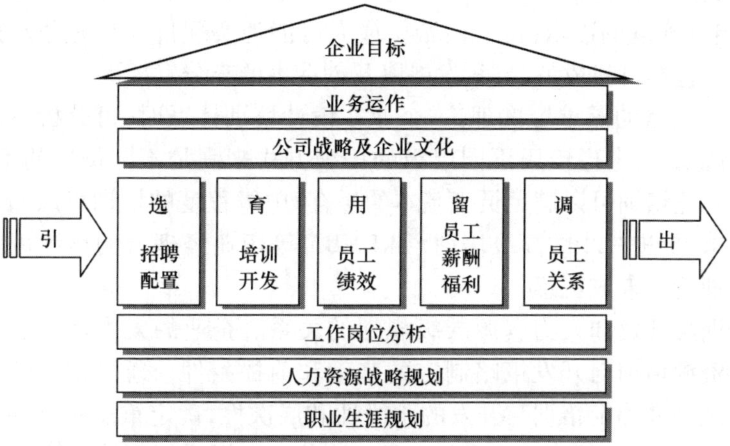

图 1 –2 人力资源管理各模块关系

(二)培训与开发和人力资源管理各模块的关系

研究培训与开发职能与其他职能模块之间的关系非常重要,其主要原因是现代企业人力资源管理的系统化趋势越来越明显,企业的员工培训开发体系设计也越来越需要与其他人力资源管理职能模块进行对接。

1. 培训与开发和工作岗位分析的关系。如前文所述,工作岗位分析是人力资源管理的基础,它通过明确工作内容、业绩标准和任职资格要求来为培训需求分析提供最基本的信息,能够使企业通过结合每个岗位的具体工作特征和工作要求以及在岗员工绩效表现来确立培训计划。一方面,通过工作分析和绩效考评,可以发现员工的工作绩效与组织期望绩效之间的差距,从而确认培训需求;另一方面,可以通过素质测评模型,对比工作分析所形成的工作说明书,找到员工的不足之处,确认培训方案。

美国心理学家亚伯拉罕 · 马斯洛于 1943 年出版的《动机激发论》中提出了需求层次论。马斯洛把人的需求分为五个层次:生理需求、安全需求、社会需求、尊重的需求、自我实现的需求。

(1)生理需求:是需求层次的基础,主要指衣、食、住、行、用等。它是维持人们生命所必需的。

(2)安全需求:生理需求基本满足以后,安全需求成为主要需求。安全需求包括人身安全、经济保障以及环境的稳定和可预知性,如称心职业的稳定性等。

(3)社会需求:生理需求及安全需求得到基本满足之后,社会需求即成为主要的激励因素。它包括感情、友谊、群体归属感和社会承认等。

(4)尊重的需求:包括权利、工作地位、社会身份、个人声誉、上级器重等。当前述各项需求得到基本满足后,对尊重的需求便成为主要的激励因素。

(5)自我实现的需求:指人们希望最大可能地实现自我和充分发挥自己能力的欲望。包括自我成就、自我发展以及创造力的充分发挥。

依据马斯洛的需求层次理论,企业在设计培训体系时,可分析不同员工的工作岗位说明书,考虑使用不同层级的培训方式来满足不同员工的不同需求。例如初级职业培训可以满足员工基本的生存;中级程度的培训可以满足员工对尊重的需求;更进一步的高级培训,如 EMBA 等职业经理人的培训可以为更高层次的管理者带来成就感。

2. 培训与开发和人力资源层级规划的关系。企业的人力资源战略规划应该是人力资源培训与开发策略制定的基础和前提条件。通过企业的整体人力资源战略规划来确定培训与开发的阶段性和层次性,确定重点对哪些人员进行哪些内容的培训与开发,并确保与人员补充规划和晋升规划管理的连接等。

美国著名心理学家弗雷德里克·赫兹伯格提出的双因素理论认为,有两种因素对员工产生重要的影响:保健因素和激励因素。该理论对培训体系的设计具有重要的指导意义,培训体系设计的科学合理与否,直接影响到员工的工作状态。作为一名管理者,要想使下属更有效地工作,首先应明确该员工需要进行哪些培训,以此为基础来制定培训措施和人力资源其他模块的设计。实际上,培训不仅是员工参加工作的前提,还包括员工对企业文化的认可和企业价值观的认同。因此在制定培训制度时,不应简单地把培训看作是企业给员工的福利,更要使员工认同企业的发展目标和发展战略,自动地调节个人目标,对焦组织目标,使二者的目标相一致,使培训起到增强凝聚力和增加归属感的作用。

3. 培训与开发和招聘配置的关系。继招聘甄选之后,新员工导向培训是人力资源管理的重要环节,也是人员上岗的前提和基础。新员工导向培训可以确保员工了解组织对员工的各项要求、了解组织文化和了解组织的待遇福利,从而更好地适应工作岗位的要求。

吸纳更多的人才、保持人才的快速成长能使企业更好地发展。如何使新的创业者能够很好地融入企业,必然要涉及新老创业者关系与矛盾的调整,因此,企业要找出多样化的价值分配形式,为员工提供不同的“跑道”,满足企业核心层、中坚层和骨干层的不同需求,这是企业吸引人才和留住人才的关键。企业要根据所处的不同发展阶段相应地采取不同的培训与开发,使人才的发展与企业的发展相适应。

如果企业处于事业的成熟期,对人才的需求层次与企业初创期不同,此时就需要考虑在培训评价体系上作出相应的改变。企业在招聘时要根据企业性质、企业所处发展阶段和空缺职位作出选才标准。如果企业的人员流动性大或需要的是高层核心人员,那么选择一流人才对于企业的发展至关重要,因为这类人在短期内会对企业有很大的推动作用。但这类人较易流动,其离职也会对企业造成巨大损失,因此企业要慎选慎用。如果企业人员流动性较低,企业自身也讲求员工的稳定长期发展,那么吸收中上人才并对他们进行针对性的培训与开发也许是最佳选择。

4. 培训与开发和员工绩效的关系。员工绩效在人力资源体系中具有特殊地位。企业通过诸如绩效计划、绩效辅导、绩效考评、绩效反馈等管理活动,解决企业在运营过程中出现的各种问题,从而为企业的良性运行提供有效的控制体系。

员工绩效和人力资源培训与开发体系的接口主要体现在绩效考评和绩效改进上。一方面,培训需求分析中的人员分析要通过绩效考评提供基本数据和信息支持;另一方面,员工绩效改进的重要手段和工具就是培训与开发,通过它的运行进而提升员工的绩效。

5. 培训与开发和员工关系的关系。前者是做好后者的因,如果企业员工培训与开发实施将有效,那么,员工关系预期目标越容易实现。

6. 培训与开发和员工薪酬福利之间的关系。后者的激励效果越好,越能够促进企业员工培训与开发有效性的达成,二者是相互促进的关系。

7. 培训与开发和职业生涯规划的关系。员工职业生涯目标的实证,要以培训与开发为手段与工具。前者对后者是必不可少的实现措施。

二、培训与开发在企业中的作用

现代企业越来越重视人才在组织发展中的作用,企业要持续发展就必须要重视人力资源的培训与开发工作。一般来说,员工培训开发在企业中主要是基于图1－3所示的模型发挥着效用。图中,我们可以看出员工绩效由员工行为所引起,而员工行为又是由员工的内在动机引起,动机又主要由知识、技能和态度决定,其中态度对动机的影响最强烈。因此,我们常见的培训开发内容主要是增加知识、提高技能、建立正确的态度,其中主要以建立正确的态度为突破口,这样才能激发员工正确又强烈的动机,进而产生积极持久的行为,最终引发组织希望的绩效。总体来说,培训与开发在企业中的作用可以概括为以下五点:

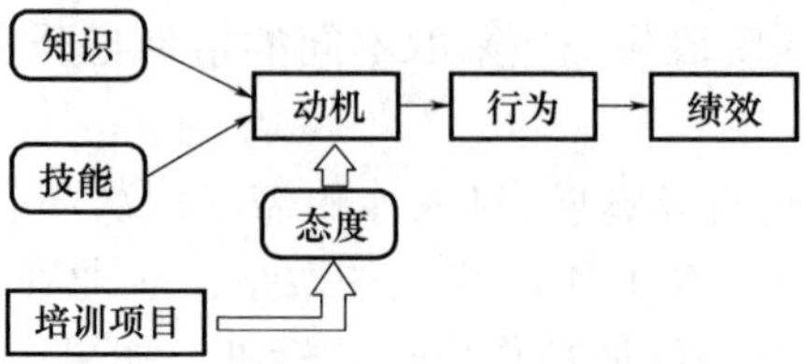

图1-3　培训与开发作用模型

（一）培训与开发有助于增强员工对企业的归属感和忠诚度

培训与开发能让员工尽快进入角色，使员工得到发展，人才得到发掘，调整人事矛盾，让员工感到企业关心和重视，从而增强对企业的归属感和忠诚度。研究发现，新员工在刚进入企业的一个过渡期内（通常是3~6个月），将会依据自己对组织的感受和评价来决定自己在企业中如何表现，决定自己是要在企业谋发展还是将其作为跳板。因此，很多发展比较成功的企业都会通过系统地导向培训，尽可能消除新员工的种种担心和疑虑，让他们全面、客观地了解其工作环境、企业氛围以及新工作所需要的知识、技能和态度，以促进新员工尽快全方位融入企业。同时，通过培训和进一步开发员工潜能，也可以提高其自身胜任工作的各项能力，满足员工发展要求，帮助企业改变不良的管理实践，让员工感受到企业对他们的重视，拉近企业与员工的距离，从而使员工对企业产生新的认知，在一定程度上改变员工的工作态度，缓解员工队伍中的波动情绪，心理契约更加稳定，员工的职业忠诚度自然明显提高。在更长远的范围内，培训与开发还能使组织中具有不同价值观、信念、工作作风的员工和谐统一起来，增强员工与员工、员工与管理者之间的凝聚力和团队精神，为了共同的目标而各尽其力。

（二）培训与开发有助于改善企业绩效

企业绩效的实现以员工个人绩效的实现为前提和基础，正如作用模型所演示的，员工知识结构及时更新，工作技能明显提高，人际关系不断改善，工作思维更加有效，工作动机日渐端正稳固，都将带来工作行为上的极大改观，从而提升个人工作绩效，为企业绩效提升奠定有力基石。有效的培训与开发不仅能够让员工更好更快地掌握新技术和新方法，正确理解技术指标的含义，提高整个组织的工作水平和质量，还能够帮助他们更彻底地理解企业的经营目标、方针政策、规章制度以及工作标准等，对企业进行的监督、指挥和协调工作有更高的认识，从而有助于改善他们的工作业绩，进而改善企业的绩效，这可以说是培训与开发最为重要的意义，尤其是在员工个人的工作绩效低于需要达到的水平时，这种意义更为突出。

（三）培训与开发是企业获得持久竞争优势和生命力的重要来源

随着知识经济的迅猛发展和科学技术的突飞猛进，企业的经营环境日益复杂多变，“未来唯一持久的优势，是有能力比你的竞争对手学习得更快更好”①。企业间的竞争，实际上就是人才实力的竞争，是员工能力的较量。企业发展不仅要依靠先进的技术、性能优良的设备，更重要的是要依靠企业自身的人力资本。人乃万事之始，妨碍企业发展的根本原因在于缺乏高质量的员工，在于优秀人力资源的不足。企业对员工进行有效的培训和开发，一方面能够为组织造就高素质的人才，为长久发展储存持续性的后备资源；另一方面组织发展的内在动力在于不断创新，而创新是通过企业战略适应环境变化的不断调整和转变来完成的，企业通过有目的、有计划的员工培训开发工作，以保证足够的新人力去开发产品、开拓市场，不断满足战略调整的需要，推动组织朝更高的目标迈进。

（四）培训与开发有助于培育优秀企业文化

学者们的研究表明，良好的企业文化对员工具有强大的凝聚、规范、导向和激励作用，这些对企业来说有着非常重要的意义，因此很多企业在重视规章制度建设的同时也越来越重视企业文化的建设。作为企业成员共有的一种价值观念和道德准则，企业文化必须得到全体员工的认可，这就需要不断地向员工进行宣传教育，而培训与开发就是其中非常有效的一种手段。

（五）培训与开发有助于建立企业与员工“双赢”局面

员工培训与开发之所以不断受到重视和重用，关键还在于它能实现一种良性互动的“双赢”局面，能够在进一步增强企业竞争力，更新组织智力资源的同时，充分开发和利用员工的潜能，使企业员工自身的价值也得以体现。一个企业要想充分调动人员的积极性、主动性和创造性，在企业培训与开发上必须建立竞争激励机制，让每一位员工在企业里都有自己的学习发展机会，根据工作需要，为其实现自身价值奠定基础、创造条件。

☞ **案例链接　摩托罗拉：以培训为本②**

一直被视为“美国国宝”的摩托罗拉（MOTO）公司，于2011年1月分拆，2012年5月21日正式宣布被谷歌收购，2014年1月29日又带着其2 000项专利技术、谷歌授权其余手机专利技术使用权以及摩托罗拉移动品牌和商标组

① 彼得·圣吉. 第五项修炼[M]. 张成林，译. 北京：中信出版社，2009.

② 中国人力资源开发网，http://www.chinahrd.net/talent-development/training-management/2004/1105/134409.html.

合,被联想收购。这位当年盛极一时的手机发明者和移动通信霸主,几经易手与浮沉,不断找寻着自己未来的延续之路。MOTO帝国轰然崩塌,固然有很多因素,但是能作为一个时代的开创者和领导者,历经坎坷却仍被世人缅怀纪念,多项特有专利、技术至今无人比拟,其背后必有一个企业发展中不可抹灭的关键点。我们暂且抛却失败教训而单来研究其成功经验,这家为美国人带来“美国荣耀”的电子高科技公司当年究竟是采取怎么样的秘诀和策略,才能创下往昔那般不凡的神话呢?

一、推陈出新的竞争优势

在总结是什么因素使摩托罗拉在竞争激烈的高科技电子产业中出类拔萃时,该公司的高层管理人员归纳出以下至关重要的三点。

(1)不断推出让顾客惊讶的新商品。为此,公司在科研方面进行持续性投资,以巩固研究开发最新产品的基础。

(2)新商品的开发必须注意到速度与时效问题,技术性商品的生命周期较短,因此在开发速度上不能落后。

(3)以顾客为导向,在质量管理上务求完美,将顾客的不满减少到零。

电子高科技产业竞争的激烈程度并不亚于一般传统产业,摩托罗拉长期培养出来的竞争优势在于:首先是在整个企业的运转过程中拥有学习曲线效果,有效降低制造成本,以成本为主导的形势竞逐市场。其次是高度重视研究发展投资,从新技术中率先创造出差异化的新产品,领先上市,进而抢占市场。摩托罗拉1993年在研究开发上的投资高达15亿美元,占其营业额约9%。这么大的研发投资,在美国企业中也是较为少见的。最后是重视员工的教育训练,从人的改革做起。摩托罗拉公司全体员工每年至少要有一周时间接受教育训练,课题以介绍最新科技及质量管理为主,每年在这方面的花费竟达1.5亿美元。摩托罗拉的管理者认为,唯有员工教育成功,才能真正掌握企业经营成功的金钥匙。

二、“超常规发展”

1988年,摩托罗拉获得“马尔科姆·鲍德里奇全国质量奖”,这是美国质量管理的最高奖项。近年来,摩托罗拉一直是《幸福》杂志每年评比的“美国最佳企业形象”十佳之一。

然而,在产品获得声誉之后,摩托罗拉公司应如何做呢?公司的领导人担心到20世纪末21世纪初时,竞争对手可能会赶上来,而那时的产品质量标准也有可能从一种目标变为既定标准,他们相信,在未来十年的商战中,最重要的武器是应变能力、适应能力和创新能力。以发展上述能力为目标,摩托罗拉公司加紧开展了一项新的员工终身学习宣传运动。71岁的公司前董事长、公司董事会的执委会领导人罗伯特·W.盖尔温构想了一项规划,这一规划要求,公司将大幅度加强对车间、办公室中所有雇员的管理培训。

该规划的目标是造就一支既有纪律又有自由思想的劳动力队伍。这一规划的动机是将公司的各项工作条件反复灌输给员工,不仅使他们成为运转良好的机器,而且使他们的知识和独立思考能力得到丰富和发展。唯有如此,公司才能迅速地跟上不断变化的技术和市场。

对员工的培训需要投入大量的财力物力。摩托罗拉公司已向所有员工提供了每年至少40小时的培训时间,这在美国已属于较高的培训要求。公司在2000年时,将这一培训时间增加了4倍。

美国训练与发展协会(ASTD)首席经济学家安东尼·卡内维尔曾说,这种做法"将使他们走上一条超常规发展道路"。这一做法也许一年要花费6亿美元,这个数额相当于一个大型芯片工厂的费用。摩托罗拉公司甚至在公立学校推广公司的培训方法,为公司准备和培养下一代员工。

摩托罗拉如此热心培训,是与其高层领导的支持分不开的。1993年12月,摩托罗拉原总裁M.C.费希尔转到柯达公司担任总裁,在芯片制造业中以铁腕著称的加里·L.图克担任新总裁,他继任时明确表示,他将继续摩托罗拉公司的培训事业。他说:"如果知识更新和淘汰的周期越来越短,我们就别无选择,只有在教育上投资。谁说这就不会成为一个竞争武器呢?"

公司敢于对培训作出上述承诺和投入,是因为更新知识的培训已使公司获益匪浅。公司产品的质量取决于车间工人和操纵设计程序控制的技术人员。

公司的生产程序,例如执行寻错率工序,需要员工具备算术和一些代数知识。但是,公司在1985年时发现60%的员工达不到美国7年级的数学水平,大约从那时开始,当时的董事长罗伯特·W.盖尔温就下令将工资额的1.5%用于培训。

这一比例后来上升到了4%。公司还成立了培训中心——摩托罗拉大学,而且对聘用雇员的要求也更严格了。现在公司要求所有新雇员均需具备7年级数学水平,对从事技术工作的人员则要求更高。

三、摩托罗拉大学

和麦当劳大学一样,摩托罗拉大学反映了公司对培训工作的重视。大学总部设在伊利诺伊州肖姆堡,从东京到檀香山共设有14所分校,预算超过1.2亿美元。学校课程由"辅导工程师"制定,内容包括批评式思维、解决难题的方法、管理、计算机、英语补习和如何使用机器人等。

摩托罗拉大学还大力倡导一种组织严密、高效率和主动进取的公司文化。移动通信设备界的明星——奈格斯太尔公司的经理们曾经领教过摩托罗拉公司的这些特点。当时他们与摩托罗拉公司进行一项谈判,由摩托罗拉公司向他们提供设备并购买奈格斯太尔公司的股份。

奈格斯太尔公司董事长摩根·E.奥布赖恩说:"那真是艰苦奋斗的18个

月。”摩托罗拉公司的谈判队伍一致对外，从合同谈判到新闻发布，他们在所有问题的细节上都恪守程序，奥布赖恩说，这是一种官僚主义的程序，特别有效率。

建立一个和谐、统一的机制，对于一个海外收入占年度总收入一半以上，并不断增加海外生产的公司来说是至关重要的。摩托罗拉大学校长威廉姆·A.威根豪思说：“我们是统一行动的队伍。”例如，摩托罗拉大学协助公司保证在全球范围（包括日本）为女性求职者提供平等的就业机会。摩托罗拉（日本）公司是少数几个由女性工程师指挥男性员工的公司之一。

当然，有些员工抵制这种重返学校的培训计划，为此，培训官员曾以解雇相威胁来使某些员工接受培训，但大多数的鼓励措施是正面的。例如，掌握一门新技术可以使员工有资格得到晋升；为使培训课程具有趣味性，课堂上的许多问题来自摩托罗拉公司的实践；教师采用生动的有给有取的教学方式；落后生还可以得到教师的单独辅导。但是，如果有些雇员仍达不到应有的要求，他们就可能被降级。

实际上，课堂教学仅是摩托罗拉公司培训的一部分，更重要的是“现场操作”或实习。例如，在伊利诺伊州阿灵顿海茨的工厂，新员工在老雇员指导下的学徒期间，可拿到正常工资，美国培训与教育协会（ASTD）的卡内维尔说，在每年40小时的正规培训以外，就额外的实习培训而言，摩托罗拉公司是在全美国公司中率先实行这种培训方式的公司。

许多公司也做了不少培训工作，但摩托罗拉公司出色地将教育与公司的业务目标结合了起来。例如，公司要确定一个缩短产品开发周期的目标，它就设计出一项课程以解决这一问题。公司的培训不仅仅是为教育而教育，学生们要接受一些具体的工作训练，直到能够正确地掌握。

美国电话电报公司退休的主管教育和培训的副总裁唐纳德·K.康诺弗曾说：“就教育与公司经营战略之间关系的紧密程度而言，摩托罗拉公司做得比我所知道的任何其他公司都好。”

这里有一个好例子。前总裁费希尔决定摩托罗拉公司要在软件方面干得更好。摩托罗拉大学组织了3天的研讨会，会上30位副总裁制订出了攻关计划。研讨会还指导这些副总裁如何组织项目队伍，并传授酝酿变化的技巧。

经过学习，这些领导人决定，软件工程师可以更多地在家工作，在办公室时也不必穿得过于正式。软件工程师开始能参加宴会并得到各种其他奖励，而这些待遇以前只给予硬件人员。

此外，公司还更加努力地为软件申请专利。得意的经理们不愿讨论这项工作的结果，仅透露说，公司申请的专利数量大概每年增加20%。

课堂讨论：从摩托罗拉集团的员工培训成功开展的角度怎样看待人力资源

管理在企业中所发挥的作用？

第三节 员工培训与开发和企业的发展

一、员工培训与开发和企业竞争优势的关系

（一）人力资源的含义

“人力资源”一词最早来源于美国管理学家彼德·德鲁克（Peter Ducker）《管理的实践》一书。在此书中，德鲁克首次提出了“人力资源”的概念。所谓人力资源，是指人类进行生产或提供服务，旨在推动经济和社会发展的寓寄在劳动者身上的，可以给社会带来价值增值的各种能力的总和。可见，企业的人力资源就是能够推动企业发展壮大的劳动者能力的总和。在当今时代，人力资源已取代自然资源上升为最重要的企业生产要素，是一个企业最宝贵的资源，是企业的竞争优势所在。

（二）企业核心竞争力的含义

核心竞争力，又称为核心竞争优势、核心能力，指的是企业具备的、应对激烈外部竞争的，且取胜于竞争对手的能力的集合。这种能力并非体现为种种现象上的比较优势，也非企业所拥有的种种内外部资源，而是企业的系统能力。企业的竞争优势正是凭借这种系统能力来为顾客提供比竞争对手更具吸引力的价值。

核心竞争优势来源于建立一个能持续比竞争对手制造更好的产品与服务，并能更快适应外部环境变化，通过不断学习，及时调整行动的企业。事实上，所有这一切的实现都依赖于企业中的核心资源，即人力资源。

（三）人力资源是企业形成核心竞争力的重要源泉

通常，一个企业是否可持续成长与发展，从根本上说取决于企业的竞争优势。只有具备竞争优势的企业才能在市场中占据先机，在为顾客创造独特价值的过程中找到自身存在和发展的理由和价值。随着知识经济时代的到来，知识创新型企业的竞争环境和运营模式与以前的企业相比发生了根本性的变化，企业价值创造的主导要素从传统的体力劳动逐渐向知识的创造、传播、分享、应用和增值等知识管理领域转变。人力资源日益成为企业竞争优势的基础，这一观点逐渐被众多的企业家和管理学家认可。

（四）培训与开发是企业人力资源战略的最终落脚点

一方面，现实管理中，企业都是依据对员工的培训与开发来体现企业人力资源战略的，而且培训与开发已成为企业人力资源战略实施的最终落脚点。实施人力资源战略管理，即从企业的总体战略和人力资源储备状况出发，根据人才需求预测确定人力资源规划，通过内部和外部人力资源的对比决定人才招聘策略。企业对人力资源战略目标进行分解，根据人力资源的绩效指标进行诊断和考评，并通过绩效面谈和反馈来制定员工培训与开发需求，进而改善绩效，实现战略。

另一方面，企业获取核心竞争力的源泉在于持续构建人力资源所具备的核心专长与技能，它是构成企业能力的核心要素。这种核心专长与技能能够为顾客创造独特的价值与需求，并且是竞争对手在短期内难以模仿与复制的，而这些难以复制的胜任素质主要还是依靠企业独特的员工培训与开发计划的实施获得的。

总而言之，人力资源战略的最终落脚点就是人力资本投资和企业、团队、个人的学习，即人力资源的培训与开发。企业成功实践的许多案例都一再证明，只有重视人力资源培训与开发，才能够持续拥有竞争优势。由此得出的结论是：

1. 企业的竞争归根结底是员工的竞争。

2. 为了获得竞争优势，企业必须向高新技术方向挺进，而员工培训与开发则是企业新技术不断应用的根本保障。

3. 对员工进行培训与开发是企业适应快速变化市场的充分必要条件。

二、员工培训与开发在企业中的变化特点

（一）在态度方面：企业从漠然视之到高度重视

人力资源管理理论认为，一个企业的永续经营与发展不只依靠先进的设备、优质的产品和领先的技术，它更依赖于具有高素质的、有创造力的员工。员工是企业管理、运营和服务的主体，是企业价值创造和资本增值的源泉。正如前文所述，在一定程度上，员工素质的高低决定了一个企业竞争力的大小。而员工素质的提高，就是要对员工进行不断地培训与开发，以促进员工掌握新技术，树立新观念，增强职业竞争力。

从全球范围来看，发达国家非常重视员工培训，把它作为人力资源开发的重要方式，企业员工培训的费用一般要占其工资总额的2%～10%。2005年美国《时代周刊》发表了这样一组数据：企业员工培训费占工资总额的比例，通用电气为4.6%，美国Robotics为4.2%，摩托罗拉为4.0%，联邦信号为2.5%。正是这种高投入的员工培训支撑了世界一流企业的迅速成长和其资金的高回

报率。企业在21世纪,正在进入对竞争愈加激烈的市场作出快速反应的时代,必须高度重视人力资源培训与开发,充分发掘每一个员工的创造潜力,不断促进其态度转变,提高员工的工作技能。

当前,现代企业都应是创新型企业,而企业创新的根源在于员工尤其是技术创新者和职业管理人的创新能力。这种与职业、工作有关的创新能力绝不会是天生的,只能不断地在工作、学习和培训中获得。因而员工的培训应该具有一定的超前性和开发性,通过某种有利于激发创造性的培训环境,刺激员工的创新活动,开发出员工潜在的创造力。这样,在观念上我们就要认识到,企业员工培训是重要的推进创新方式,培训目标就要定位在造就一批与企业战略目标相适应的优秀员工队伍。

(二)在内容方面:从单一的职业培训转向丰富的全员培训

许多企业已将企业员工培训与开发向各个领域渗透,其内涵已远远超过培训与开发本身。例如,一些企业除了员工知识和技能的培训,还通过一定的形式向培育企业文化、团队精神、劳资关系等方向发展,使企业管理行为进入更深层次的领域。这是一个具有重要战略意义的发展趋势。

企业员工培训的对象已从以生产工人为主发展为全员培训,由企业员工培训发展到产品和服务、市场相关人员培训。目前我国吸收和引进了国外全员培训和终身教育、继续教育的观念,逐步形成了包括工人岗位培训、班组长培训、专业技术人员继续教育、管理人员培训在内的比较完整的培训体系。综合当前企业培训与开发的内容,其可以大体分为传播知识、提升技能、转变观念、改善思维和调整心态五大类。这五大类内容可以说是从有形到无形,由硬实力到软实力的培训与开发。目前企业越来越重视对软实力的培训与开发。这种培训与开发趋势的变化,既体现了企业间竞争程度的加剧,也体现了培训与开发越来越面临挑战性。

事实上,越来越多的企业意识到"如果我们自己不走向全球化,全球化将会走向我们"。全球化成为一种趋势,这也对企业的经营战略、人力资源管理以及培训与开发的发展产生了深远的影响。过去,跨国公司对中国员工进行培训时,往往采用的是母国的培训体系和内容,有时会让员工感觉和中国实际相差太远。目前一些公司进行改进,在中国的培训采用中国案例和实践,而进一步的趋势将是既吸取国际化的优秀实践又结合当地的具体情况的培训。此外,国际化要求经理人员具有对各地文化的了解和领悟,能胜任全球范围的工作。带着这样的观念,一些企业不惜重金开展驻外培训。

例如,德国大众公司实施了驻外培训措施。该公司已有多名中国员工结束了在国外工作和学习的过程,德国本部与海外公司负责承担了对外的培训工作。根据这一计划,已有多人签订了去海外公司工作的合同。除此之外,大众公司还发展国际青年交流活动,与国外公司或大专院校签订交换学员培训、教师培训或专业培训的协议。再比如,韩国的三星集团为迎接产业国际化的趋势,每年派出多名“独身业务员”到世界各地,驻外培训进修一年,以训练一批“地区性业务专家”。这些国际化的培训适应了企业对外拓展的需要,是企业跨国经营成功的基础。国际化员工素质的提高,促进了企业的海外业务走向国际化的进程。

(三)在形式方面:从单一化、传统化到多样化、科学化

传统培训与开发多以“填鸭式”课堂讲授为主,培训方法单调枯燥,员工被动地参与其中,积极性不高。而现代的培训与开发方法则是多种多样,并引入了许多现代化的方法与手段,如视听教学、户外拓展、研修讨论、职务轮换、自我测评、基层锻炼、情景模拟、游戏、角色扮演、行为模拟等。它们使培训更加引人入胜、生动活泼。

此外,培训与开发从体制上划分主要存在以下三种形式。

1. 企业大学的进一步发展。企业大学又称公司大学,是指由企业出资,以企业高级管理人员、一流的商学院教授及专业培训师为师资,通过实战模拟、案例研讨、互动教学等实效性教育手段,以培养企业内部中、高级管理人才和企业供销合作者为目的,满足人们终身学习需要的一种新型教育、培训体系。根据《财富》的统计,在美国,排名前500 名的公司中,大约有70%都拥有形形色色的企业大学。企业办大学,可大面积地培训企业员工,提高企业员工素质,使员工具有良好的团队工作能力和娴熟的技术技能,从而使企业能更及时地适应现代高技术发展的需要,另外也可以通过企业大学资源,支持和帮助其上下游企业及其他业务合作伙伴。

2.“产—学—研”合作模式愈加盛行。国外一些公司在加强企业职工培训时,很注重与高校的联合与协作。一项美国教育理事会的调查证实,早在1984年就有半数的高校在企业里开设课程。著名的贝尔实验室就与麻省理工学院、斯坦福大学等37 所高等院校合作,高校为其培训研究生。在法国,企业职工在高校学习的时间从3 个月至2 年长短不一,可以针对企业的需要,进行从一个技术领域转到另一个技术领域的长期培训,也可以在企业内部开办一至数周的“短期培训班”,主要针对某一专业领域出现的新技术、新知识而组织培训,还有时间为1~2 年的“晋级培训班”,向受训人员提供担任更高一级职务所需的知识与技能。

“产—学—研”合作,不仅发挥了高校科技、人才等现有培训与开发资源的优势,也利用了企业基础设施、资金的优势,相互促进,将产、学、研三张“皮”变成一张“皮”,真正实现以产助学、研,以学、研兴产的共同发展良性循环。

3. 培训功能部分外包。一方面,在有些企业中,通过建立企业大学来加强

对员工的培训;另一方面,随着外部人力资源管理专业公司力量的加强,一些企业也在考虑将培训与开发外包给专业公司,被称为 Outsourcing。这是因为,通常企业内部编制有限,培训与开发资源和水平有限,而员工所需要的胜任素质在不断更新,对培训服务的需求日新月异,因此,企业加强与外部培训机构的合作,可以把基本技能的培训外包给外部的专职教育或培训机构,也可以共同开发企业所需的专门培训与开发课程。

作为培训部门,不求大而全,应该把资源放在围绕企业核心竞争能力的开发上,这是一种很有胜算的策略。在有些企业的培训部门,只有一两个人员负责培训战略和目标的制定,具体的课程实施则交给培训公司去做。目前,世界著名的一些管理培训公司已经进驻中国,如美国管理协会亚太培训中心以及 A-chieve Global 等。同时,国内培训公司也应运而生,如无忧培训测评、行动教育等。

(四)在工具方面:从简单的低科技含量到复杂的高科技含量

在传统的以讲授为主的培训中,培训工具十分简单,一间教室、一张黑板、一本教材。这种培训往往易受时间、地点、人员方面的限制,难以收到良好的培训效果。而现代的培训工具则最大限度地把高科技产品应用于培训工作中。

从依据于 CD - ROM 为媒体的计算机辅助学习,到视听培训和计算机辅助学习相结合的多媒体教学,再到以内部网和互联网为基础的网络培训(又称 E-learning),加上其他一些新技术如学习软件被广泛采用,这些都已经对传统的课堂培训产生了巨大的影响,而且还将产生我们所不能预测的更大影响。

实际上,多种现代化培训工具的出现,是企业间激烈竞争的必然结果。因为让员工脱离工作岗位的培训与开发是代价极高的做法,工作与学习的矛盾影响和困扰着现代企业的发展。而多媒体、国际互联网和便利培训软件的结合使学习与工作融为一体成为可能,它使传统培训无法实现的愿望成为可能,如受训者能完全控制培训的时间和地点,受训者可以按照自己的要求来随时获得有关的知识或专家的建议,受训者可以自行选择培训媒体,以及可以实现电子化培训管理等。新技术还可以在 24 小时内对分布在各地的受训者进行培训,使远程培训成为可能,为企业节省培训费用如交通费、食宿费、场地费等。此外,专用培训软件还大大降低了培训费用,并使培训管理更为便捷。

国内较早引领 E-learning 教育培训服务的知识天地公司曾公布一组数据显示:E-learning 与传统的面授培训模式相比,具有一些明显的优势。例如:采用 E-learning 方式,学习新知识所需总的时间是传统面授方式的 40%,而对知识的记忆保持力,又比传统方式提高了 25% ~60%,另外,学习所接收的新信息量方面,比传统模式增加了 56%;从培训时间来说,E-learning 比传统方式减少 30%。特别重要的是,由于传统面授方式讲究口口相传,所以教师本身的个人素质对学员的学习效果产生了很大的影响,而 E-learning 可以更好地降低这种知识传递过程中的偏差。

互联网络培训在企业培训方式上具有划时代的意义,它不仅将学习与工作同时进行,而且培训的人、财、物等资源得到大幅度的精简,同时,网络的运用也使得培训从"以教师为中心"转化为"以学员为中心"。这将导致培训理念的变化,培训课程将更有针对性,更鼓励学员的自主、参与和互动。随着计算机和手机的普及,互联网络培训超越以广播电视为媒介的培训方式,必将成为未来最为流行的培训模式。

(五)在受训组织方面:从传统型组织到学习型组织

从 20 世纪 80 年代开始,在企业界和管理思想界,出现了推广和研究学习型组织的热潮,并逐渐风靡全球。美国的杜邦、英特尔、苹果电脑、联邦快递等世界一流企业,纷纷向学习型组织迈进。据初步统计,美国排名前 25 名的企业,已有 20 家按照学习型组织的模式改造自己。在我国,建立学习型组织也是当前管理界和企业界共同的认识和关注的热点。可见组织学习已成为组织和管理理论与实践的一个中心议题,未来的发展趋势将是企业的培训与开发将从一般意义上的员工培训与开发发展为整个组织层面上的学习。这中间,另外一个为人所关注的就是知识管理。

随着企业局域网等新技术的开发,施乐等公司提出了知识管理的概念,即公司通过各种方式把员工的知识转变为公司的共享资产。这也为公司的培训部门增加了新的职能。惠普公司有个内部咨询小组,为各业务部门提供咨询服务。它负责收集各种以往的案例及各种最佳练习,把它们收进公司的网站内。一名经理很容易就知道公司内其他部门有没有做过某类事以及是怎么做的。

许多公司还设立了知识管理经理和首席知识官(CKO)等新职位,其主要职责就是在组织的各个层面进行知识管理,使员工的个人知识能传递分享并保留下来。

☞ 案例链接　海尔集团的员工培训[①]

海尔集团一直贯穿"以人为本"提高人员素质的培训思路,建立了一个能够充分激发员工活力的人才培训机制,最大限度地激发每个人的活力,充分开发利用人才资源,从而使企业保持高速稳定发展。

一、海尔的价值观培训

海尔培训工作的原则是"干什么学什么,缺什么补什么,急用先学,立竿见

① 中华管理学习网,http://www.zh09.com/mqyi/haier/200510/104834.html.

影”。在此前提下,首先是价值观的培训。“什么是对的？什么是错的？什么该干？什么不该干?”这是每个员工在工作中必须首先明确的内容,也是企业文化的内容。对于企业文化的培训,除了通过海尔的新闻机构海尔人进行大力宣传以及通过上下灌输、上级的表率作用之外,重要的是员工互动培训。

二、海尔的实战技能培训

技能培训是海尔培训工作的重点。海尔在进行技能培训时,重点是通过案例、到现场进行的“即时培训”模式来进行。具体地说,就是抓住实际工作中随时出现的案例,当日利用下班后的时间立即在现场进行案例剖析。针对案例中反映出的问题或模式,来统一人员的动作、观念、技能,然后利用现场看板的形式在区域内进行培训学习,并通过提炼在集团内部的报纸《海尔人》上公开发表,进行讨论,达成共识。员工能从案例中学到分析问题、解决问题的思路及观念,提高员工的技能。这种培训方式已在集团内全面实施。对于管理人员则以日常工作中发生的鲜活案例进行剖析培训,并且将培训的管理考核单变为培训单,利用每月8日的例会、每日的日清会、专业例会等各种形式进行培训。

三、海尔的个人生涯培训

海尔集团根据每个员工的职业生涯设计,为每个人制订了个性化的培训计划,搭建了个性化发展的空间,提供了充分的培训机会,并实行培训与上岗资格相结合。海尔给员工作了三种职业生涯设计,分别针对管理人员、专业人员和工人。每一种都有一个升迁的方向,只要是符合升迁条件的,即可升入后备人才库,参加下一轮的竞争,跟随而至的就是相应的个性化培训。

(1)“海豚式升迁”,是海尔培训的一大特色。海豚是海洋中最有智慧的动物,它下潜越深,跳得越高。如果公司需要一个在生产部门表现良好的员工做事业部的部长,如果他对市场系统的经验非常缺乏,就需要到市场上去。到市场之后,他必须到下边从事最基层的工作,然后从这个最基层的岗位再一步步干上来。如果能干上来,就上岗;如果干不上来,则免职。就算一个高级管理人员其他各方面的经验都已具备,但综合协调的能力较低,也要被派到相关部门的最基层去锻炼。这样的特色培训对一个干部来说压力可能较大,但也培养、锻炼了干部的综合能力。

(2)“届满要轮流”,是海尔培训技能人才的一大措施。一个人长久地干同一种工作,久而久之形成了固定化的思维方式及知识结构,对海尔这样以“创新”为核心的企业来说是难以想象的。目前,海尔已制定了明确的制度,规定了每个岗位最长的工作年限。

(3)实战方式,也是海尔培训的一大特点。例如,有些管理人员是20世纪80年代中期在企业发展急需人才的时候入厂的。因为时间不允许,没有学习机会,但还有潜力,只是缺少了一些知识,需要补课,为此,就安排他们去补质量管理和生产管理的课，到一线去锻炼（检验处长、分厂厂长岗位），边干边学，拓宽知识面，积累工作经验。

四、海尔的多种培训形式

其实，海尔常用的培训形式都是融入前面所说的实际案例中的，并且分工明确，层次清晰，各有千秋。主要有岗前培训，对所有的新人进行业务知识、企业文化、经营哲学、组织目标、价值观的培训，不确定岗位先轮流工作一定时间，再定岗建立员工组织归属感、集体主义、合作精神，为以后的高效管理奠定基础，此项工作由集团中心做。岗位培训，在员工入职半年至一年之后进行，主要是业务能力培训，对工作中容易出现的问题、解决方法及应尽的责任进行培训，此项工作由事业部做。个人职业生涯规划培训，海尔所有的管理干部都有责任为下一级的干部及员工设计个性化的培训计划，所有人员包括管理人员、专业人员和普通生产员工，都需要根据自己的情况每人定出一个升迁发展的个人规划，因为海尔希望每一位企业人要有目标地工作。转岗培训，为企业培养复合型人才而开发，海尔采用这种形式使员工能不断适应新的工作需要。半脱产培训，主要对骨干员工和管理人员开展，有计划安排人才以半脱产的方式参加各种培训班。出国考察培训，为了掌握国际高科技发展的新动向，利用各种机会，派出有关人员到国内外参加各种专业研讨会、学术会议、科技博览会，出国进修，不断拓宽视野，跟进时代发展趋势。

五、海尔的培训环境

在内部，建立了内部培训教师师资网络。首先对所有可以授课的人员进行教师资格认定，持证上岗。同时，建立了内部培训管理员网络，以市场链 SST 流程建立起市场链索酬索赔机制及培训工作考核机制，每月对培训工作进行考评，并与部门负责人及培训管理人员的工资挂钩，通过激励调动培训网络的灵活性和能动性。并且，始终致力于培训网络系统的不断优化和完善，根据现代科技的发展和互联网的进步，坚持给员工建立更为友好、便捷、先进的培训工具。

在外部，建立起了可随时调用的师资队伍。目前，海尔以青岛海洋大学海尔经贸学院的师资队伍为基本依托，同时与瑞士 IMD 国际工商管理学院、上海中欧管理学院、清华大学、北京大学、中国科技大学、法国企顾司管理顾问公司、德国莱茵公司、美国 MTI 管理咨询公司等国内外20余家大专院校、咨询机构及国际知名企业的近百名专家教授建立起了外部培训网络，利用国际知名企业丰富的案例进行内部员工培训。在引入了国内外先进的教学和管理经验的同时，又借用此力量，利用这些网络将海尔先进的管理经验编写成案例库，成为 MBA 教学的案例，也成为海尔内部员工培训的案例，实现了资源共享。

为培养出国际水平的管理人才，海尔还专门筹资建立了用于内部员工培训的基地——海尔大学。海尔大学目前拥有各类教室 12 间，可同时容纳 500 人学习使用，有多媒体语音室、可供远程培训的计算机室、国际学术交流室等。为进一步加大集团培训的力度，海尔国际培训中心一期工程2000年已投入使用，该中心可同时容纳600人的脱产培训，完全是按照现代化的教学标准来建设，并拟与国际知名的教育管理机构合作，进行系统的综合素质培训及国际学术交流，办成一座名副其实的海尔国际化人才培训基地。

课堂讨论：随着海尔集团的不断发展壮大，其员工培训制度表现出了哪些特点？

本章小结

随着经济的发展，企业间的竞争空前加剧。越来越多的企业认识到竞争不仅仅在于企业的产品和服务，更在于企业中的人力资本，而培训与开发是使企业持续保持竞争优势的有力方法。在知识经济时代，知识已经成为企业不可或缺的经济资源。通过员工培训与开发，企业能够吸引、保留和促进人力资本，从而使企业在激烈的竞争中立于不败之地。因此，员工培训与开发对企业的生存与发展有着举足轻重的作用。

重要概念

员工培训与开发、人力资源管理、企业竞争优势

复习思考题

1. 培训与开发的发展经历了几个阶段？分别是什么？
2. 人力资源管理有几个模块？培训与开发在其中的作用是什么？
3. 培训与开发和企业竞争优势有怎样的关系？
4. 培训与开发的形式有哪些？

应用案例

数字化引领的中国一汽卓越领导力培训①

中国第一汽车集团有限公司（简称“一汽集团”或“中国一汽”，英文名称为

① 财报网，2020－07－09。

FAW),位于中国吉林省长春市绿园区,前身为第一汽车制造厂,由毛泽东主席亲笔题写厂名,于1953年7月15日奠基。经过六十多年的发展,中国一汽已成为年产销300万辆级的国有大型汽车企业集团,产销总量始终位列行业第一阵营。据一汽集团方面透露,“十四五”期间,一汽将聚焦自主掌控新能源、智能网联等关键核心技术。到2025年,一汽集团将实现销量超过600万辆,年均增长8%左右;营业收入过万亿元,年均增长8%~9%等的战略目标[①]。在2022年9月6日中国企业联合会发布的“2022中国企业500强”榜单中,中国第一汽车集团有限公司排名第27位。

在新一轮科技革命与数字化浪潮共同推进下,汽车行业正在发生着翻天覆地的变化。中国汽车企业想要乘上这班发展快车,一汽集团认为转型升级是重要手段。

2020年4月20日,一汽集团全面启动2020年领导力与数字化转型培训。一汽集团领导班子成员及全体高级经理在集团公司总部及各视频分会场参加培训。

据悉此次培训分为4期,每期历时一周,内容涵盖高层思想、他山之石、实战分享和研讨成果四部分。集团公司董事长徐留平以“打造数字化引领的中国一汽卓越领导力”为题讲授培训第一课。

此次培训内容主要为中国一汽FAWL11040领导力模型,模型包括1个愿景、10项能力、40项具体内容。徐留平培训期间就FAWL11040进行了详细的阐述,同时对领导力模型的新要求、提升方法进行了详细解读。

本次培训还邀请了一众业界大咖进行主题分享,包括华为董事陶景文、SAP中国副总裁彭俊松、阿里云通用事业解决方案总经理霍嘉、微软(中国)首席技术官韦青、西门子工业软件技术总经理方志刚等,可谓是众星云集。

本次培训旨在构建以数字化引领的中国一汽领导力全新思维,掌握数字化转型的领先理念与方法,实现全业务链、全过程的穿透和打通。

参加培训的主体包括一汽集团班子成员和高级经理,一汽集团希望他们能够通过全脱产、全覆盖培训尽快实现数字化转型发展的观念重塑以及能力跃迁。

培训期间红旗营销中心、一汽-大众分别就红旗数字化营销、一汽-大众数字化研发中心建设等进行“实战分享”,参训学员将分期围绕领导力模型、数字化转型等议题进行“战训”互动。

集团公司董事、总经理奚国华在主持培训开班仪式时指出,领导力与数字化转型培训将以全新领导力推动集团公司企业数字化、业务数字化、产品数字

① 贝果财经,2021-03-03。

化转型,为加快集团公司“831”战略落地、加快“3341”行动计划实施提供坚强的组织和领导保障。

奚国华希望参训学员能够尽快实现从知识到业务、从课堂到实践、从认知到行动的扎实转变,为不断推进中国一汽转型发展提供坚实的领导力支持。

问题:

1. 此次中国一汽培训的作用是什么?
2. 你从哪几个方面看出了中国一汽对此次培训的重视?

第二章

员工培训与开发的理论基础

★ 课前提示 ★

任何实践活动的产生与发展都离不开一定的科学理论作指导。企业中的员工培训与开发作为一项管理实践,同样遵循着这样的规律。本章将就员工培训与开发理论的发展阶段和主要的理论基础作一个详细介绍。

第一节　员工培训与开发理论的发展

员工培训与开发作为人力资源管理的一项职能,在实践的发展中不断从理论中汲取养分,培训与开发理论也伴随着实践不断发展。员工培训与开发理论大致经历了传统理论时期、行为科学时期、系统理论时期及学习型组织理论时期四个发展阶段。

一、传统理论时期

传统理论时期主要是指20世纪40年代以前,在这个时期管理历史上第一次从经验上升为科学。

科学管理的代表人物F. W. 泰勒在《科学管理原理》中提出了科学管理的四项基本原则,其中第二项就是科学地挑选工人,然后进行训练、教育,发展他们的技能。泰勒指出①,健全的人事管理的基本原则是使工人的能力同工作相

① 弗雷德里克·泰勒. 科学管理原理[M]. 马风才,译. 北京:机械工业出版社,2007.

适应，企业管理当局的责任在于为雇员找到最合适的工作，培训他们成为第一流的工人，激励他们尽最大的力量来工作。对于如何使工人成为第一流的工人，泰勒指出管理人员除了要选择合适的工人外，更重要的是发现每一个工人发展的可能性，并逐步有系统地帮助、指导和训练每一个人。这种选择和培训工人不是一次性的，而是每年都要进行的。

具有“组织理论之父”之称的韦伯在其勾画的理想官僚组织模式中，也认为对成员进行合理分工并明确每人的工作范围及权责，然后通过技术培训来提高工作效率是其特征之一。

传统理论时期的培训重点在发展个人工作技能，通过技术培训提高工作效率。这一观点非常重要，至今仍被企业接受、采纳并践行。然而，传统理论时期并未对培训作明确界定，也没有对培训作具体系统的研究，只是提醒并引导人们关注员工培训这一重要管理活动。

二、行为科学理论时期

行为科学作为一种管理理论，开始于20世纪20年代末30年代初的霍桑实验，发展于20世纪50年代。行为科学把以“事”为中心的管理，改变为以“人”为中心的管理，由原来对“规章制度”的研究发展到对人的行为的研究；由原来的专制型管理向民主型管理过渡。行为科学贯彻了以人为本的思想，以人力资源为首要资源，高度重视对人力资源的开发和利用，重视社会环境、人们的相互关系对劳动效率的影响。

在行为科学理论时期，很多学者重视员工个人与他人及环境的因素，认为培训环境是决定培训效果的关键因素。这一时期有许多理论，如需求层次论、激励理论、期望理论等，为员工培训与开发的发展奠定了理论基础。

三、系统管理理论时期

系统管理理论发展于20世纪60年代中期至90年代初，系统管理理论主要是运用系统论的观点和方法，尤其是整体论思想，分析组织问题和管理行为。系统管理理论既注重组织内部的协调，也注重组织外部的联系，把企业内外作为一个相互联系的动态过程和有机整体；既关注组织结构，也关注管理的过程；既强调组织目标，又强调人的因素。

在员工培训与开发上，系统管理论者把员工培训与开发视为组织系统中的子系统，认为它必须与组织战略、组织内其他系统、外界环境保持协调，才能发挥其真正的效率。

四、学习型组织理论时期

学习型组织理论是由彼得·圣吉在其著作《第五项修炼——学习型组织的

艺术与实务》中首先提出的。

所谓学习型组织，是指通过培养弥漫于整个组织的学习气氛，充分发挥员工的创造性思维能力而建立起来的一种有机的、高度柔性的、扁平的、符合人性的、能持续发展的组织。①

（一）学习型组织理论的基本内容

彼得·圣吉认为学习型组织必须具备五项技能，即自我超越、改善心智模式、建立共同愿景、团队学习、系统思考。

1. 自我超越。自我超越就是学习集中精力，培养耐心，并客观的观察现实；学习如何扩展个人的能力，创造出我们想要的结果，并且塑造出一种组织环境，鼓励所有的成员自我发展，实现自己选择的目标和愿景。

2. 改善心智模式。心智模式是一个看待旧有事物而形成的特定的思维模式。心智模式一旦形成，将使人自觉或不自觉地从某个固定的角度去认识和思考发生的问题，并用习惯的方式予以解决，这在一个急剧变动的社会中会影响我们看待新事物，影响我们采取正确的行动。而培养良好的心智模式可以帮助管理者作出有效和及时的决策，进而获得良好的组织绩效。

3. 建立共同愿景。共同愿景可以表述为：我们想要创造什么？它是被组织成员共同认可和渴望的愿望和景象，建立共同愿景包含了四个要素，即愿景、价值观、目的和使命。

4. 团队学习。团队学习是要发展团队成员整体。学习型组织的团队学习被称为“深度会谈”，它使每个人都能摊开心中的假设，以多样的观点探讨复杂的难题，并自由交换想法，从而获得共同提高。

5. 系统思考。系统思考是一种试图看见整体的思考方式，要求运用系统的观点看待组织的发展。系统思考有助于我们看清结构与变化形态，帮助我们了解惯用的解决办法为什么无效，以及效果较好的办法可能存在何处。

（二）学习型组织理论对员工培训与开发的启示

1. 注重员工的职业生涯设计。企业员工培训，一方面要指导员工准确自我定位，制定出适合自身发展和追求的职业生涯规划；另一方面应该根据员工的职业生涯设计内容，使员工个人成长与组织需求协调结合，实现个体发展与组织发展的有机结合。

2. 注重团体学习。团体学习应该突破传统培训采用的课堂教学法，进行集体讨论和“深度会谈”，让每个成员开展自由的交流，以发现远比个人深入的见解，达到整体智慧的整合。同时，企业培训应该强调与工作不分离，即企业的培训工作需要贯彻“工作学习化”和“学习工作化”的理念，从行动中学习，在学习中行动。

---

① http://wenku.baidu.com/view/561d580590c69ec3d5bb75a4.html?from=related&hasrec=1.

3. 注重员工心态培训。企业要想在加速变革时代求得生存发展,就必须重视改善成员的原有心智模式。因此,企业必须加强对员工正确的态度和积极的思维方式的培训,以改变员工的心智模式,克服组织的学习智障。只有成员的心态彻底改变了,企业才可能真正实现变革。

4. 注重企业文化建设与培训。企业培训一方面要有一个长期的与企业远景、发展目标和价值观相吻合的培训战略计划,另一方面,企业的培训应强调实施"深度素质培训",即培训的内容不仅要与其横向的工作范围相关,而且要涉及企业的战略方向与战略的具体实施,使全体成员深刻了解企业目前的状况和将来走势,共同理解企业的发展愿景、目的、目标和价值观,使他们看得到企业的发展前途,并愿意为之共同努力,以加强他们的责任感,巩固团队精神,这也是企业文化建设的有效途径。

5. 把培训作为一项系统工程。企业培训是一项系统工程,从培训需求分析阶段到培训的设计与实施阶段再到培训效果评估阶段,流程之间不是孤立的,而是相互联系和相互影响的,是缺一不可的。对培训效果评价后,还应该将评价结果反馈至下一个工作流程,从而形成一个完整的系统状态。

☞ 案例链接 日本丰田公司员工培训制度[①]

日本最大的汽车公司——丰田汽车公司自2008年始逐渐取代通用汽车公司而成为全世界排行第一的汽车生产厂商。其较高的教育水平和企业人才培训体系的建立,成为其腾飞的一个重要基础。丰田汽车公司的员工培训是全员全过程的,从新员工被录用直到退休,每个人,无论是领导还是工人,都要不断受到培训,并已经形成一套完整的培训体系。虽然丰田公司从2009年以来,时常陷入"召回门",大规模召回有质量问题的汽车,在一定程度上反映了其管理面临的问题,但丰田公司培训体系还是有很多我们可以借鉴之处的。

丰田公司的培训体系由公司、分厂、车间组成三级培训网络。公司培训由人才开发部和国际人力资源部组织,分厂培训由工务部或质量保证部牵头管理,车间培训由实习工厂组织实施。公司除对员工进行在职教育培训外,还培训与公司有密切关系的外部人员,如全国各地的销售点经理、推销员等。

丰田公司的员工培训有三大主要目标。

首先,公司把培养独立思考信念作为人才培养的首要目标,并把研究与创造精神贯穿于企业活动的各个方面,提出了"一流的产品,一流的信念"的口号。公司内流传着"思考五次"这样一句话,即某一问题发生时,不仅要着眼于采取解决对策,还要提出"何故如此"的疑问,寻求真正的原因。针对原因采取实质

① http://www.edu.baosteel.com/2/4D/jpdbk/qt_4.htm.

性的对策,有效地防止问题的再发生。

其次,造就有朝气、有作为的人。公司将培训立足于企业的实际需要,并着眼于企业的未来发展,坚持培养和造就充满活力的企业素质。

最后,培养企业人的意识,即注重把培养员工热爱本企业的情感贯穿在培训中。

总之,通过培训提高员工的工作能力,并使这些能力真正得到发挥,是丰田公司最根本的目标。

为实现上述目标,公司在培训实践中注重以下三方面的内容。

一、重视企业精神和道德教育

公司有一条人人皆知的经营观念,那就是"将更好的东西,以更便宜的价格,提供给更多的人,对社会有所贡献"。该公司自创业以来始终以此理念作为经营和思想教育的基础。这些思想不仅教育经营者,也教育工人。车间标语牌到处可见"站在买方立场上,从心里想着用户来用心制造""好的产品,好的思考"。新工人一入厂,为期五天的入厂教育第一课就是这种精神的教育,使之从入厂第一天起就牢记这些要求,为企业的发展而努力工作。同时,公司还鼓励员工积极研究和创新,并推行了合理化建议制度,以培养员工的高度使命感和责任感,发挥每个员工的积极性和创造性。这种企业主人翁精神的教育不仅是丰田公司发展的原动力,也是造就和培养员工的基础。

二、重视实践能力和培养多技能的员工

公司把员工的实践能力作为选拔和任用的基本标准,并为员工创造实践条件,努力开发培养人才资源。做法如下:

对于进入公司的新员工,经过短期入厂教育后,均分配到车间生产一线工作,在实践中锻炼,培养员工最基本的生产技能。即使是新毕业的大学生或新招聘来的管理人员,也要到实践中锻炼两个月到半年,使其在工作中了解、体会丰田的经营思想,并在工作中发现每个人的特长,以便量才使用。

对于岗位一线工人,公司注意培养和训练多功能作业员。采用工作轮换的方式来训练工人,提高工人的实际操作能力和培养其多方面技能。对这些人员的培训大致可分为两个层次。第一是对基层管理人员(班组长、工长等)的培训,这主要是让他们在工作现场内以组为单位顺序调整,使其熟悉所有组内的任务,并且要向一般工人证明自己的能力。第二是对各岗位作业工人的培训,这主要是让他们在班组作业中轮换,直到对班组内工作都熟悉为止。通过轮换使一些资深的技术工人和生产骨干把自己的所有技能和知识都传授给年轻工人,因而使这些技能和知识在公司内扩散,达到使工人提高操作技能、开阔视野、提高工作效率的目标。

对于中高级管理人员,公司采取五年调换一次工作的方式进行重点培养,每年1月1日进行调换,调换的幅度在5%左右。调换的工作一般以本单位内相关部门为对象,如生产管理部门向生产准备部门或质量管理部门调动,设计人员向研究开发或生产准备部门调动。这样,通过几年的岗位轮换,使其全面掌握各方面的知识,逐步成为一名全面的管理人才。

三、强调自我学习和传帮带

公司要求员工通过日常的业务工作,不断更新知识和技能,实现自我提高,并做好传帮带工作。在丰田公司,对每个员工来讲,既要当学生,又要当先生;既要在工作中学习前辈的经验,也有义务向后辈进行传授。这已在公司中形成一种风气。这种日常业务中的指导教育,使每个人都能感到自己身上的不足,从而产生一种知识和技能的危机感、紧迫感,促使员工进行自我学习,不断提升。

课堂讨论:日本丰田公司员工培训制度中最值得其他企业学习的是什么内容?

第二节 学习理论

员工培训与开发在本质上是一种学习实践活动。学习理论作为探究学习本质及内在规律的理论成为员工培训与开发最基本的理论基础。

一、学习的定义

学习是一种古老而永恒的现象。对于学习的概念,不同学者的定义也不尽相同。从能力角度看,学习是因实践经验引起的行为、能力和心理的较长久的变化;从行为角度看,学习是一种获得知识和掌握技能的过程,从中得到的体验可以导致较为持久的行为改变。学习是人的生存与发展的基础,是文明延续与发展的纽带。国外有句名言“不学习就灭亡”,可见学习的重要性。

☞ **案例链接 IBM 人才新干线计划**

IBM 人才新干线是其企业领导力后备军发展计划,在其培养方法上用简单的语言描述就是“向人学习,从做事中学习,从课堂上学习”。“向人学习”如导师制和做总经理的特别助理。“从做事中学习”如“岗位轮换”及作为“智囊团”参与由总经理主持的公司中长期业务发展战略规划。“从课堂上学习”则是为各种专业职位量身定制的技能培训和为提高领导力而专门开发的 G100 计划等。

课堂讨论:IBM 人才新干线计划对我们自身学习有何启示?

二、学习理论

西方早期的学习理论主要有亚里士多德的经验主义学习理论和柏拉图的理性主义学习理论，分别强调经验在学习中的作用和逻辑思考在学习中的作用。长期以来，学习是作为哲学和神学的领域而被研究的。19 世纪末，学习开始被作为一种心理现象加以研究，并由此出现了行为主义学习理论。

现代主流的四大学习理论的比较如表 2－1 所示。

表 2－1　四大学习理论的比较

	行为主义	认知主义	人本主义	构建主义
代表理论	强化理论，社会学习理论、目标设定理论，期望理论	信息加工理论、归因理论	需求理论、成就动机理论	认知灵活理论
基本假设	行为的愉快/痛苦；改变个体的今后行为	人学习有分析、选择和加工知识的能力；有主动性动机	人的学习动机与需求；认识与体验结合；全脑学习；自发学习	知识是学习者创造出来的；学习者可以有自己的体验；学习具有复杂性；社会互动
学习动机假设	强化与强化物	内部动机； 自己对目标的选择	以需求为基础	学习者对知识的创造
理论缺点	被动，外部强化；试错，不人性	过于生理化	动机比较成为行为的直接能力	忽视概念的重要性
学习迁移假设	共因素说，形式训练说	概括化理论	兴趣和动机决定迁移	关系迁移理论，由随机而形成通达
对培训与开发的启示	培训目标明确；有助于激发成人的学习动机；即时反馈；反复练习；结合实践；培训内容有逻辑；知识与技能之间相关；对技能性培训设计有帮助	通过发现而学习；社会化；认知性；挑战性；互动性；外部动机向内部动机转化；兴趣的意义；对知识培训设计有帮助	从真实问题引起学习；提供学习资源；利用社会进行学习实践；分组，建立学习团队；自我评价；对人际关系技能培训设计有帮助	自主决定学习起点、入口、时间和深入度；协作或合作学习；由不同的情景引发概括，对高级学习有帮助，尤其是对研究开发、知识创新有特殊意义

（一）行为主义学习理论

1. 行为主义学习理论的主要思想。行为主义学习理论诞生于20世纪初，由美国心理学家约翰·华生创立。在赫尔、桑代克、斯金纳等的影响下，行为主义学习理论在美国占据主导地位长达半个世纪之久。

行为主义学习理论，可以提炼为："刺激—反应—强化"的理论。他们认为个体在不断接受特定的外界刺激后，就可能形成与这种刺激相适应的行为表现，学习就是刺激与反应建立了联系。行为主义学习理论"重视与有机体生存有关的行为的研究，注意有机体在环境中的适应行为，重视环境的作用"，认为人类的行为都是后天习得的，环境可以决定一个人的行为模式。

2. 行为主义学习理论的代表理论有两种，分别是强化理论和社会学习理论。

（1）强化理论。强化理论由美国心理与行为科学家斯金纳等人提出。该理论认为人或动物为了达到某种目的，会采取一定的行为作用于环境。当这种行为的后果对他有利时，这种行为就会在以后重复出现；不利时，这种行为就会减弱或消失。人们可以用这种正强化或负强化的办法来影响行为的后果，从而修正其行为。在人的学习上，他创立了程序教学法，强调在学习中应遵循小步子和及时反馈的原则，将大问题分成许多小问题，循序渐进。

强化理论说明了为让学习者获得知识、改变行为方式或调整技能，培训者要知道受训者认为哪些属于正向强化（负强化），然后要引导其将这些因素与自身知识、技能的获取或行为的改变联系起来。在管理中，如果运用强化理论指导员工培训与开发，对提高受训者参加培训的积极性及培训效果会起到良好的作用。实际应用中关键在于如何发挥强化机制的协调性，为此应该注意以下三个方面。

第一，应以正强化方式为主。例如在员工培训与开发中，企业设置鼓舞人心的培训效果目标是一种正强化方法，但要注意将企业的整体目标和职工个人目标、最终目标和阶段性目标等相结合，并对在完成个人目标或阶段性目标中作出明显绩效或贡献者给予及时的物质和精神奖励（强化物），以求充分发挥强化作用。

第二，采用负强化（尤其是惩罚）手段要慎重。负强化应用得当会促进培训过程和效果良好效应的产生，但应用不当则会带来一些消极影响，可能使人由于不愉快的感受而出现消极、怠倦等心理反应，甚至发生对抗性行为。因此，在运用负强化时，应尊重事实，讲究方式方法，处罚依据准确公正，这样可尽量消除其副作用。

第三，利用信息反馈增强强化的效果。信息反馈是强化人的行为的一种重要手段，而员工培训与开发中，各阶段培训效果评估反馈也尤为重要。定期及时反馈可使员工了解目前绩效及其结果，既可使员工得到鼓励、增强信心，又有利于及时发现问题、分析原因、修正不良行为。

(2)社会学习理论。社会学习理论是由美国心理学家阿尔伯特·班杜拉于1977年提出的。它在反思了行为主义所强调的刺激—反应的简单学习模式的基础上,接受了认知学习理论的有关成果。它着眼于观察学习和自我调节在引发人的行为中的作用,重视人的行为和环境的相互作用,探讨了个人的认知、行为与环境因素三者及其交互作用对人类行为的影响。

按照对其实验结果的理解,有机体行为的强化方式有三种:一是直接强化,即对学习者作出的行为反应当场予以正或负的刺激;二是替代强化,指学习者通过观察其他人实施这种行为后所得到的结果来决定自己的行为指向,如实验中的B班学生由于看到录像中小孩对充气玩具攻击后受到成人的表扬,从而决定采取与录像中小孩相同的行为来对待生活中碰到的类似的事情;三是自我强化,指儿童根据社会给他所传递的行为判断标准,结合个人的理解对自己的行为表现进行正或负的强化。自我强化参照的是自己的期望和目标,例如,在一次跳绳比赛中一个学生对自己跳了150次而欣喜不已,而另外一个同样成绩的学生则懊丧不已。

由于三种强化方式对行为产生的不同影响,社会学习理论重视榜样的作用,强调个人对行为的自我调节,主张建立较高的自信心。就员工培训与开发管理而言,企业管理层应充分看到员工与员工之间的互相影响,主动在实践中树立员工榜样,利用榜样的作用激发员工的热情,使员工更多地表现出企业所希望的行为。

☞ 案例链接　某公司员工培训奖惩管理制度①

一、目的

提高员工学习积极性,奖优罚劣,培养员工自我提升的学习意识,创造良好的学习氛围。

二、适用范围

(1)参加中基层管理培训的员工(脱产员工可否考虑全部纳入中基层管理人员培训)。

(2)参加部门培训员工。

(3)参加学历教育取得毕业证书的员工。

(4)参加技能等级培训取得证书的员工。

(5)参加职称等级考试取得证书的员工。

① 百度文库,http://wenku.baidu.com/view/89b0e9250722192e4536f6af.html? from=rec&pos=0&weight=6&lastweight=4&count=5.

三、责任

(1)人力资源部负责制定并跟进执行本方案。

(2)人力资源部负责考评成绩、出勤状况、奖金的统计、培训纪律的监督、培训笔记、培训教材的收集。

(3)参培人员配合人力资源部的培训工作。

(4)部门经理负责本部门培训教案的编写,根据年度培训计划组织本部门的培训,主持本部门的培训。

(5)部门经理不能缺席部门培训,不能按时培训的可适当延期。

(6)人力资源部协助各部门主持的培训工作。

(7)财务部负责本方案奖金的发放和扣款。

(8)总经理负责本方案的批准实施和奖金发放的批准。

(9)所有奖项均由总经理批准后生效。

四、奖惩评定依据

(1)出勤次数:原则上必须满勤。按照每年的《年度培训计划》规定的培训次数——中基层管理人员培训次数和部门培训次数,因客观原因不能举行培训的次数不作为考核依据。

(2)培训纪律:不迟到、不早退、不做与培训无关的事。

(3)考评成绩:①中基层管理人员培训——人力资源部在培训前根据培训内容出题,培训时留出部分时间供参培人员作答,培训结束时人力资源部收回答题,评出考评成绩。②部门培训——部门经理在培训前根据培训内容出题,培训时留出部分时间供参培人员作答,培训结束时人力资源部收回答题,评出考评成绩。

(4)培训笔记:培训时所有参培人员都必须认真做好笔记,以巩固和加深对培训内容的理解。评奖前一周人力资源部负责收集各参培人员培训笔记。

(5)学历证书:员工参加业余学习取得的和工作有关联的大专以上、获教育部认可的学历证书。

(6)等级证书:员工参加业余培训取得的和工作有关的劳动部门颁发的职业技能等级证书。

(7)培训教材:公司鼓励部门主管编写本部门的培训教材,培训教材可结合本部门生产经验、经营案例等为素材帮助本部门员工提高业务水平,提高客户满意度,减少事故发生。培训教材需报人力资源部评审、备案。

五、评选办法

(1)中基层管理人员培训:

- 每季度评选一次。

- 评选依据为参培次数、培训纪律、考评成绩、培训笔记。
- 评分标准如表 2－2 所示。

表 2－2 评分标准表

考核依据		权重	分级得分				
			0～20	21～40	41～60	61～80	81～100
A	参培次数	30%	低于应培次数 8 次以上	低于应培次数 6～7 次	低于应培次数 4～5 次	低于应培次数 2～3 次	低于应培次数 0～1 次
B	培训纪律	20%	迟到或早退 8 次以上，做与培训无关的事情 8 次以上	迟到或早退 6～7 次、做与培训无关的事情6～7 次	迟到或早退 4～5 次、做与培训无关事情 4～5 次	迟到或早退 2～3 次、做与培训无关事情 2～3 次	迟到、早退不超过 1 次、做与培训无关事情不超过 1 次
C	考评成绩	35%	0～20	21～40	41～60	61～80	81～100
D	培训笔记	15%	笔记不清晰、不完整，0～20% 培训有记录	笔记不清晰、不完整，21% ～40% 培训有记录	笔记不够完整、不够清晰，41% ～60% 培训有记录	笔记清晰、完整，有条理，61% ～80% 培训有记录	笔记清晰、完整，有条理，81% 以上培训有记录
综合得分		综合得分＝A:____×30%＋B:____×20%＋C:____×35%＋D:____×15%＝____					

(2)部门培训：

- 每年评选一次。
- 评选依据为参培次数、培训纪律、考评成绩、培训笔记。
- 评分标准可参照表 2－2 的内容。

六、奖项设置

(1)优秀奖、优良奖、鼓励奖：

- 本奖项适用于参加中基层管理人员培训和部门培训的人员。
- 综合得分在 90～100 分为优秀奖。
- 综合得分在 80～89 分为优良奖。
- 综合得分在 70～79 分为鼓励奖。
- 本奖项不设置人数限制，符合条件均有奖励。

(2)学历技能奖：

- 本奖项适用于利用业余时间参加成人教育、技能培训、职称考试取得相应证书的员工。

● 本奖项凭发票报销,根据学历、等级不同报销费用不等。

● 本奖项不设置人数限制,符合条件均有奖励。

(3)教案奖:

● 本奖鼓励部门经理自编培训教材用于开展培训活动。

● 本奖根据编写培训教材的字数多少给予奖励。

● 本奖由人力资源部评审,总经理批准后生效。

(4)授课奖:

● 本奖鼓励部门经理结合自己的工作经验亲自给员工做培训,起到传帮带的作用,以整体提高本部门的工作业绩和效率。

● 本奖根据部门经理亲自培训的次数给予奖励。

(5)晋升、加薪:根据员工在公司的综合表现,包括学习能力方面的表现给予晋升、加薪。

(6)优秀学员奖:

● 本奖适用于参加中基层管理人员培训和部门培训的人员,每年评选一次,在年终大会上由总经理亲笔签名、亲自颁发"优秀学员"证书。

● 评选依据为:中基层人员在本年度中三次获得优秀奖的可获得"优秀学员称号";部门培训员工在年终获得优秀奖的,可获得"优秀学员称号"。

七、奖金设置

(1)优秀奖奖励________元,优良奖奖励________元,鼓励奖奖励________元。中基层人员获"优秀学员奖"奖励________元或同等价值书籍;参加部门培训员工获优秀学员奖的奖励________元或同等价值书籍。

(2)学历技能奖:取得硕士学历的,报销________元,本科报销________元,专科报销________元。取得高级证书报销________元,取得中级证书报销________元,取得初级证书报销________元。

(3)教案奖:每1 000字奖励________元。

(4)授课奖:每课时奖励________元。

八、奖金的发放

(1)中基层人员获奖奖金前三次在培训现场颁发,最后一次奖金在年终大会上和"优秀学员奖"、优秀学员奖金一起颁发。

(2)参加部门培训的获奖员工奖金在年终大会上和"优秀学员奖"、优秀学员奖金一起颁发。

(3)授课奖在月工资中体现。

(4)教案奖批准生效后兑现。

九、处罚

(1)处罚不是目的,是希望通过处罚引起员工对学习和培训的重视。企业需要发展,员工的思维也要跟着发展。员工的素质提高,企业才能发展得更好。

(2)缺勤、迟到、早退均按考勤管理制度执行,月工资中体现。为避免时间不统一,参加培训的员工须在培训开始前5分钟到场。

(3)中基层管理人员三次综合得分在40分以下的扣除年终奖金______元;参加部门培训的员工年终评比综合得分在40分以下的扣除年终奖金______元。

本方案经总经理批准后生效即日执行。

课堂讨论:此公司员工培训奖罚管理制度体现了行为主义学习理论的哪些内容?

(二)认知主义学习理论

学习的认知主义理论起源于德国格式塔心理学派。其创始人之一的心理学家克勒在《猩猩的智慧》一文中提出顿悟说,认为学习是组织、构造一种完形,而不是刺激与反应的简单联结;是一种顿悟,而不是通过尝试错误来实现的。在经过一段时间的沉寂之后,从20世纪50年代中期起,认知主义学习理论随着布鲁纳、加涅等一批认知心理学家的大量创造性的工作而再度复苏,对其的研究进入了一个辉煌时期。

1. 认知主义学习理论的主要思想。认知主义认为学习就是面对当前的问题情境,在内心经过积极的组织,从而形成和发展认知结构的过程,强调刺激反应之间的联系是以意识为中介的,强调认知过程的重要性。在理论上他们主要的思想贡献体现在四个方面。

(1)重视人在学习活动中的主体价值,充分肯定了学习者的自觉能动性,强调认知、意义理解、独立思考等意识活动在学习中的重要地位和作用。布鲁纳就提出学习是学习者主动形成认知结构的过程。

(2)重视人在学习活动中的准备,即一个人学习的效果,不仅取决于外部刺激和个体的主观努力,还取决于一个人已有的知识水平、认知结构、非认知因素。奥苏伯尔认为学习者学习新知识的过程实际上是新旧材料之间相互作用的过程,学习者在学习中能否获得新知识,主要取决于学习者个体的认知结构中是否已有了有关的概念。准备是任何有意义的学习赖以产生的前提。

(3)重视强化的功能。认知主义学习理论由于把人的学习看成一种积极主动的过程,因而很重视内在的动机与学习活动本身带来的内在强化的作用。

(4)主张人的学习的创造性。布鲁纳提倡发现学习方法,强调通过发现学习来使学习者增加智慧和认知。他要求学习者自己观察、探索和实验,发扬创造精神,独立思考,自己发现知识、掌握原理原则。

2. 认知主义学习理论在培训中的应用体现在三个方面。

(1)增强培训动机。奥苏伯尔认为动机与学习之间的关系是典型的相辅相成的关系,绝非一种单向性的关系。而员工培训与开发本质上就是学习实践的过程,因此在员工培训中,注重激发员工的学习动机,让员工更好地参与到培训中,不仅可以使员工发挥主观能动性,提高获取新知识、新技能的积极性,而且能维持并促使员工朝着培训目标行进,增强培训效果。

凯勒(John M. Keller)提出的 ARCS 动机模型认为影响学习动机的因素主要有四类:注意(attention)、相关性(relevance)、信心(confidence)和满足感(satisfaction)。因此,在员工培训与开发中,要系统的考虑这四类因素,引发员工的培训动机,促成有效培训。此即在培训与开发过程中,培训师首先必须先引起员工的注意;其次要告诉员工培训的新知识、新技能与员工已掌握的知识和技能之间所存在的关联性,明确培训目标与自身的相关性;再次,培训师要根据培训所要达成的目标制订出合理的培训计划,在培训过程中激发员工自身优势的发挥,增强其信心;最后,可以通过强化、反馈、奖励等手段让员工满足于培训带来的成效,促使员工产生更强烈的培训动机。

(2)设计灵活的教学方法。员工在整个培训过程中的学习效果存在着一定的共性:培训初期,通常员工进步明显;培训逐渐深入后,有些员工的学习效果会出现停滞不前的状态;随着时间的推移,员工的培训效果又会显现。因此在员工培训与开发中,应注意员工知识结构、理解能力和学习方式的差异性,培训方法要根据学生的特点进行一步步设计,因材施教,重视员工在培训与开发中的主体价值。

(3)让员工发现学习。行为主义学习理论把学习者视为知识的灌输对象,而认知主义学习理论把学习者看作是信息加工主体。认知主义学习理论注意学习者的内部心理过程,开始研究并强调学习者的心理特征与认知规律;认为学习者可以根据自己的态度、需要、兴趣、爱好,利用自己的原有认知结构,对当前外部刺激所提供的信息主动作出有选择的信息加工。所以,在员工培训与开发中,培训不是培训师单方面的知识灌输,而是要让员工在培训与开发的过程中主动探究、主动发现,发挥独立思考的创造精神,使员工成为培训与开发的主人。

(三)人本主义学习理论

人本主义心理学是20世纪50年代末60年代初兴起于美国的一个心理学学派,由于其观点不同于行为主义心理学和弗洛伊德心理分析学,故被称为心理学的“第三势力”,主要代表人物为马斯洛、罗杰斯等。人本主义学习理论就是以人本主义心理学的基本理论框架为基础而孕育发展的。人本主义强调人的尊严和价值,强调“无条件积极关注”在个体成长过程中的重要作用。因此,持人本主义学习观的人认为,学习的实质就是学习者获得知识、技能和发展智力,探究自己情感,学会与教师及班集体成员的交往,阐明自己的价值观和态度,实现自己的潜能,以达到最佳境界的过程。

1. 人本主义学习理论的主要观点。人本主义学习理论对学生的本质持积极乐观的态度,相信任何正常的人都能自己教育自己,发展自己的潜能,都能够达到自我实现。他们强调学习过程是学习者自我指导、自我发展的过程,主张教学要以学习者为中心,并进一步具体阐述了对于学习的定义和认知。

(1)学习与教育的结果。在学习结果上,人本主义学习理论认为学习的目的和结果是使学生成为一个完善的人,一个充分起作用的人,即使学生整体的人格得到发展。当代最有用的学习是学习过程的学习,即让学习者"学习如何学习",而学习的内容是次要的。因此,人本主义提出,教育的目标应该是以学习者为中心,以使学生的个性得到发展,潜能得到发挥,从而使他们能够更加愉快地、创造性地学习和工作为目的。

(2)学习的分类。人本主义心理学家罗杰斯根据学习对学习者的个人意义,将学习分为无意义学习和意义学习两大类。在他看来,所谓无意义学习,就是指所学的材料是没有个人意义或不涉及情感的,与完整的人无关,仅涉及经验积累和知识增长,这类学习只涉及心智,是一种"在颈部以上"发生的学习。而意义学习则是指一种使个体的行为、态度、个性以及在未来选择行动方针时发生重大变化的学习,它涉及学习者成为完整的人,这种学习不仅是一种增长知识的学习,而且是一种与每个人各部分经验都融合在一起的,使个体全身心投入其中的学习。人本主义心理学家认为,意义学习主要包括四个要素:第一,学习具有个人参与的性质,即学习者整个人(包括情感和认知两个方面)都投入学习活动;第二,学习是自我发起的,即便是推动力或刺激都来自外界,要求发现、获得、掌握和领会的感觉也都是来自内部的;第三,学习是渗透性的,即它会使学生的行为、态度,乃至个性都会发生变化;第四,学习是由学生自我评价的,因为学生最清楚这种学习是否满足了自己的需要,是否有助于弄清他们想知道的东西、明了自己原来不清楚的某些方面。

(3)促进意义学习的条件。基本条件包括:强调以学生为中心,突出学习者在教学过程中的中心地位;让学生觉察到学习的内容与自我的关系;让学生身处一个和谐、融洽、被人关爱和理解的氛围,并且将这种气氛由教师逐步扩大到学生之间;强调要注重从做中学。

2. 人本主义学习理论在实践上对人们的启发主要有以下五个方面。

(1)教学的根本目标在于促进人的全面发展。罗杰斯的教育理想是要培养"躯体、心智、情感、精神、心力融会一体"的人,也就是既用情感的方式也用认知的方式行事的情知合一的人。要最终实现这一目标,就要"促进变化和学习,培养能够适应变化和知道如何学习的人"。

(2)教学过程应强调学生的自由发展。人本主义强调教学的目标在于促进学习,在好奇心的驱使下,任何学生自觉吸收有趣和需要的知识,学习过程应该是教师和学生两个完整精神世界互相沟通理解的过程,学生是教学活动的核心。

(3)教学基本原则是真诚、信任和理解。该理论对教师提出了三条基本要求:以真诚的态度对待学生;给学生充分的信任,相信他们的潜能;尊重和理解学生的内心世界。

(4)教学方法强调非指导性的原则。人本主义主张一个称职的教师应该能使他的学生不依赖自己的指导而独立学习,教师的全部责任就是帮助学生理解经常变化着的环境和自己,最大限度地发展自己的潜能。

(5)课堂教学模式更提倡采取以题目为中心的课堂讨论模型、开放教室的教学模型和自由学习的教学模型。

(四)建构主义学习理论

20 世纪 80 年代末,随着心理学家对人类学习过程认知规律研究的不断深入,建构主义学习理论逐渐开始流行。随着信息技术的发展以及在教育中的应用,建构主义学习理论正越来越显示出其强大的生命力,并在世界范围内日益扩大其影响。建构主义学习理论中所提到的“建构”这一概念,一方面是指对新信息的意义的建构;另一方面是指对原有经验的改造和重组。

1. 建构主义学习理论的基本内容。建构主义学习理论的基本内容主要包括对“学习的含义”和“学习的方法”这两个方面进行说明。

(1)关于学习的含义。建构主义认为,知识不是通过教师传授得到的,而是学习者在一定的情境即社会文化背景下,借助学习过程中其他人的帮助,利用必要的学习资料,通过意义建构的方式而获得的。

在建构主义学习理论中认为学习具有“情境”、“协作”、“会话”和“意义建构”这四大特征。“情境”是指学习环境中的情境必须有利于学生对所学内容的意义建构。“协作”发生在学习过程的始终。“会话”是协作过程中不可缺少的环节。协作学习过程也是会话过程。在此过程中,每个学习者的思维成果为整个学习群体所共享,因此会话是达到意义建构的重要手段之一。“意义建构”是整个学习过程的最终目标。在学习过程中帮助学生建构意义就是要帮助学生深刻理解当前学习内容所反映的事物的性质、规律以及该事物与其他事物之间的内在联系。因此,建构主义学习理论认为获得知识的多少取决于学习者根据自身经验去建构有关知识的意义的能力,而不取决于学习者记忆和背诵教师讲授内容的能力。

(2)关于建构主义的学习方法。建构主义提倡在教师指导下的、以学习者为中心的学习。教师是意义建构的帮助者、促进者,而不是知识的传授者与灌输者。学生是信息加工的主体、是意义的主动建构者,而不是外部刺激的被动接受者和被灌输的对象。

学生要成为意义的主动建构者,就要在学习过程中从以下三个方面发挥主体作用:

- 要用探索法、发现法去建构知识的意义。
- 在建构意义的过程中要求学生主动去搜集并分析有关的信息和资料,对所学习的问题要提出各种假设并努力加以验证。
- 要把当前学习内容所反映的事物尽量和自己已经知道的事物相联系,并对这种联系加以认真的思考。"联系"与"思考"是意义建构的关键。

教师要成为学生建构意义的帮助者,也要求教师在此过程中从三个方面发挥指导作用:

- 激发学生的学习兴趣,帮助学生形成学习动机。
- 通过创设符合教学内容要求的情境和提示新旧知识之间联系的线索,帮助学生建构当前所学知识的意义。
- 教师应在可能的条件下组织协作学习,即开展讨论与交流,并对协作学习过程进行引导使之朝有利于意义建构的方向发展。引导的方法包括:提出适当的问题以引起学生的思考和讨论;在讨论中设法把问题一步步引向深入以加深学生对所学内容的理解;要启发诱导学生自己去发现规律、自己去纠正和完善错误的或片面的认识。

2. 建构主义在员工培训与开发中的应用体现在以下七个方面。

(1)注重培训前期的调查研究。建构主义认为,员工参加培训的过程就是根据原有的知识体系建构新的知识的过程,是对原有经验的改造和重组。因此,在培训之前,首先要对员工进行必要的调查研究,了解学员现有的知识结构以及现有的知识结构与将要学习的知识之间的差距,找到已有的知识和所要培训的知识之间的结合点,有针对性地选择培训内容和培训方式。

(2)培训师角色的调整。培训师需要在学习环境中确定学习任务,组织学习活动,提供帮助和指导,引导学员正确使用认知工具。在建构主义学习中,学习过程是一种发散式的思维创造过程,不同学员所采用的学习路径、所遇到的困难也不相同,培训师需要针对不同情况作出适时反馈。同时,学员在自主学习中,面对丰富的信息资源易出现学习行为与学习目标相偏离的情况,培训师要在培训实践中设置关键点,规范学员学习,使学员反思、升华所学知识。同时,培训师要在可能的条件下组织协作学习,并对学习进程进行引导,使之朝着有利于意义建构的方向发展。

(3)学员角色的转变。建构主义学习理论强调学员是学习的主体,是意义的主动建构者,要取得好的培训效果,就必须充分了解学习者的特征。

(4)培训情景的设计。建构主义学习理论强调学习者在真实情景中学习，缩小知识与解决问题间的距离，强调知识迁移能力的培养。但是，在设计学习情景时要注意以下四个方面：第一是从问题出发，紧紧围绕当前所学知识的主题进行设计；第二是要根据不同学科结构的严谨程度，进行不同要求的设计；第三是明确目的——设计学习情景是为激发学习者的兴趣，促进学习者自主学习并最终完成意义建构；第四是学习情景必须与学习内容相融合。

(5)重视参与式培训。建构主义学习理论要求学生主动地探索问题，寻求建构意义，并要求老师激发学生的兴趣。因此，在员工培训与开发中可以采用参与式培训方式，为每一个参与者创设表达和交流的机会，让所有在场的人都积极投入到学习活动中去，使参与者在平等对话的情境中产生新思想，获得参与集体决策的机会与条件，从而提高参与者改变现状的能力和信心。

(6)员工培训要有反思的设计。企业员工培训要为受训者提供反思的机会和环境。在培训中通过同伴之间的比较、相互评价、帮助、激励等途径来唤醒员工对自我行为的反思，从而形成强大的合力。

(7)建立信息资源库。在企业培训与开发中，为了支持学习者的学习，要提供丰富的学习资源，如网页文档、多媒体课件、案例库、知识库等。同时，在企业培训过程中，也要不断积累丰富的学习资源并将其补充到学习过程中，使之逐步成为培训系统宝贵的知识资产。通过这个信息资源库，学习者可以随时找到自己所需的信息。

(五)激励理论

激励理论论述了如何满足人的各种需要、调动人的积极性的原则和方法。其主要包括弗洛姆的期望理论、洛克和休斯的目标设置理论、亚当斯的公平理论等。

1. 期望理论。它又被称作“效价—手段—期望理论”，是由维克托·弗洛姆于1964年在《工作与激励》中提出来的。这一理论提出了著名的“期望公式”和“期望模式”。

弗洛姆认为，人总是渴求满足一定的需要并设法达到一定的目标，这个目标尚未实现时，表现为一种期望，这时目标反过来对个人的动机又是一种激发力量，而这个激发力量的大小，取决于目标价值(效价 V)和期望概率(期望值 E)的乘积，即期望理论的公式 $M=\sum V\times E$。

期望模式具有四个因素：个人努力、个人成绩、组织奖励和个人需要。其表现为“个人努力——→个人成绩(绩效)——→组织奖励(报酬)——→个人需要”。该理论强调，在期望模式的四个因素中，需要兼顾三个方面的关系：首先是努力和绩效的关系，二者的关系取决于个体对目标的期望值。其次是绩效与奖励的关系。人们总是期望在达到预期成绩后，能够得到适当的合理奖励，如奖金、晋升、晋级、表扬等。如果没有相应的、有效的物质和精神奖励来强化，时间一长，个体的积极性就会消失。最后是奖励和个体需要之间的关系，即奖励什么要适合各种人的不同需求。

透过期望理论，在员工培训与开发中，我们会发现在下列情况中员工学习的可能性最大，即员工相信自己能够完成培训项目内容（期望），同时学习与更高的工作绩效、加薪、同事的认可这些成果相关联，并且员工认为这些成果是有价值的。

2. 目标设置理论。1967 年，美国心理学家洛克提出了"目标设置理论"。该理论认为目标本身就具有激励作用，目标能把人的需要转化成动机，使人的行为朝着一定的方向努力，并将自己的行为结果与既定的目标相对照，及时进行调整和修正，从而实现目标。

目标设置理论中的目标具有明确度和难度两个属性。明确度是指明确的目标本身具有激励性，因为人们清楚要怎么做、付出多大的努力才能达到目标。对行为目的和结果的了解能减少行为的盲目性，提高行为的自控水平。难度是指同样的目标对某些人来说可能是容易的，而对于另一个人来说可能是有一定难度的。一般来说，绩效和目标难度水平之间存在着线性关系，因为人们可以根据不同的任务难度来调节自己的努力水平，不过前提是完成任务的人有足够的能力，对目标又有高度的承诺。

在员工培训与开发中，目标设置理论说明给受训者提供特定的、富有挑战性的目标和目的，并适当提供一些反馈等会有助于学习。这就要求培训课程计划的设计要以特定的目标开始，这些目标向受训者提供了应采取的行动、学习发生的条件、可以被接受的绩效水平等信息。

3. 公平理论。1965 年美国行为科学家亚当斯提出，当一个人做出了成绩并取得了一定的报酬之后，他不仅关心自己所取得的报酬的绝对值，也关心自己所取得的报酬的相对值。这种理论侧重研究工资报酬等分配的合理性、公平性及其对人们积极性的影响。

虽然公平理论被广泛用于薪酬政策的制定，但是在培训中我们也必须坚持公平原则。例如，我们在要求员工参加培训的过程中，必须保证他们能够从培训中得到一些收益（报酬增加、升迁机会等），因为他们可能因为培训而放弃了自己的部分收益，这也被称为培训与开发引起的机会成本，如果得不到补偿对于他们来说是不公平的。另外，必须保证企业中弱势群体如女性员工、少数民族员工、大龄员工等在培训与开发上拥有同等的机会。

☞ 案例链接　迪士尼公司对人员的培训与激励

自 1983 年以来，世界著名的迪士尼公司经过艰苦卓绝的尝试，终于在 1988

年使每股股票由1984年的0.69美元上升到3.8美元。而且迪士尼王国的规模也不断扩大，拥有了沃尔特迪士尼制片厂，使沃尔特迪士尼慧眼定位的产品——欢乐更具有价值。而在这一项巨大成长的背后，更重要的一点是迪士尼公司对人力资源的培训与激励上具有独到之处，让成千上万的游客心甘情愿付出高额代价，去享受迪士尼的超值服务，因此精心规划、培养训练有素的员工成为公司的首要任务。

随着迪士尼公司兼并旅馆及其他休闲设施事业的发展，新员工来源更加广泛，这些人员有两种分配方向：计时员和支援专业人员的员工。前者从事着传统服饰扮演美国拓荒英雄以及各种卡通人物以吸引游客的工作，后者则可能成为设计师或构想新计划的理财专家等职务的管理者。

由于员工的需要不同，对其培训方式也应不同。为此，在20世纪60年代，沃尔特先生创办了迪士尼大学。该大学负责研究与分析公司员工的需要，并提出训练计划来满足这些要求。大学根据各个营业点所面临的不同问题，成立了众多训练基地，针对不同的工作人员设计训练课程。例如，对"卡通人物"的要求，他们强调"这不是在做一项工作，而是在扮演一个角色。"对前往应聘的人，他们首先要求其做自我估价，找到合适的位置，之后学校会给应聘者放一段影片，详细介绍工作纪律、训练过程及服饰，然后才能进入面谈，最后再经过评选，被选中的卡通人物方能由穿着全套角色服饰的教师带领，进入受训阶段。

迪士尼大学的著名课程之一是8小时的新人指导课，其目的是让新人了解公司的历史、哲学和对顾客的服务标准。这一时期是他们接受无形的产品——欢乐的时候。课程之二就是让他们了解自己所要担任的角色，并学习如何扮演。训练的目的是使新人更加敏锐。接下来，就是老手带新手的"配对训练"，时间长短视参与的节目而定，大约是16～48小时。在这期间，新手可以向备受尊敬的优秀员工直接学习，同时培养"以迪士尼为荣"的理念，使他们能够更有热情地投入工作，并努力自我要求、自我实现。在完成一部分的学习，并熟练掌握训练单上所列的项目之后，新手才能单独接待游客。迪士尼的干部有25%是从内部提拔的。为此，公司制定了"迪士尼乐园实习办法"作为主要的人力规划手段。对新人的指导包括密集训练和主管介绍，以了解公司的产品与历史。之后再对各部门高级主管进行访谈，以了解各部门的目标及其在组织结构中所扮演的角色，例如，如何从销售或财务的角度为游客创造欢乐。最后，是参加一个正式的训练课程，了解公司一级节目的制作过程。这些来自各部门具有管理才能的人，在接受6个月的在职训练（他们每天要穿上卡通人物服饰）之后要通过期末考试才算结业，但结业并不保证晋升。受训目的不只是训练在职干部，更是训练储备干部，及早发掘人才。对初级管理者进行密集训练，一旦晋升到中级阶层，他们对公司的期望已经完全了解，并具备了必要的专业技能，其后的训练就没那么密集了。迪士尼的卡通人物日复一日、年复一年,天天回答同样的问题、干同样的工作,这也许是重复枯燥的。迪士尼将“面带微笑,服务顾客”视为宗旨,期望所有的卡通人物都遵守公司高标准的要求。因此,为使卡通人物每天都能翻出一些新花样,让游客在这里看到米老鼠时会感受到神奇的滋味,迪士尼公司提供了各种奖励措施,包括服务优良奖、同仁表扬活动、全勤奖,以及服务期满10年、15年、20年的特别奖励会餐,此外,公司餐厅提供免费啤酒以助于提高士气,公司还辅助进行各种社团活动。

另外,为更好地激励员工,公司还在各类节目期间,以各种方式感谢卡通人物及其家属。例如,在圣诞期间,园区为其开放,干部则穿上各种角色服装取代卡通人物的工作,向员工庆贺。迪士尼乐园中,管理者充当售货员,在乐园里亲自贩卖汉堡包和热狗的情况时有发生。

所有公司培训活动及项目的共同目标就是:激发员工的活力,使他能在适合自己的工作岗位上自我要求,认同公司,并与管理者一起,为顾客提供更佳的服务。

课堂讨论:结合激励理论,谈谈迪士尼公司独特的培训制度是如何对员工进行培训与激励的。

(六)成人学习理论

成人学习理论是在满足成人学习这一特定需要的理论基础上发展起来的。关于成人学习特点的研究成果非常多,这些研究成果,丰富发展了现代成人教育理论,更为构建适应现代成人学习特点的员工培训与开发体系提供了行动依据。

1. 成人学习的特点。从社会成人教育体系的角度出发,成人在学习过程中所凸显的以下四方面特点,应当在组织进行员工培训与开发时格外注意。

(1)成人学习的终身性。中国有句“活到老,学到老”的古话,表达的是人一辈子都要学习的思想。近几年来,这个人生哲理所表达的思想开始被越来越多的人化作实践,这一点正引起教育界理论工作者和实际工作者的普遍关注。实际上,从人的生命过程看,可以划分为非成人与成人两个大的阶段。终身学习概念更多的是从成人阶段提出的。在过去,承袭老一辈的谋生技能或掌握一种谋生手段就可以过活一辈子。但是,在快节奏发展的今天,面对知识经济时代日新月异的变化,年纪大、经验多的传统优势已不再明显,在把握新知识、新技术的竞赛中,不同年龄段的人们几乎处在同一条起跑线上。为了避免被社会淘汰,人们会随着年龄和工作阅历的增加而逐渐增强不断“充电”的愿望。

(2)成人学习的自主性。与非成人学习相比,成人学习带有明显的自主性特点,主要表现在如下三方面。

● 主动。非成人学习者的学习相对被动，而成人则通常有着明确的学习目标，是学习的主动者。

● 选择。非成人学习者通常在学习过程中，学习的内容、学习的方式和学习的目的等几乎完全要由他人加以安排，成人学习者则通常由自己来选择学习环境、学习内容和学习方式等。

● 自学。非成人学习者一般是通过教育者释疑解惑的单向传播活动进行学习的，而成人学习者则注重自我学习的过程。通常，涉及学习策略的时间管理、阅读技巧、听课能力、应试技能等内容，成人都能够有意识地按照规律对自己的行为作出调整，也能够针对不同的环境，选择与自己能力最匹配的学习方法。

社会步入信息时代后，成人学习的自主性特点变得愈加突出。这是因为现代社会激烈竞争所造成的压力和危机意识，促使成人主动学习的冲动变得更加强烈；现代社会劳动生产率和生活水平的提高，使成人有了较多可用于学习的时间、金钱和精力，因此满足学习“消费”的条件比以往更好；现代信息技术的迅猛发展及其在教育领域中日益广泛的应用，为成人自主学习创造了更多的选择机会、更大的选择范围、更优越的学习环境。

(3)成人学习的开放性。与非成人比较，绝大多数成人在社会组织中都扮演着一定的角色，通常既承担着独立的相应责任，又享有不同程度的相应权利，其工作和生活的时间和空间是相对固定的，很难在固定时间和封闭空间进行系统的学习，由此使成人学习呈现出开放性的特点。

过去，在教育资源普遍不足或分布不均的情况下，由于信息技术不够发达，大多数成人的学习活动通常受到时空条件的限制，因此也抑制了成人开放学习的需求。在我国，随着社会进入信息时代，虽然成人存在的学习需要与社会教育资源不足或分布不均的矛盾依然存在，但现代信息技术的迅猛发展及其在教育领域中的广泛应用，已在相当程度上丰富了相对有限的教育资源，并使分布不均的教育资源在虚拟现实世界中得以均衡，为人们超越时空限制进行学习提供了现实可能。特别是伴随着社会进步带来的其他条件的改善，现代成人开放学习的特点变得更为明显。

显然，成人学习的开放性中还包含着成人学习注重学员之间的合作与交往的特点。据有关专家调查，在被询问“最愉快的学习经历”时，成人个体往往将注意力更多地放在他人身上。这表明成人学习的过程并不仅仅是学生个体认识发生发展的过程，更是不断地与教师和同学进行精神交往与互动以达成共识的过程。所以，成人教育应该为这种交往与互动提供“没有内在与外在压力制约的理想沟通情境”。

(4)成人学习的实用性。现实中，对于绝大多数成人个体来说，推动他们学习的动力主要来自对现代社会谋求生存和发展的现实考虑。这些现实考虑主要可以分为以下两类:寻找更为理想的社会角色位置,以期更大限度地实现自身潜力;稳住已有的社会角色位置避免遭到社会的淘汰。这些考虑体现了现代成人学习具有实用性的特点。也就是说,大多数成年人非常强调学习内容是否与自身的工作有关,是否能够提高就业能力和职业的稳定性,是否有利于未来职业生涯的发展。特别是当这种需要必须通过付出金钱、时间、精力的代价才可能得到满足的时候,成人学习的实用性特点就会变得愈加明显。

例如,美国成人教育家诺尔斯的成人教育思想是西方成人学习理论的主要代表。他认识到了正规教育理论的局限性,于是开发了成人教育法。他的模型建立在下列一些假设条件上:

- 成人需要知道他们为什么要学习。
- 成人有自行自我指导的需求。
- 成人可为学习带来更多的与工作有关的经验;对于成人学习者,学习活动中更多地借助于自己的经验来理解和掌握知识,而不是以教师的传授为主。
- 成人是带有一定的问题去参与学习的。
- 成人受到内部和外部的激励而学习。

2. 员工培训与开发中成人学习理论应遵循的规律有以下五个。

(1)激发受训者对过去经历的回忆。让受训者回头想想自己以前做了些什么,是在什么情况下运用什么方法做的。

(2)鼓励受训者对过去的经历进行反思。让受训者检讨以往在工作中经历的成功与失败,对工作业绩进行客观的评价。

(3)引导受训者着力去发现自己还缺少哪些走向成功的理念、思维方式、知识和技能,即明确学习目标。

(4)积极促使受训者进入学习理论、技巧、方法和工具的过程。

(5)推动受训者将新学的内容进行模拟运用。

经过这样几个阶段之后,才能说完成了一个简单的学习过程。而实际的学习,则需经上述五个阶段的不断循环、提高才能实现。从这一规律中显而易见,成人学习与其说是由教师、培训者教会他们学习,还不如说是他们自己学会如何学习,是自己在对以往经验的反思和领悟中学习。

☞ 案例链接　成人学习的16条原理

美国管理学家汤姆·W. 戈特(Tom W. Goad)博士在其所著的《第一次做培训者》一书中,总结了关于成人学习的16条原理。

(1)成人是通过干而学的。

(2)运用实例。

(3)成人是通过与原有知识的联系、比较来学习的。

(4)在非正式的环境氛围中进行培训。

(5)增添多样性。

(6)消除恐惧心理。

(7)做一个推动学习的促动者。

(8)明确学习目标。

(9)反复实践,熟能生巧。

(10)引导启发式的学习。

(11)给予信息反馈。

(12)循序渐进,交叉培训。

(13)培训活动紧扣学习。

(14)良好的初始印象能吸引学员的注意力。

(15)要有激情。

(16)重复学习加深记忆。

课堂讨论:在员工培训与开发的实践中,如何发挥这16条成人学习原理在其中的作用?

第三节 培训迁移理论

据统计,美国企业每年在正式或非正式培训上要花费1 000亿美金,而这些培训能够迁移到实际工作中的尚不及10%。[①] 人们普遍认为,通过培训获得的新知识、技能、行为和态度如果没有或不能迁移到工作中或在一定时间内不能维持,那么培训的价值是很小的。所以,培训迁移受到越来越多的关注,许多学者也提出不同的培训迁移理论,为员工培训与开发的实践提供了理论基础。

一、学习迁移与培训迁移

学习是一个过程,任何一种学习都要受到学习者已有知识经验、技能、态度等的影响,新旧经验知识的相互作用和相互影响就是心理学家所谓的学习迁移。也就是说,学习迁移是一种学习对另一种学习的影响。

① 学知网,http://www.xuezhi.cn/show/28006.html.

（一）学习迁移的种类

学习迁移现象是多种多样的，不同的研究者从不同的角度对迁移进行了分类，强调迁移的不同方面。

1. 根据迁移的性质不同，可分为正迁移、负迁移和零迁移。正迁移指一种学习对另一种学习起到积极的促进作用。例如，阅读技能的掌握有助于写作技能的形成。负迁移指两种学习之间的相互干扰、阻碍。负迁移经常表现在产生僵化的思维定式，缺乏灵活性、变通性，学习效率低下。零迁移指两种学习间不存在直接的相互影响，有时也称为中性迁移。原因是个体由于多种因素未能意识到许多知识技能之间存在着各种直接或间接的关系，不能主动地进行迁移，使某些经验处于惰性状态。

2. 根据迁移内容的抽象和概括水平，又可划分为水平迁移和垂直迁移。水平迁移也称横向迁移、侧向迁移，是指处于同一抽象和概括水平的经验之间的相互影响。如各种概念的学习之间的相互影响。垂直迁移又称纵向迁移，指处于不同抽象、概括水平的经验之间的相互影响。其表现在两个方面，一是自下而上的迁移，二是自上而下的迁移。前者指下位的较低层次的经验影响着上位的较高层次的经验的学习，如对具体事例的理解有助于相关概念和原理的掌握。后者是指上位的较高层次的经验也影响着下位的较低层次的经验的学习。

3. 根据迁移的时间顺序，可分为顺向迁移和逆向迁移。如果是前面的学习影响后面的学习，则称为顺向迁移。我们通常所谈论的大部分的迁移都属于此类迁移。逆向迁移指后面的学习影响前面学习所形成的经验结构，使原有的经验结构发生一定的变化，即得到充实、修正、重组或重构等。

4. 根据迁移内容的不同，可分为一般迁移和具体迁移。一般迁移也称普遍迁移、非特殊迁移，是将一种学习中习得的一般原理、方法、策略和态度等迁移到另一种学习中去。布鲁纳非常强调一般迁移，认为基本的原理、基本的态度具有广泛的适应性，能适用于表面特征不同但结构特征相同的多种情境，并且能使以后的学习变得较容易。具体迁移也称特殊迁移，指一种学习中习得的具体的、特殊的经验直接迁移到另一种学习中去，或经过某种要素的重新组合迁移到新情境中去。如乒乓球运动学习中，推挡动作的学习可以直接迁移到左推右攻这种组合的动作学习中去。特殊迁移的范围往往不如一般迁移广，仅适用于非常有限的情境中，但这并不意味着特殊迁移是不重要的，相反，它对于系统掌握某一领域的知识是非常重要的。

5. 根据迁移范围的不同，可分为自迁移、近迁移和远迁移。如果个体所学的经验影响相同情境中的任务的操作，则属于自迁移。自迁移经常表现为原有经验在相同情境中的重复。近迁移即把所学的经验迁移到与原初的学习情境比较相似的情境中，如同一学科内的学习之间的迁移。如果个体能将所学的经验迁移到与原初的学习情境极不相似的其他情境中,即产生了远迁移,如将校内学习的知识经验迁移到校外的实际生活中去。

（二）培训迁移

如前文所述,培训实质是一种学习活动,因而,许多学者把学习迁移的理论直接应用到员工培训与开发中。培训迁移是指员工持续有效地将所学到的知识、技能、态度和行为方式等运用到工作中的过程。培训迁移一般指的是正迁移,也称为培训成果迁移。

在培训迁移研究中,最具影响力的为雷德蒙·A. 诺伊、鲍德温·T. T. 和伏特·J. K. 。诺伊提出受训者能够学习和应用培训项目的程度即可训练性,是能力、动机和工作环境感知的函数。鲍德温和伏特提出了培训迁移理论模型,模型研究了受训者的个体特征、工作态度和工作环境对培训迁移的影响。该模型表明学习成果的成果迁移,需要了解受训者的个体特征,需要好的培训设计和合适的工作环境,还需要培训中确实获得了成果并将之保存,最后才是在工作中的应用和维持。

培训迁移模型可如图 2－1 所示。

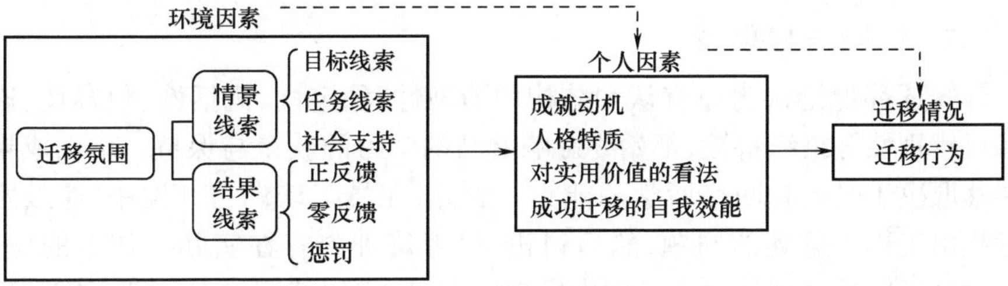

图 2－1　培训迁移模型

二、培训迁移理论

（一）相同因素理论

桑代克等人通过一系列的实验,认为学习只有当两种情境中有相同要素时才能产生迁移。相同要素也即相同的刺激与反应联结,刺激相似且反应也相似时,两情境的迁移才能发生;相同联结越多,迁移越大。伍德沃斯后来将相同要素改为共同成分,认为两情境中有共同成分时可以产生迁移。桑代克等人用大量的实验证明,迁移是非常具体的、有限的,只存在于含有相同要素的领域;迁移是有条件的,需要有共同的要素。

在员工培训与开发中,相同因素理论最为普遍的应用是程序操作方面的培训,如器械模拟、商业游戏、角色扮演等。这些培训与所要应用的情景相似性越高,培训技能就越容易转化到工作环境中,但同时可能复杂性和成本就越高。在员工培训与开发中需要注意这个关系。

(二)经验类化理论

贾德以水中打靶的实验说明了原理、概括化的经验在迁移中的作用。贾德认为,掌握了原理并不一定马上产生效果,还需要领会和实际的练习,即理论不能代替实际。但当有了实际经验后,概括化的原理就可以应用于不同的情境中,能随情境的变化而加以调整。他认为,概括化的原理和经验是迁移得以产生的关键,对原理学习得越透彻,对新情境的适应性就越强,迁移就越好。后来,亨得里克森等人在贾德的实验基础上,又进行了更为严格控制的实验,得到了类似的结论,而且指出,概括化的过程不是自动化的,与教学方法密切相关。

经验类化理论强调概括化的经验在迁移中的作用,认为迁移更多是依赖于对一般原理的理解以及这种理解在新旧情境的相互关系中的作用。依据此理论,在员工培训与开发中,增强培训效果的方法是注重培训中的重点特征和一般原理,只要培训内容中对共同原理理解得透彻,受训者在工作环境中就有运用成果的能力。然而,运用经验类化理论最大的难点是如何对培训中各种项目内容的共同原理进行总结和概括化。

(三)认知迁移理论

认知迁移理论认为原有认知结构的清晰性、稳定性、概括性、包容性、连贯性和可辨别性等组织特性,都始终影响着新的学习的获得与保持。培训成果是否转移取决于受训者回忆所学的能力。因此,在员工培训与开发中,应鼓励受训者找出工作中遇到的问题,然后讨论、思考培训内容在实际工作中的应用。这种方法可以让受训员工在工作中发现问题时,增加其回忆起培训内容和把培训内容应用到工作之中的可能性。

上述三大培训迁移理论的比较如表2-3所示。

表2-3 三大培训迁移理论的比较

理论	强调重点	使用条件
相同因素理论	培训环境与工作环境完全相同	工作环境的特点可预测且稳定 例子:设备使用培训
经验类化理论	一般原则运用多种不同的工作环境	工作环境不可预测且变化剧烈 例子:人际关系技能的培训
认知迁移理论	有意义的材料和编码策略可增强培训内容的存储和回忆	各种类型的培训内容和环境

本章小结

员工培训与开发理论大致经历了传统理论时期、行为科学时期、系统理论时期及学习型组织理论时期。各理论时期强调了不同的培训重点。

学习理论作为探究学习本质及其内在规律的理论成为员工培训与开发最基本的理论基础。学习理论主要包括行为主义学习理论、认知主义学习理论、建构主义学习理论、激励理论和成人学习理论。

员工培训与开发的目的是将培训效果转换成工作成果，因此培训迁移受到越来越多的关注，许多学者也提出了不同的培训迁移理论，为员工培训与开发的实践提供了理论基础。

重要概念

学习型组织、学习理论、学习迁移

复习思考题

1. 员工培训与开发理论经历了哪些阶段？每个阶段的基本思想是什么？
2. 学习型组织理论时期对于员工培训与开发实践的启发是什么？
3. 学习理论主要包括哪些理论？
4. 成人学习理论在员工培训与开发的应用中遵循哪些规律？
5. 学习迁移有哪些不同的分类方法？
6. 三种不同的培训迁移理论在员工培训与开发实践的应用中有何不同？

应用案例 1

康佳集团新员工培训①

康佳集团成立于 1980 年 5 月 21 日，是中国改革开放后诞生的第一家中外合资电子企业。康佳集团自成立之始，就相当重视新员工的入职培训，一直把它作为集团培训体系中的重点，给予了相当的关注，而且还专门成立康佳学院来统筹安排并规划新员工的入职培训。多年新员工入职培训的组织实践，使康佳学院针对企业用工的特点，摸索出了一套行之有效的新员工入职培训方案，

① 中国人力资源开发网，http://www.chinahrd.net/case/info/57379.

最大限度地发挥了新员工培训的作用,使新入职的员工通过康佳学院的系统培训,能够迅速地转变成为具有康佳企业文化特色的企业人,敬业爱岗,为企业的发展作出应有的贡献。

康佳集团新员工入职培训的最大特色是能够针对不同的新员工类型,规划出不同的新员工培训方案,而且,运用多种培训手段和培训方式来实施新员工培训。

比如,康佳集团针对新员工的学历、岗位及工作经验的不同,将新入职的员工分成一线员工入职培训、有经验的专业技术人员入职培训和应届毕业生入职培训三种类型,不同的类型培训内容和培训重点也各有不同。针对一线员工的入职培训,除了共同性的企业文化、人事福利制度、安全基本常识、环境与质量体系等内容以外,还规划了一线优秀员工座谈、生产岗位介绍、生产流程讲解、消防安全演练等课程,而且,还采用师带徒的方式,指定专人对新员工进行生活和工作方面的指导。对于有经验的专业技术人员的入职培训,除了共同性的必修内容外,更多地还增加了企业环境与生产线参观、企业历史实物陈列室讲解、集团未来发展规划、团队建设与组织理解演练、团队与沟通能力训练、销售与开发介绍及公司产品销售实践等课程。对于应届毕业生的入职培训,除了一些共同的课程外,还针对其特点,安排校友座谈、公司各部门负责人讨论、极限挑战、野外郊游等活动,同时,还规划三个月生产线各岗位轮流实习、专业岗位技术实习等内容,采取导师制的方式,派资深员工辅导新员工进行个人生涯规划设计,并对其整个一年的工作实习期进行工作指导与考核,使其能尽快熟悉企业,成为真正的企业人。

另外,针对企业用工的特点,康佳还配合人力资源部,对不定期招聘的单个新员工采取报到教育的方式,每一个新招聘的员工,不管是从何时进入企业,在办理入职手续之前,必须经过康佳学院的报到教育,有康佳学院指派专人进行个别的单独培训,培训时间安排为 3 小时,培训内容包括作为一个新入职的员工必须掌握的内容,如上下班时间与规定、公司基本礼仪、办公室规定、公司基本组织架构等,只有等新员工人数达到康佳学院规定的培训人数后,才针对新员工的类型,组织实施新员工入职培训。

通过不同形式、不同内容的新员工入职培训方案的实施,康佳有效地贯彻了集团公司选才、用才、留才的人力资源宗旨,并且通过培训,缩短了新入职人员在公司的实习过程,使部分有能力、有才干的人能够很快脱颖而出,成为公司的骨干,降低了招聘成本,规避了选才风险,成为公司人力资源管理中最为重要的一环。

入职培训规划为六天,全部项目由三部分组成。

一、相见欢

(1)破冰术(ice breaking):“我的画像”。通过康佳学院精心设计的游戏,让新员工自我介绍、相互认识,使其相互间有一个初步的了解。

(2)组织团队。要建立高绩效的团队,起步即把新员工分成若干个小组,每组人数三至七名(最好是五名),每个小组成员要求搭配合理(性别搭配、学校搭配、体能搭配、家庭背景搭配),每个小组民主选出一名组长,带领全组成员完成本小组团队建设的内容,如组名、组徽、组口号、组歌及其他等。

(3)举行入司式。培养对公司的热爱,在中华人民共和国国歌和康佳集团司歌的伴奏下,新员工代表带领大家向公司总裁庄严宣誓(宣誓词为公司晨读内容)。

二、培训内容展开

(1)人事福利制度介绍。由人力资源部负责人介绍公司在劳动用工合同、工资、奖金、福利、休假等人事方面的相关制度,使学员清楚地了解自己能享受的权利和应承担的义务。

(2)康佳发展历史、组织架构、发展规划等的介绍。使学员对企业有一个较清晰的了解,帮助新员工发现企业的优势、特点,从而树立起对企业的崇敬之情,培养作为一名康佳人的自豪感。由企业文化中心、发展中心负责人讲授。

(3)通信及电视的开发管理课程。由通信与家电开发中心负责人带领新员工参观两开发中心,并在参观中逐项介绍公司新产品在投产前产品开发的主要流程及各个阶段,使新员工初步了解新产品开发过程中各个流程的重要作用。

(4)营销管理课程。由营销公司负责人介绍公司产品的营销战略、市场定位、销售策略及竞争对手分析,使新员工能够迅速了解公司产品的营销方式和所面临的竞争压力。

(5)安全、健康、纪纲教育课程。由安全委员会负责讲授,主要介绍公司基本的规章制度和违规处罚标准。目的是培养新员工的安全意识,养成良好的生活与工作习惯,同时提醒学员在日后的工作中注意遵守,共同创造文明有序的工作环境。

(6)岗位礼仪及公司礼节、5S教育课程。由康佳学院讲师讲授,主要涉及集团公司在问候、着装、汇报工作等方面商务礼仪的培训和个人办公中应注意的礼节问题,目的是创造公司内部文明的工作环境,维护对外文明的企业形象,推行企业5S观念。

(7)商场促销活动(实践课程)。由康佳学院、销售公司共同组织,安排学员到各个商场进行现场促销,亲身体验市场上各家电厂商间的激烈竞争气氛,培养新学员居安思危的思想观念,活动结束后,通过激烈的讨论来深化新员工的认识能力。

(8)公司各部门及产品生产线参观。由康佳学院带领,参观公司的各个职能部门,由各个部门负责人介绍本部门的业务范围与业务重点,同时还参观公司产品生产线,了解产品的各个生产流程,进一步加深对公司的感性认识。

(9)角色转变课程,由康佳学院讲师讲授,主要包括以下几个课程:

• 组织理解游戏。通过游戏,让学员认识到组织中不同的成员对目标理解存在的差异,并初步认识个体与组织间的关系。

• 团队、沟通才能培训。通过科学设置的系列课程项目,体悟团队的作用,以增进对公司的参与意识,消除抱怨与负面冲突,同时,还可以培养自我授权的团队领导力。

• 企业模拟挑战赛。运用相关软件,通过挑战赛形式来达到培养学员正确面对竞争的观念,培养学员既要勇于冒险,也有勇于承担责任的精神,同时还培养了小组成员的团队意识和团队成员间的合作能力。

三、室外活动(选择实施)

(1)极限能力(自我挑战)培训。通过一次长途拉练来锻炼学员的意志力和团队合作精神(如爬深圳梧桐山)。

(2)野外郊游。通常安排在深圳的大、小梅沙海滨。全部培训结束,学员们在宁静的大海边放松自己,体会生活的美好。同时,还对培训进行最后的总结,提交书面的培训总结报告,并评选出本次培训的各种奖项(如最有成就的小组、最富有合作精神的小组、康佳之歌唱得最好的小组、本次培训最潇洒先生、最靓小姐、最有前途的组长等),由康佳学院予以表彰。

问题:

1. 从康佳集团新员工培训中,我们可以发现哪些理论的影子?

2. 依据强化理论和认知主义学习理论,请为康佳集团新员工培训活动计划设计一个新员工培训激励方案。

应用案例 2

字节跳动对新人的培养机制是怎么样的?[①]

北京抖音信息服务有限公司(曾用名:北京字节跳动科技有限公司)成立于2012年,是最早将人工智能应用于移动互联网场景的科技企业之一。公司以建设"全球创作与交流平台"为愿景。字节跳动的全球化布局始于2015年,"技术出海"是字节跳动全球化发展的核心战略,其旗下产品有今日头条、西瓜视频、

① https://zq. zhaopin. com/question/6914983.

抖音、头条百科、皮皮虾、懂车帝、悟空问答等。其独立研发的“今日头条”客户端,通过海量信息采集、深度数据挖掘和用户行为分析,为用户智能推荐个性化信息,从而开创了一种全新的新闻阅读模式。

一、公司内部的员工视角

字节跳动的新人培训一般有三个主要的组成部分:一是公司级的培训;二是业务部门特色培训;三是日常课程学习。

(一)公司级培训

全公司规模的新人培训,帮助员工了解公司的发展历程、文化、人才观、工作方法,了解职业道德制度体系,掌握 OKR 目标管理工具。专门为校招新人设计的 1 Day 线下培训,通过体验式课程帮助应届生更好地完成从学生到 ByteDancer的角色转换,了解如何快速融入和成长,学习如何高效解决问题,提升沟通协作能力。

(二)业务部门特色培训

字节跳动技术学院联合业务部门发起,面向所有字节跳动技术新员工,所有课程内容依托于技术学院平台,通过技术通用培养 + 业务专业培养的课程,帮助新员工了解技术团队和所在部门、学习基础和业务侧研发流程规范,掌握必备研发工具。

为了陪伴每位新员工度过整个试用期,新员工训练营持续 1—2 个月,全程采用导师制。

(三)日常课程学习

基于文档创建的飞书知识库是字节跳动内部知识管理系统,通过对稳定且高价值信息的组织和沉淀,形成字节的知识架构,满足公司内公开性的知识沉淀与发现的需求。知识库通过多人共建,集思广益的方式实现知识创建、导入、分享等功能,形成全员共享的丰富的宝藏,提高知识反复利用的效率,降低内部知识流转成本。许多员工入职后都发现,知识库是一个什么都能查的资源库。

二、公司人力资源管理者的视角

一年入职 4 万人:字节跳动的人才培养曝光,值得每位 HR 学习![①]

最近,我们也特地采访了两位字节跳动的 HR,从他们的视角,来介绍字节跳动的人才培养体系。

(一)训战结合、以赛代练:多种人才培养模式同步进行

在字节跳动的人力资源部,有一句话经常出现:“人才培养,不是单纯多付薪酬,更需要营造一个人才成长的环境。”

字节跳动的 HR,也给我们简单分享了关于公司的新进人才培养体系,见图 2 -2。

---

① http://k. sina. com. cn/article_2713976863_a1c4001f019010uqq. html.

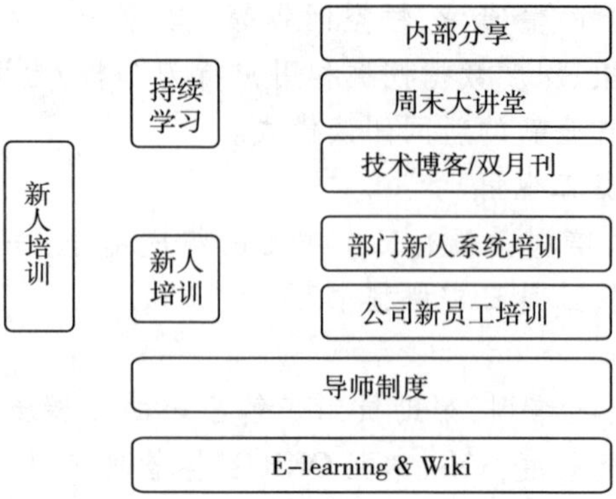

图 2-2 字节跳动新进人才培养体系

1. 内部分享,在字节跳动内部又叫 ByteTalk。每周安排一次 90 分钟的员工分享。讲者来自各个部门,涉及主题有:人力资源、产品开发、财经、商业动态、管理研究、国际化……员工分享自己参与的事情、小创新、行业前沿进展等,同时还会内部直播参与互动,员工回家也能获得有用的信息。

2. 周末大讲堂,在字节跳动内部叫 Dance 舞计划。与同期校招生一起聆听师兄师姐的分享,了解如何快速融入公司,提升沟通与协作能力。同时在周末,还会邀请业界的精英来公司做分享。邀请图灵奖获得者、高校和科研机构科学家、工程师、设计师等来公司交流。

3. 导师制度,在字节跳动内部又叫 Mentor 制。让经验丰富的员工担任你的 Mentor,由 Mentor 帮助你完成转换角色、带你融入新环境、帮你规划个性化的成长路径,带你融入团队 + 带你吃饭 + 带你提升专业能力 + 带你通过试用期,Mentor 制的工作内容,将会直接写进 OKR。

4. E-learning,在字节跳动内部又叫 Study 平台。这个平台类似于网络公开课程,公司内部有许多优秀的讲师会举办线下 + 线上课程,员工可以选择现场听讲或者在内部学习平台上在线接入,没有时间听的员工也可以从 Study 平台上找到对应的录播课程,相当于把 HRGO 学堂移植到公司内部。

5. 字节跳动内部还在抓紧做新人训练营项目。这是字节跳动内部的一个全新的训练项目,像在大学一样,针对新人提供一些必修课程。还有一些针对技术岗的提高课程,这些课程员工可以根据需求选择观看。

(二)人才培养模式向外学习:套用德国战车模式

对外,字节跳动总是很骄傲地宣称 50% 以上的管理层都是 90 后,这意味着这是一家年轻的公司、有活力的公司,是对年轻人很有机会的公司。同时这也意味着,这是一家没有太多经验的公司。

你的领导,甚至是业务负责人,他们很有可能在业务上,或者管理能力上,都没有太多的经验。也就是说需要不断的人才培养,才会有机会跃迁。

关于这一点,字节跳动的 HR 告诉我们,他们正在学习德国。在德国,人才培养主要通过两条路来实现:

1. 小学到中学,再到大学,选择精英教育,让学生将大量的时间投入到科学和基础理论研究中。

2. 小学到中学,再到大学,选择双轨制的职业教育模式,即让学生用一半时间在职业学校学习,一半时间在企业实习和工作的教育模式。

这样两条路,才使得德国高素质人才源源不断。

字节跳动也正在践行这样的模式,在他们内部叫:Perfect Match Program。不同的人才,匹配的学习项目会有方向性的不同。

面对技术型人才,一般根据他们往纵深发展的特点,配置的都是尖端且稀缺的课程,邀请的都是行业内的极客,那些通用的课程一般都不讲。

面对销售或职能岗位,学习的内容就针对横宽发展。换句话说,不追求质量最优最深,而是在保证次优的情况下,把大量精力花在知识结构和知识面上。发挥字节跳动的数据资源优势,配置大量能够提高认知的通用型学习课程。

(三)采取 3+2 引导:人才培养,可以开后门

优秀的人才不是韭菜,割了一茬马上就有新一茬,而是需要大量的时间培养的高成本低概率物种。

在字节跳动,对人才的培养采取的是 3+2 的模型。

所谓 3,就是操作原则:①面试要三轮。②人才选择要三思。③人才培养要三生三世。

所谓 2,就是用人哲学:①我吃下了,别人就吃不到了。②招进来以后,哪怕暂时用不上,也起码杜绝了竞争对手用上的可能性。

在字节内部,不管是人力资源部,还是业务或者技术部门,都有一个共识:储备人才就像储备冬粮,不管现在有没有需要,缺不缺人,都可以招人。

因为和一个可能用得上的人才可以创造出的价值,以及防止他去竞争对手方产生的价值相比,开工资的成本是更加可控的。招对手想招的人才,跑对手想跑的赛道,削弱对手,其实也就是在增强自己。

人才本质上是不可复制的稀缺资源。所以在 3+2 模型的倡导下,人才培养算是有了一个战略型的大方向。

另外,字节跳动的 HR 还跟 HRGO 分享了一个关于人才培养的小故事:

因为字节跳动是双月 OKR,你可以在 lark 上看到所有人的 OKR,知道大家在做什么,你对齐的大目标是什么,支持对齐你的人在做什么。

如果有问题,可以及时沟通和调整。

但有时候,信息的滞后性不可避免,有一次,有一个项目组因为要负责全新

的项目,没有这方面外部信息和技能,希望人力资源部能够牵头去邀请行业的专家做一下内部分享。这件事因为双月 OKR 没有第一时间对齐,这个项目组没有及时提出需求,按照规则,这个需求就会往后放。

人力资源部的同事第一时间发现了这个需求,立刻放开后门,直接把这个需求插队安排上,按理说这不符合 OKR 的规定,但在人才培养这件事情上,字节跳动是可以接受开后门这件事情的。

你看,为了人才培养,这就叫不遗余力。

问题:

1. 字节跳动公司是否是一个非常典型的学习型组织?为什么?

2. 从学习型组织的视角分析,字节跳动公司在员工培训制度上带给我们什么启示?

第三章

员工培训与开发制度

★ 课前提示 ★

诺贝尔经济学奖得主西奥多·舒尔茨曾说:“投资在人脑中的钱比投资在机器上的钱能赚更多的钱。”由此可见,企业投资员工培训与开发是企业实现自身发展的重要手段。本章将就员工培训与开发的原则、制度和流程作先导性介绍,帮助学习者对员工培训与开发进行最基本的了解与掌握。

第一节　企业员工培训与开发的原则

一、培训与开发的必要性

大多数人都喜欢自己熟悉的事物,愿意保持平稳的状态,不喜欢应对变化,很多组织也往往如此。但是随着世界的快速变化,企业发现,要想保持竞争力,适应新环境、新情况,经常进行培训与开发是十分必要的。

(一)有助于提高组织绩效

员工通过培训与开发,不仅可以更好、更快地掌握新技术和新方法,在工作中减少失误,生产中减少事故,减少消耗和浪费,提高工作质量和工作效率,而且还能更通透地理解组织的政策要求,更好地配合组织完成指挥、协调和监督的工作,从而提高整体效益。日本最大的电机厂商松下电器,其经营效益的提高很大程度上得益于员工培训。在日本消费者中流传着对松下电器这样的评价:别家公司输给松下电器公司,是输在人才培训上。而据美国权威机构检测,培训的投资回报率一般在33%左右,在对美国大型制造业公司的分析中,公司从培训中得到的回报率是20% ~30%,摩托罗拉公司早在20世纪80年代的一次调查中表明,每1美元的培训费用在3年内可实现40美元的生产效益。①

(二)有助于满足员工自我发展的需要

每位员工都有自我价值实现的需要。如果这种需要得不到满足,员工不仅会对工作产生消极感,而且会感觉生活乏味。在组织中,几乎每个人都希望接触到新知识和新技术,都希望有成长晋升的机会。而知识面的扩大、视野的开阔、自身执行力的增强和管理水平的提高,在一定程度上都需要通过有效的培训与开发获得。例如,IBM公司长期坚持对员工的终身教育,每年在员工培训上花费约7亿美元,很多到IBM公司工作的人,都是看中其提供的高质量培训与开发,期望通过培训与开发可以促进自身不断发展。

(三)有助于实现员工发展与组织发展的统一

市场竞争,从产品竞争,到销售竞争,再到资本竞争,直到知识竞争,不断升级,最终是人才的竞争。企业通过员工培训与开发,改进员工知识、技能以及工作行为方式,使员工获得更有利于发展的竞争力。同时,作为培训与开发的结果,员工在现有的工作岗位上可以表现得更出色,也可以胜任更多的岗位,承担更大的职责,满足更高组织层次的要求。这种相互促进的良性关系有助于实现员工发展和组织永续的和谐统一。正如被誉为"经营之神"的松下幸之助所言:公司是生产人才的地方,兼而制造电器器具。而被誉为"全球第一CEO"的杰克·韦尔奇也认为通用电器公司(GE)不仅是生产产品的,更是"生产"人的。

二、培训与开发的原则

(一)培训与开发的误区

随着时代的发展,企业的竞争越来越多地表现为人才的竞争,员工培训与开发也逐步成为企业培养高素质员工、打造企业核心竞争力的重要手段。然而,在企业普遍开始重视员工培训与开发的同时,就目前现状而言极易出现以下两种误区。

1.思想认识上的误区。很多企业在员工培训与开发的认识上主要存在三个明显错误的观点。

(1)培训与开发对企业没用,是一种消费,管理者之所以做这项工作主要是看别的企业在做。甚至某些企业家宣称:"我虽然文化低,但手下都是大学生。"

① 百度文库,http://wenku.baidu.com/view/56c8ed01b52acfc789ebc914.html? from = rec&pos = 4&weight = 5.

“三条腿的蛤蟆不好找，两条腿的人满街都是。”“现在每年那么多找工作的人，需要时完全可以到人才市场去招，投入资金培训实属浪费，市场不是培训出来的。”

事实上，企业通过员工培训与开发可以提高员工的技术素质和操作技能，是将新技术的能量转化为现实生产力的关键。美国《管理新闻简报》中发表的一项调查表明：68%的管理者认为由培训不够导致的低水平的技能正在破坏企业的竞争力，53%的管理者认为通过培训明显降低了企业的支出。①

(2)培训与开发是包治百病的万能药，药到病除。有的企业今天觉得员工士气不高，就搞个如何提高员工积极性的培训；明天产品质量出现了问题，再搞个生产质量培训；某天发现企业的执行力不高，再搞个执行力的培训。总之，问题都可以通过培训与开发得以解决。

然而“十年树木，百年树人”，培训与开发最深层次的改变，是员工的思维模式及做事的方式和方法的改变，这需要时间去吸收和在实践上的应用，并且离不开组织整体的机制。作为人力资源开发的一部分，员工培训与开发是在组织这个大系统下发挥作用的。对培训与开发作用的主观夸大，也必然导致对培训与开发结果的失望，进而容易趋向另一个极端。

(3)培训与开发工作是为他人作嫁衣。接受培训后的员工会不安心本职工作，甚至跳槽到别的公司工作，更可怕的是跳槽到竞争对手的公司。

实际上，现在还没有任何的调查表明员工跳槽的原因是接受了培训与开发，许多企业员工离职调查得出的结果是，员工跳槽主要是因为“公平”问题，其次是制度、福利、人际关系等问题。正如凯斯通公司的杰克·麦克高文所说的，“你越培训员工，他们就越能出业绩，业绩越好，他们就越想留下来”。

2. 行动上的误区。在已经开展员工培训与开发的企业中，很多企业都没有建立起完善的培训体系，存在重视短期培训的利益所得，重培训形式、轻培训效益的现象。权威机构对中国企业的一份培训调查报告显示，92%的企业没有完善的培训体系。在企业的培训管理机构方面，仅42%的企业有自己的培训部门；在培训制度方面，64%的企业声称有自己的培训制度，但经座谈和深度访谈发现，几乎所有的企业承认自己的培训制度流于形式，其培训可以用一句时髦的话来形容“台上激动、台下冲动、回去后不动”。与之形成鲜明对照的是，在现代市场经济发达的国家，企业大都把培训与开发看成是自身不断发展壮大的基础，因而从建立体系入手不断完善自身的培训与开发体系。

在日本，许多企业对员工培训与开发可谓是不遗余力，而且这种员工培训与开发也不仅仅局限于技术和管理技能方面的培训，还包括员工人格培养和企

① 中训网，http://www.trainingmag.com.cn/Article/Articledetail/422678847107.aspx.

业道德文化的培养。据日立公司培训机构小研英二社长介绍,日立公司的培训是长期的,并且是有明确的计划的。一般情况下,从管理层到普通员工,平均每人每月都会有机会参加一次培训,形式也是多种多样的。其中,35%左右是接受企业文化、团队合作培训。有些培训还有严格的参加标准和结业标准,这些标准直接与升迁和薪资挂钩。这种做法在一定程度上能够让培训与开发真正转化为效果,注重了学习后的应用与实践,让培训与开发真正地带来收益。

(二)培训与开发的原则

通常,企业在员工培训与开发的实践中,要想真正地把培训与开发转化为企业的市场竞争力和经济效益,就必须遵循以下三大原则。

1. 学以致用——实效性。企业培训与开发要努力克服脱离实际和形式主义,要讲求实效,学以致用,并把培训与开发成果最大限度地转移或转化成生产力,有效地促进企业竞争优势的发挥。因此,企业在员工培训与开发中,首先应建立较为完善的培训体系,设计合适的培训项目,使员工在培训与开发中所掌握的技术、技能、知识适应其岗位需要。其次,应注重培训与开发评估和长期收益。在日常工作中提醒员工工作安排的有序性与协调性,避免平时的错误习惯,通过培训考核使员工将培训内容潜移默化地运用到工作中,同时可以围绕培训内容辅之以竞赛的方式,如技术竞赛、生产竞赛等活动,提高员工的工作效率。最后,企业应为培训成果的转化创造有利的工作环境,努力构建学习型组织。

2. 因材施教——针对性。在企业中不仅存在一定数量的员工,而且员工在人格、智力、兴趣、经验和技能等方面都会存在差异性,对所承担工作需要具备的各种条件亦有所不同。所以,企业在进行培训与开发时应因人而异,不能采用普通教育“齐步走”的方式,要根据不同的对象选择不同的培训与开发的内容和培训方式,有的甚至针对每个人员的实际技能、岗位和个人发展意愿等开展员工培训工作,制订培训与开发计划。例如,中国平安保险(集团)股份有限公司的人才长期受到劳动力市场青睐,企业培训与开发被认为是其“金字招牌”之一。公司认为成功的培训与开发必须是有针对性的,一套优秀的培训体系首先要理解培训的阶段性需求,因为不同员工在不同阶段的培训与开发需求是不同的。

3. 防患于未然——激励性。员工的培训与开发最终归结于对人的管理,而根据心理学的 X 理论,人具有天生的惰性,对员工进行的培训与开发应具有激励性,设定员工通过培训后因绩效提升而获得晋升或薪酬的提高等激励机制;根据心理学的 Y 理论,人具有组织意识,员工培训与开发更需要对员工自我的激励,让员工清楚的认识自我,引导其能主动完善自我,有效地参与培训,更为积极地学习培训内容。例如,日本一些企业为调动员工接受培训的积极性,采用"自我申请"制度。这种制度首先需要员工定期填写申请表,反映员工过去5年内的能力发挥情况以及今后5年的发展方向和个人能力发展的自我设计;然后由上级针对员工申请与员工面谈,互相沟通思想、统一看法;最后,由上级在员工申请表上填写意见后,报人事部门存入人事信息库,作为以后制定员工培训与开发计划的依据。这种制度不仅能使员工意识到个人对工作的"自主性"和对于企业的主人翁地位,而且也疏通了上下级之间的思想交流渠道,促进了集体协作和配合,使培训与开发效果更为显著。

☞ 案例链接　可口可乐(中国)饮料有限公司的培训[①]

据说在最常用的词语中,"可口可乐"仅次于"okay"。可口可乐公司之所以强大,在一定程度上是公司认识到员工培训与开发对企业发展的重要性,并因此建立起了一套有实用性、针对性和激励性的培训体系的作用。

目前可口可乐在中国的北京、天津、上海、青岛等多个城市设有饮料厂,员工数量上万人,其拥有的可口可乐、雪碧、芬达、醒目等品牌广为人知。可口可乐公司本身起营销部门的作用,为饮料厂提供营销策略。可口可乐公司没有为饮料厂提供培训的义务,因为合资协议中不包括此项内容。尽管如此,可口可乐公司还是增加了培训饮料厂员工的投资。培训与发展部经理斯图尔特·史坦普尔(Stewart Stemple)认为,可口可乐与饮料厂之间的合作关系是一种共存的关系,主动接近他们并询问我们如何帮助他们,这样做能提高整个系统的能力。

一、确定培训的需求

可口可乐公司在中国最近的培训始于1996年,那时公司建立了一支饮料特别队伍,为饮料厂提供培训。这支队伍一年后成长为一个正式的实体——可口可乐企业管理学院(CCBMS)。该学院成立于天津,后来迁到了上海。1998年,新任的负责人力资源与培训的副总裁比尔·奥尼尔(Bill O'Neill)来到公司,他聘用斯图尔特·史坦普尔担任培训与发展部的经理。两人以香港为基地,通过培训与发展来帮助提高市场份额和收益率。他们认真地审查了公司的人力资源策略。史坦普尔解释说:众所周知,我们从零开始,然后开设了一系列培训课程,并且还拥有了一批授课的教员,但这仍不能满足企业的需要。

在短期内,史坦普尔对培训需求进行了分析。为了准确了解销售人员的情况,他与销售人员一起骑着自行车沿着上海的主要销售路线进行调查。他向顾客、工人和各种不同层次的内部客户咨询,包括斯怀尔(Swire)和克里(Kerry)总裁。

① 豆丁网,http://www.docin.com/p-61705929.html.

为了进行更深入地分析，史坦普尔雇用了一家培训咨询公司——Achieve Global公司。Achieve Global派出8人小组到上海培训部工作一周。该小组检查了所有课程，并为课程登记、举办培训、保证良好的客户服务制定了程序。史坦普尔说：他们为如何改进我们的方法、知识、客户服务和课程提供了建议。根据他们的建议，我们为所有需要做的事绘制了8个月的工作程序图，包括将许多课程和方法传授给我们的员工。

二、开展培训以满足经营的需求

培训工作面临的挑战并不是缺乏培训，而是当前的培训没有与经营的需求紧密结合。史坦普尔说："我们听过一些培训课，发现有些课程缺乏战略性，并且我们不明白这些课程的内容以及这些课与经营有何关联。不是向饮料厂说明发展计划，而是将培训的各种方案放在厂长面前让其做决定，这样的做法必将导致培训工作停滞不前。无人真正了解培训，而且也不了解其员工的培训进展。他们会问谁参加过培训？谁未参加过培训？谁想参加培训？这样的话培训不会取得进展，没有人了解员工的实际水平如何。"

史坦普尔认为，此地的工厂没有对员工职责或基本能力进行严格的说明。许多员工从销售主管晋升到经理，但他们并不明白两个职位的区别。因此他们不能培训他们自己的员工，因为他们也未接受过培训。现在需要做的是坐下来与厂长协商，共同确定他们的员工应该具备哪些基本能力。

员工需要培训的主要技能是销售技能。"大多数员工是销售人员，就经营而言，是销售人员为公司创造了利润"，正如可口可乐分厂之一——上海申美饮食公司销售部经理约翰逊·李（Johnson Li）所说，"这些职员具有销售技能，但缺乏销售管理技能，因此我们想把培训重点从销售技能转移到销售管理技能"。据史坦普尔所说，这种培训涉及实际管理课程，包括各种技能，例如，怎样举办会议，怎样把课讲好，怎样进行有效的时间管理。

但是培训仍然侧重于基本的业务技能。"过去我们开设了许多团队建设及发展的课程，但是后来我们不开了，因为这些课对经营没有帮助"，史坦普尔解释说，"上这种课有好处，这种课对维持员工队伍稳定有帮助。但最后我们想开设那些能够提高销售成绩的课程，至于团队发展的事情让部门自己去做。他们可以单独制订发展计划，并为计划编制预算。我们不想让培训部门与发展部门都考虑这件事。"

三、废除学院，建立中国培训和成就机构

我们提倡用一种新型的培训机构取代可口可乐企业管理学院。史坦普尔解释说，可口可乐企业管理学院根据人们的需要开设课程。该学院开设了大约40门培训课程，但许多培训单元有部分内容相同。该学院并未采用超前的方式，而是采用一种反应性的方式进行管理。史坦普尔决定彻底改变学院的面貌,包括更改校名。他说,“该项计划是要对每一件事进行改进,对学院进行改组,并且把我们自己定位于中央培训与发展部门。”

史坦普尔决定不开发一个有形的机构,或者像摩托罗拉那样建立“可口可乐大学”,但决定创立一个新实体,该实体的名字叫“中国培训与成就机构”(COLA)。“我们不想将COLA变为一个学院,或一个学术场所,我们想把它建成一个充满生机的机构。我们不仅仅想在上海建立COLA,而且想在中国建立更多的COLA,这样的话,将来人们就可以在当地的办事处接受培训。况且,每一个饮料厂位于不同的销售市场,具有不同的成熟度。”

四、建立多层次的培训系统

客户队伍建立起来后,在COLA每一家饮料厂都有一名直接的客户经理,负责了解该厂的培训计划及其企业组织文化。“我们非常关心客户,并且可以修改我们的课程使之适应每一家饮料厂的特定需要。”史坦普尔的培训小组不仅要考虑饮料厂的位置,而且要考虑到饮料厂的目标及经营策略。因此,课程要重新设计,教员也要重新接受培训,并且做事的新方法也要传授给销售人员。

五、形象、传播、销售

可口可乐公司雇用Edelman公关公司为他们制订COLA取代CCBMS培训策略的传播方法。Edelman为COLA制定了一个新的标识语,并建议他们每季发行一期业务通信,名字叫“COLA路线”。此外,还帮助他们开发新形象。与以前的经营方式相比,这是一个明显的变化。史坦普尔评论说:“CCBMS做的标牌颜色极不协调。有时是一种颜色,有时是另一种颜色。你没有去工厂看过CCMBS做的标牌,标牌上既没有图像,也没有海报、标语或介绍手册。许多厂长都不理解培训方案,因为培训材料取自不同的时期,有的在纸上,有的在email上,并且未介绍我们提供哪些培训课程、如何报名。在内部看来,这样做根本不行。”这项工作是为COLA创造形象以及创造一个新开端,告诉每个人正在发生的事情。“我们不再是一所商业学校、一个学院,而是一个为您服务的机构。”

COLA所有的培训材料都采用与众不同的健怡可乐类饮料的颜色——灰色和红色,并且COLA还发行了一系列有关人力资本规划、管理发展课程以及技术课程的小册子。培训手册用活页夹装订成册,上面有COLA的颜色和标识语,并且海报、文具、销售人员的自行车反光镜、迷你收音机都印上了COLA的标识语,以便吸引客户。

六、对教员进行培训

可口可乐公司认为对教员进行培训非常重要,但要做到这一点并不容易。起初,Achieve Global的教员就如何讲课对可口可乐的教员进行了培训,然后可口可乐的教员与Achieve Global的教员共同讲授该课程,直到可口可乐的教员们能够独立讲授整个课程为止。“我们有些教员能够很快地独立讲授全部课程，而有些教员只习惯于讲授1～2 小时的单元课程，不能独立讲授全部的长达 2 天或 4 天的课程。最后，差不多我们所有的教员既能够独立讲授又能够与其他 COLA 教员一起讲授长达 4 天的课程，他们的能力得到了很大的提高，这是一个巨大的进步。但是一开始也有障碍”，史坦普尔说，“因为许多教员都未真正地经过严格培训，因此讲课时心里非常害怕。当初雇用他们时只是当作培训策划者。现在我们面临着选择，是解雇他们并重新雇用人员，还是给他们提供一次机会，如果他们愿意，让他们成为教员。他们当中有些人有教学背景或销售背景，这对他们成为教员很有帮助。我解雇了一些人，因为他们不适合这项工作，这种做法在可口可乐公司是罕见的。我们并未真正地解雇员工。我设法与剩下的员工沟通，若他们想成为一名教员，我将尽我所能帮助他们，但他们自己也得努力。”

七、培训改革

培训改革仅在一年之后就取了很大的成效，培训费用从过去每日 300 美元降至每日 20 美元，1999 年 1 月和 2 月教员们讲授的课程比 1998 年全年还多，讲授的课程时长总共增长了 400%。“培训改革彻底改变了我们的方法，使培训费用大幅度减少，提高了教员的能力以及我们的授课能力，并且建立了广泛的客户关系。仅用了 7 个或 8 个月的时间，就取得如此大的成就，实在令人吃惊。”史坦普尔说。

课程安排也取得了很大的改进。COLA 现在不安排 16 个部分内容相同的、时间长达半小时的培训单元，现在它为主管人员课程安排了 3 个明确规定的培训单元，包括：如何销售，如何管理你的销售区域，如何提供优质的客户服务。史坦普尔说：“为了建立培训单元，我们同企业员工一起做了大量的工作，因此可以说这些培训单元最终来源于企业员工。他们不可能抱怨培训部给他们安排这种课程。”

史坦普尔承认要把企业变成一个学习文化的机构还有很长的路要走：“企业仍然把工作成绩作为衡量标准，因此当有许多销售工作要做时，人们将停止培训，而且也不为培训编制预算或制订计划。让每一名员工参加培训，并且把企业变成一个真正的、员工对其自身发展负责的培训机构是一项艰巨的任务。这是一种文化改革，不仅是中国文化的改革，而且是可口可乐文化的改革。史坦普尔希望可口可乐有朝一日能够将培训工作完全移交给饮料厂的管理人员。我们鼓励他们，让他们集中精力，充满信心。现在我希望他们自己能够把培训工作做好。”

一旦这个目标实现，那么最终目标是使学习机构向教学机构发展。“我们想把企业转变成一个教学机构，在那儿人人都是教员。你只有学会了才能教。

关键的一点是我们学了,但是我们把学到的知识传播给别人了吗?”史坦普尔希望可口可乐的每一位员工不仅要把精力集中在销售额和利润上,还要把精力集中在培训与发展上。“过去我们取得发展的唯一途径是我们是否不断地培养内部员工和提高我们的自身能力。我们的使命是——成为中国地区的最佳培训机构。一年前我对我的员工说过这句话,他们转动着眼睛,不相信我说的话。现在他们即将达到这个目标。”

课堂讨论:可口可乐(中国)饮料有限公司的培训最为明显地体现了培训与开发的哪项原则?是如何体现的?

三、企业员工培训与开发影响因素分析

(一)国家层面

从国家层面讲,对企业员工培训与开发的影响主要来自国家的法律、法规、宏观经济和社会政策等方面,它们对企业培训与开发工作的开展具有约束和指导意义。一方面,健全的法律、法规可以规范并约束企业和员工的行为,防止企业培训与开发中法律和道德风险的发生。如我国《中华人民共和国劳动法》《中华人民共和国劳动合同法》等法律既有要求企业建立健全员工培训体系、保护劳动者接受培训权利的规定,又有对员工遵守劳动纪律、执行劳动合同、保守商业秘密的约束。在法律框架内,企业和员工都可以维护自己正当的培训权益。另一方面,国家通过颁布如《国家中长期教育改革和发展规划纲要(2010—2020)》、国务院2010年10月25日发布的《国务院关于加强职业培训促进就业的意见》等人才政策,深化劳动人事制度改革,创造企业和人才发展的大环境、大气候;同时又强调社会主义精神文明建设,培育优秀社会文化,增强人们的集体意识和社会责任感,从根本上防范因主观因素引起的企业培训与开发风险,并促进企业员工培训与开发活动的积极开展。

(二)企业层面

企业是员工培训与开发的主体之一,企业文化、企业培训与开发的理念以及企业培训体系和制度都是影响员工培训与开发的重要因素。如果一个企业没有优秀的企业文化,不能将培训的理念融于企业的经营战略和发展目标中,使企业员工都意识到培训的重要作用,并积极参与企业组织的各种培训项目,就不可能有员工培训与开发活动的展开;如果企业没有与员工需求相适应的培训体系和制度,企业培训的形式和内容不丰富,那么企业培训与开发的效果将是不显著的。因此从企业层面上讲,企业只有构建在理念上领导和员工都普遍重视、在项目上符合企业发展使命并贴近员工培训需求、在效果上能提高员工绩效的培训与开发制度,才能真正有效地促进员工培训与开发的发展。

（三）员工层面

员工是企业培训与开发活动服务的主要对象，员工的培训意识、员工的培训需求、员工参培率、员工参培效果是影响企业培训与开发最为关键的因素。首先，员工是否能够正确认识到企业培训与开发的重要性和目的，是影响员工能否参与培训与开发，以及在培训与开发过程中能否发挥创造性的重要因素。其次，员工培训与开发体系是否充分考虑了员工个人的需要，是否结合了员工职业生涯的发展规划，是否注重考虑了员工能力素质与岗位要求的差距，则是直接影响员工培训与开发能否顺利开展的重要方面。最后，员工参加培训后能否迅速地进行效果评价和信息反馈，是检验培训与开发效用的重要标志。因此，员工树立正确的培训与开发意识、企业能充分调动员工参培的积极性和创造性，是企业员工培训与开发顺利开展的重要条件。

第二节　员工培训与开发的制度

2014 年 9 月阿里巴巴登陆纽交所，以每股价格 68 美元成为全球范围内规模最大的 IPO 交易之一。而阿里巴巴作为全球领先的小企业电子商务公司，它的成功与其一套有效而独特的员工培训与开发制度密不可分。首先，阿里巴巴公司有一套严谨的培训开发方案，包括职前教育管理办法，岗位技能培训管理办法，外派培训管理办法和员工培训出勤管理规定；其次，阿里巴巴成立阿里学院，目的是培训员工、客户使其成长；最后，阿里巴巴注重员工培训开发反馈，制定员工培训考核制度。阿里巴巴成功地运用其完善的人员培训开发制度，使得公司 2 万多名员工始终保持较高的职业水平，从而使公司逐渐成长为价值 800 亿美元的世界第二大网络公司。可见，一套完整有效的员工培训开发制度对一个企业的成长和发展起着中流砥柱的作用。

一、员工培训与开发制度的内涵和构成

（一）员工培训与开发制度的内涵

培训与开发制度，即能够影响与作用于培训活动的各种法律、政策及规定的总和。它主要包括培训与开发的法规、培训与开发的具体制度两个方面。其中，培训与开发的法规一般是由立法机构或是行政机关颁布的，如《中华人民共和国劳动法》对在职培训的规范；培训与开发的具体制度是企业在开展培训工作时企业和员工共同遵守并按一定程序实施的规范。企业培训制度为培训活动提供了一种制度性框架和依据，明确了双方的权利和义务、利益和责任，理顺

了双方的利益关系，促使企业培训活动沿着系统化、法制化、规范化的轨道运行，是企业员工培训与开发健康发展的根本保证。

（二）员工培训与开发制度的构成

根据员工培训与开发制度的内涵，在员工培训与开发的活动中，其制度构成包括宏观和微观两个方面。宏观方面是指国家的法律、法规和政策；微观方面是指各类企业根据理论指导和具体实践，制定的一系列内部员工培训与开发制度，一般来说，主要包括培训服务制度、入职培训制度、培训激励制度、培训考核评估制度、培训奖惩制度和培训风险管理制度六种基本制度。此外，许多企业为了给予培训活动全方位、更有力的支持，除上述各项制度之外还建立了培训实施管理制度、培训档案管理制度、培训资金管理制度等。

二、员工培训与开发制度的特点

（一）规范性

员工培训与开发制度，不论是从国家法律、法规的层次，还是企业内部层次，对实现企业或部门责任的法规化以及工作程序的规范化都起着重要作用。特别是企业内部规章制度对员工培训与开发涉及相关部门的职责、相关岗位的责任以及部门人员如何开展培训与开发工作都做了程序化和规范化地提示和指导。这种具有规范化和程序化的指导制度为企业员工培训与开发的持续稳定发展奠定了良好的基础。

（二）战略性

战略意识要求管理者看待问题、分析问题和解决问题时不局限于问题本身，而是从组织战略的高度来看待，需要从问题如何产生、发展考虑到对组织目标实现的影响。因此在员工培训与开发制度上，同样要以战略目光去制定与执行，而不局限于某些项目或是某一培训需求，从而使培训与开发活动走向制度与规范化。

（三）持续性

员工培训与开发是一项人力资本投资活动，具有长期性的特点，因此要正确对待培训开发投资与回报的关系，不可急功近利。在培训开发中按照以人为本的管理理念制定系统可靠的制度，保证员工培训与开发制度的稳定性和持续性。

（四）适用性

培训与开发制度是开展日常培训的指导方针，因此培训制度在适用性上要保证制度的普遍性和有效性，即培训制度必须适用于不同的岗位、不同的人员和不同的培训需要，并且制度内容和条款要明确清晰。

三、员工培训与开发制度的基本内容

（一）法律、法规与政策

员工培训与开发被较早地运用在发达国家。发达国家为稳定社会、促进个人能力的发展，制定了一系列的培训法律、法规。1962 年美国肯尼迪政府制定的《人力开发和培训法》就规定了要对有三年以上就业经验的人予以培训。此外，美国陆续出台的《就业和人力培训结合法》（1973 年）、《扩大工作培训和公共服务就业计划》（1978 年）、《职业培训合作法》（1982 年）、《劳动保障法案》（1994 年）等法律法规均对员工职业培训提供了重要的指导意见和规范程序。特别是在经济危机期间通过的《2009 年美国复苏与再投资法案》所涉及款项中，直接规定有 39.5 亿美元用于一般性人员的就业与培训。

在我国，涉及员工培训与开发的法令政策主要是《中华人民共和国劳动法》《中华人民共和国劳动合同法》《中华人民共和国就业促进法》《国家中长期教育改革和发展纲要（2010—2020 年）》，以及一些地方根据实际制定的规范性文件。《中华人民共和国劳动法》第八章明确规定了国家通过各种途径开发劳动者职业技能；各级人民政府应把发展职业培训纳入社会经济发展的规划中；用人单位应当建立职业培训制度，从事技术工种的劳动者，上岗前必须经过培训。《中华人民共和国劳动合同法》第十七条和第二十二条针对企业与员工订立劳动合同涉及培训时，从法律、法规方面给予了指导性和规范性的意见：用人单位与劳动者签订劳动合同时，除必备条款外，可以约定培训等事项；对于用人单位为劳动者提供专业培训的，可以与该劳动者订立服务期协议，劳动者违反服务期约定的，应当按约定向用人单位支付违约金。2007 年通过的《中华人民共和国就业促进法》第五章职业教育和培训中，对县级以上人民政府在职业能力开发与培训中的职责做了详细的规定。2010 年我国进入 21 世纪颁布的第一个中长期教育规划——《国家中长期教育改革和发展规划纲要（2010—2020 年）》第六章第十五条明确指出要制定促进校企合作办学法规，推进校企合作制度化，建立健全政府主导、行业指导、企业参与的办学机制；鼓励行业组织、企业举办职业学校，鼓励委托职业学校进行职工培训，并鼓励企业加大对职业教育的投入。

除了国家出台相应的法律法规和政策规定，各地方政府也会发布相应规定。例如，2022 年 8 月广东中山市人民政府就发布了一项政策[①]：用人单位成功申报“妈妈岗”并吸纳法定劳动年龄内养育 12 周岁（含 12 周岁）以下儿童的妇女就业，经报备人社部门，自行组织或委托机构开展“妈妈岗”员工岗前、在岗

---

① http://www.zs.gov.cn/zwgk/fggw/szfwj/content/post_2129021.html.

或转岗等培训，按计划完成培训任务，培训效果达到计划要求，就可以根据实际参加培训人数按每人每课时（不少于45分钟）20元的标准给予一次性补贴，每人每年补贴上限不超过500元。该政策意在鼓励用人单位雇用有孩童的妇女就业，并鼓励用人单位对该类员工进行培训。

☞ 法规链接　北京市专业技术人员继续教育规定①

（1995年6月8日北京市第十届人民代表大会常务委员会第十七次会议通过，根据2001年5月18日北京市第十一届人民代表大会常务委员会第二十六次会议通过的《北京市专业技术人员继续教育规定修正案》修订）

第一条　为促进本市继续教育发展，提高专业技术人员素质，适应社会主义现代化建设的需要，根据《中华人民共和国教育法》《中华人民共和国科学技术进步法》和国家有关规定，结合本市实际，制定本规定。

第二条　本规定适用于本市专业技术人员进行知识增新、扩展、加深与能力提高的继续教育。本规定所称专业技术人员是指企业、事业单位按照国家专业技术职务制度聘任的在职人员。

第三条　继续教育应当坚持为社会主义现代化建设服务，面向国内外科学技术发展新水平，与专业技术人员工作需要相结合，促进科学技术进步与经济和社会发展。

第四条　继续教育的主要任务是对专业技术人员进行新理论、新技术、新知识、新方法的教育；进行专业技术职务任职和晋职的培训；进行培养专业技术骨干和学科带头人的培训。

第五条　继续教育可以采取进修班、研修班、学术讲座、学术交流、考察和有计划、有考核的自学等多种形式进行。

第六条　专业技术人员有接受继续教育的权利和义务。

专业技术人员每年参加继续教育的学习时间不少于72学时，可以在专业技术职务聘任期内累计计算。

专业技术人员接受继续教育期间享受与在岗人员同等的工资福利待遇。

专业技术人员应当按照单位统一安排参加继续教育学习，在学习期间遵守有关规定和纪律，完成学习任务，接受有关部门的考核和检查。

第七条　在本市教育行政部门的宏观指导和统筹下，市和区、县人事行政主管部门负责继续教育的管理工作，制定规划并组织实施，对继续教育工作进行指导、协调和检查、监督。

本市各系统、各行业主管部门负责本系统、本行业继续教育的管理工作，应

① 北京市人力资源与社会保障局，http://www.bjld.gov.cn/xxgk/gfxwj/201001/t20100121_19489.html.

当制定继续教育规划，并组织实施。

第八条　对专业技术人员进行继续教育是企业、事业单位的重要职责。

企业、事业单位应当根据继续教育规划、本单位发展目标和工作需要以及不同层次专业技术人员素质提高的要求，制订年度计划和管理制度，组织专业技术人员参加继续教育，保证学习时间，提供必要的学习条件。

各系统、各行业主管部门应当把继续教育工作纳入企业、事业单位主要负责人的目标责任，予以考核和监督。

第九条　企业、事业单位应当把人才的培养与使用结合起来，建立专业技术人员接受继续教育登记、考核制度，将学习情况和考核结果作为专业技术人员任职与晋职的重要条件。

第十条　接受学历教育的专业技术人员经所在单位同意，在学历教育期间可以免予参加继续教育。

第十一条　本市继续教育的学术团体，应当在继续教育的组织、宣传和服务等方面发挥积极作用。

第十二条　高等院校以及科研院所、社会团体和大中型企业可以发挥各自优势，按照国家和本市有关规定，面向社会举办继续教育。举办继续教育，应当保证教学质量，并接受管理部门的检查和监督。

第十三条　从事继续教育的教学人员应当由具有与教学内容相适应的理论水平、实践经验的高、中级专业技术人员担任。

第十四条　继续教育费用由国家、单位和个人多渠道解决。

企业、事业单位继续教育经费从职工教育经费中列支，并可以按照国家和本市其他有关规定办理。

市和区、县人民政府财政部门，应当对继续教育管理部门开展继续教育工作所需经费予以支持。

鼓励社会组织和个人资助继续教育事业。

第十五条　市和区、县人民政府及其所属部门，企业、事业单位，应当对在继续教育中取得成绩的单位和个人给予表扬和奖励。

第十六条　专业技术人员接受继续教育的权利受到侵害时，有权向本单位或者上一级行政主管部门提出申诉。接受申诉的部门应当在接到申诉书之日起30日内作出处理决定，并答复本人。

第十七条　企业、事业单位违反本规定，侵犯专业技术人员接受继续教育的权利的，由继续教育管理机关给予批评教育，责令改正；情节严重的，提请其上一级主管部门对单位负责人和直接责任人给予行政处分。

第十八条　专业技术人员违反本规定，无正当理由不参加单位统一安排的继续教育，或者在学习期间违反学习纪律和制度，由其所在单位视情节轻重予以批评教育或者追偿学习经费。

第十九条 本规定自1995年10月1日起施行。

课堂讨论：根据培训与开发制度的相关理论，你认为此规定对于其他地方政府有何可以借鉴和改进的地方？

（二）企业内部培训规章制度

1. 培训服务制度。员工培训与开发往往需要企业付出一定的成本，特别是采用脱产培训方式的培训项目，企业不仅投入费用让员工参加培训，还要提供给学员工资待遇，同时企业要承担因为员工离职不能正常工作的机会成本。倘若参加培训的员工学成后就跳槽，企业投入价值尚未收回，这种培训就得不偿失。为防范这种问题的出现，就需要建立制度进行约束，培训服务制度由此而产生并被广泛运用。

企业培训服务制度一般包括培训服务制度条款和培训服务协议条款两个部分。其中，培训服务制度条款主要是指参加培训前需要履行的程序，包括：个人和组织需要提出培训申请，培训申请被批准后需要履行培训服务协议签订手续，培训服务协议签订后才可以参加培训。培训服务协议条款主要明确：参加培训的申请人，参加培训的项目和目的，参加培训的时间、地点、费用和形式等，参加培训后要达到的技术或能力水平，参加培训后要在企业服务的时间和岗位，参加培训后如果出现违约的补偿，部门经理人员的意见，参加人与培训批准人的有效法律签署等内容。

培训服务制度是培训管理的首要制度，虽然不同组织有关这方面的规定不尽相同，但目的都是相同的，只要是符合企业和员工的利益并符合国家法律、法规的有关规定就应该遵守。

2. 入职培训制度。入职培训制度就是员工入职或上岗前对员工进行的系统性培训。它体现了“先培训、后上岗”“先培训、后任职”的原则，有利于员工适应企业实际，提高工作效率。为使入职培训制度得到有力的执行，制度的制定除了要与人力资源部有关人员配合，还要争取与其他各部门经理人员共同商讨。入职培训制度主要包括六方面的基本内容：培训的意义和目的、需要参加的人员界定、特殊情况不能参加入职培训的解决措施、入职培训的主要责任人、入职培训的基本要求标准（内容、时间、考核等）、入职培训的方法。

3. 培训激励制度。企业培训激励制度的主要目的是激发各个利益主体参加培训的积极性。其激励制度应该由以下三个方面构成：一是对员工的激励制度。培训必须营造前有引力、后有推力、自身有动力的氛围机制，建立培训—使用—考核—奖惩的配套制度，形成以目标激励为先导、竞争激励为核心、利益激励为后盾的人才培养激励机制。二是对部门及其主管的激励制度。建立岗位培训责任制，把培训任务完成的情况与各级领导的权、责、利挂钩，使培训通过责任制的形式，渗透在领导的目标管理中，使培训不再只是培训部门的事，而是每一个部门、每一级领导、每一位管理人员的事。三是对企业本身的激励制度。培训激励制度实际上也是对企业有效开展培训活动的一种约束。企业培训的目的就是要提高员工的工作素质，改变员工的工作行为，提高企业的经营业绩。因此，制定合理的激励制度并严格实施，有利于激发企业培训的积极性，使培训真正满足企业生产发展的需要。

4. 培训考核评估制度。考核评估制度是培训活动的核心环节，其设立的目的既是要检验培训的最终效果，也为培训奖惩制度的确立提供依据，同时是规范培训相关人员行为的重要途径。员工培训的考核评估必须100%进行，并且要标准一致，考核评估的过程开放透明、公平公正，只有这样才能达到员工培训考核评估的目的。

一般来说，培训考核评估制度包括：被考核评估的对象、考核评估的执行组织、考核的标准区分、考核的主要方式、考核的评分标准、考核结果的签署确认、考核结果的备案、考核结果的证明（发放证书等）、考核结果的使用等内容。

5. 培训奖惩制度。培训奖惩制度是保障前面几项培训管理制度能够得以顺利执行的关键，如果参加与不参加培训一个样，培训考核评估好与不好一个样，相信谁也不会对这些制度重视，同时培训本身也无法引起足够的重视。员工的培训奖惩制度主要包括制度制定的目的、制度的执行组织和程序、奖惩对象说明、奖惩标准、奖惩的执行方式和方法等基本内容。在制度制定时需要注意，一定要明确培训可能出现的各种优劣结果的奖惩标准，如果奖惩标准不一或不明确，就无法保证此制度的有效性。

6. 培训风险管理制度。培训是一项生产性投资行为，既然是投资就必然存在风险。培训风险包括人才流失及其带来的经济损失、培训没有取得预期的效果、培养竞争对手、送培人员选拔失当、专业技术保密难度增大等。若企业培训风险较大且找不到合适的防范手段，管理者就会对培训投资抱有不积极的态度。培训风险只有通过做好培训实施工作来尽量降低，但同时也应从制度方面予以规范和回避。企业培训风险管理制度，主要是法律建设和经济建设两个方面。在法律上，企业应根据《中华人民共和国劳动法》《中华人民共和国劳动合同法》与员工建立相对稳定的劳动关系，同时根据相关法律，并参考具体的培训活动情况考虑与受训者签订培训合同，明确企业和受训者各自负担的成本、受训者的服务期限、保密协议和违约补偿等相关事项，从而明确双方的权利义务和违约责任。在经济上，根据“利益获得原则”，即谁投资谁受益，投资与受益成正比关系，考虑培训成本的分摊与补偿。例如，对以提高自身基本素质的基础学历教育采取个人投资为主、企业部分分担的方式，同时可以根据员工学习成绩的好坏,以奖惩的性质调整各自的比例。

四、员工培训与开发制度的推行与完善

培训与开发制度的推行要贯穿于培训体系的各个环节之中,使员工培训与开发在实施过程中都有制度可循,同时要加大监督检查的力度。监督检查人员不仅包括企业中高层管理人员,还应该包括员工代表,以便从多个角度监督检查培训制度的落实情况。此外,企业还应采取开放式的管理,每一个员工都有权利和义务监督培训制度的执行情况,以便员工培训制度得到顺利执行。

总之,任何制度的制定都不可能是一步到位的,要通过实践才能得到验证。企业的培训制度制定以后,也并非是一劳永逸。培训制度在贯彻落实过程中,可能会因企业内外环境的变化而不适应企业的发展目标。因此,根据实际变化,推动企业培训制度的变革与创新,及时、有效地进行培训制度的起草与修订工作,保证培训制度和政策适应国家法律法规、市场竞争、企业发展经营的要求,才能促进企业培训活动的健康发展。

☞ 案例链接　SHDL科技集团培训制度

第一章　总则

第一条　为了规范公司的员工培训工作,促进员工培训工作的日常化、全员化、制度化,增强员工培训工作的效果,使员工培训工作发挥应有的作用,特制定本制度。

第二条　本制度适用范围:SHDL科技发展股份有限公司管理总部所有管理人员。

第三条　本制度自公布之日起实施。

第四条　本制度由人力资源部负责解释与修订。

第二章　培训目的

第五条　激发员工的求知欲望和创新精神,培养员工的职业道德和敬业精神,使员工成为自强不息的知识型员工。

第六条　帮助员工获得胜任本职工作的必要知识与技能,满足职位现实和发展的要求,适应公司不断发展的需求。

第七条　对员工进行正确引导,协调员工个人目标与公司目标,建立共同的价值观,增强公司的凝聚力。

第八条　造就一支素质优良、稳定精干的员工队伍,以促进公司经营管理水平的不断提高,增强企业可持续发展的能力。

第三章　培训分类

第九条　结合公司目前的实际情况,公司的培训分为新员工培训、在职培

训和奖励培训三大类。

第十条　新员工培训是专门针对公司新进员工举办的，旨在帮助新进员工了解公司和工作情况、尽快适应工作要求的培训。

第十一条　新进员工培训包括入司培训和上岗培训两个阶段。入司培训由人力资源部负责实施，培训的内容主要有公司历史与概况、公司的企业文化、组织结构、管理制度和员工福利等。上岗培训由各新进员工所在的部门负责，培训内容为特定岗位的具体工作技能与要求，人力资源部协助各部门做好新员工上岗培训。

第十二条　在职培训指不脱离工作岗位，在工作中接受的培训。旨在提高员工的专业技能和综合素质，满足公司不断发展的需求。

第十三条　在职培训中，属于各部门内部特定的具体工作技能的培训，如讲座、讨论会等形式，由人力资源部协助实施；对公司各部门共同的培训，由人力资源部负责实施。

第十四条　脱产培训指员工脱离工作岗位专门接受培训（需填写个人培训申请表），由各部门根据实际需要，向人力资源部提出申请，经人力资源部讨论研究后，报请总经理批示。

第十五条　奖励性培训是指公司鼓励员工不断学习，对员工接受公司以外的培训或者通过自学获得证书的部分费用予以报销的培训类型。具体办法参见附件中《公司鼓励员工自我提升的报销办法》。

第四章　培训计划的制订

第十六条　各部门于每年的12月31日前，向人力资源部提交次年的部门内部培训工作需求，以及对公司总体层次培训的建议与要求。

第十七条　人力资源部根据各部门及公司特定时期的具体情况，汇总、平衡、协调各部门的需求，制订公司及各部门的年度培训计划及各阶段的具体实施方案。

第十八条　公司培训计划经总经理批准后，在公司网站予以公布（年度计划制订期为1月至2月，2月底予以公布）。

第十九条　培训计划可以根据实际情况的变化而加以适当修正与调整。培训计划的修正与调整须经总经理批准，人力资源部执行。

第五章　培训实施

第二十条　各部门负责人每季度至少参加一次管理培训。

第二十一条　各部门负责人对下属的培训负有责任并保证其下属每季度至少能参加一次专业培训。

第二十二条　人力资源部根据实际情况可自行组织实施培训，也可指定某部门负责组织实施，所涉及部门必须予以配合并执行。

第二十三条　各部门负责本部门员工的上岗和转岗培训,特殊情况下,部门无法自行落实的,由人力资源部协助安排。

第二十四条　各部门设一名培训协调员(兼职),负责本部门与人力资源部间的培训协调工作及部门内有关培训的其他工作。

第二十五条　人力资源部提前一个星期公布培训课程、培训地点、培训讲师及参训人员。有关参训人员必须及时到达培训地点参加培训,不得无故缺席。应参加但有事不能参加培训的,须向人力资源部说明原因,否则,按当日旷工进行处理。

第二十六条　对于公司组织的所有公共培训课程,参加率在90%以上的员工,在全年的培训结束后,公司会根据培训效果给予一定奖励,奖励的方式据实际情况而定。

第二十七条　作为公司内部讲师的员工,在帮助员工成长的同时,公司会根据实际情况给予一定的奖励。

第六章　培训评估

第二十八条　培训评估是对培训实施成效进行的评估,是了解培训成果、确认目标是否达成的主要途径。

第二十九条　评估对象包括员工培训效果、培训组织工作、培训成果利用。

第三十条　对新员工培训的评估,由其所在部门负责实施,填写新员工培训追踪反馈表,报人力资源部评估并备案。

第三十一条　对在职培训的评估,由员工本人填写培训反馈表和上级主管填写培训反馈表报人力资源部备案。

第三十二条　对脱产培训(外训)的评估,由员工本人撰写受训报告,交部门负责人审阅并转人力资源部备案,人力资源部根据受训报告追踪培训效果。

第三十三条　参加外训获得结业证、毕业证、资格证的人员,应将证书交人力资源部复印,复印件存档。获得证书的名称、时间、发证机关等应登记于《员工培训档案》内。

第三十四条　对于态度、行为及技能方面的培训,人力资源部应选择若干受训者进行培训效果跟踪,以检验培训是否带来了员工行为、业绩的变化。

第三十五条　年终时,人力资源部对当年的培训工作进行总的评价,并写出评估报告。在进行年度评估时,应将年内每一次评估的结果作为依据。

第七章　培训记录的保存

第三十六条　员工的受训情况须记录于《员工培训档案》内,作为今后绩效考核、人事调动、晋升等的参考。

第三十七条　每次培训结束后,培训的组织者应填写《培训记录报告表》,内容包括培训的时间、地点、内容、培训对象、培训效果等。

第八章　培训预算

第三十八条　每年年底12月份根据公司实际情况，以该年度所发生的培训费用为依据，两者结合做出下年度的培训预算。

第三十九条　培训预算具体包括公司员工公共课程费用、管理层培训费用、公司内部讲师奖励费用及各部门每一位员工用于教育的费用等几项。

第九章　附则

第四十条　所有培训表格

第四十一条　《员工教育培训协议书》

课堂讨论：从企业培训与开发制度的特点和内容角度，谈一下你对SHDL科技集团培训制度的认识。

第三节　员工培训与开发的流程

安东尼·M.格兰特说："培训是一个相互协作，以解决问题为核心，面向结果的系统的过程。"因此，组织构建合理、流畅、有效的培训与开发流程，对发挥培训与开发在实践中的作用有着至关重要的意义。

一、德西蒙培训与开发流程模型

在培训与开发中，兰迪·L.德西蒙等人认为，培训过程包括培训需求分析、培训设计、培训实施和培训评估四个阶段。在培训需求分析阶段，通过培训需求分析对需求进行先后排序；在培训设计阶段最重要的是确定培训目标，并针对确定的目标进行课程准备、选择培训师、选择培训方法等一系列的设计；在培训实施阶段主要是实施已定的培训计划；最后进行培训评估（具体如图3-1所示）。

二、诺伊培训与开发流程模型

雷德蒙·M.诺伊认为员工培训与开发主要有七个步骤。第一步是进行需求评估；第二步是确保员工具备学习培训的基本能力，为培训与开发做好准备；第三步是组织营造一个良好的学习环境；第四步是确保培训成果的转化，包括让受训者理解如何运用技术进步以及如何与他人合作以获得管理者的支持；第五步是评估计划的制订，包括明确培训希望达成的结果、选择评估工具、测量培训对这些结果产生的影响、利用成本收益分析计算培训利润；第六步是在明确培训的必要性、培训目标和培训环境后选择培训方法；第七步是评估培训项目的结果，包括对项目做必要的改进，使培训目标得以顺利实现。

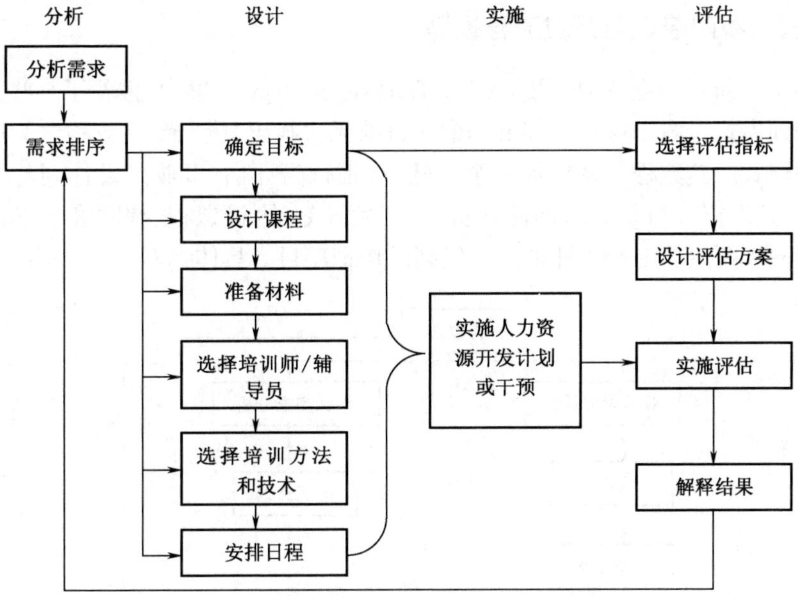

图 3－1　德西蒙培训与开发流程模型图①

诺伊认为上述员工培训与开发的七个步骤，可以合并为四个阶段，分别为培训分析、培训设计、培训实施和培训评估，具体流程如图 3－2 所示。

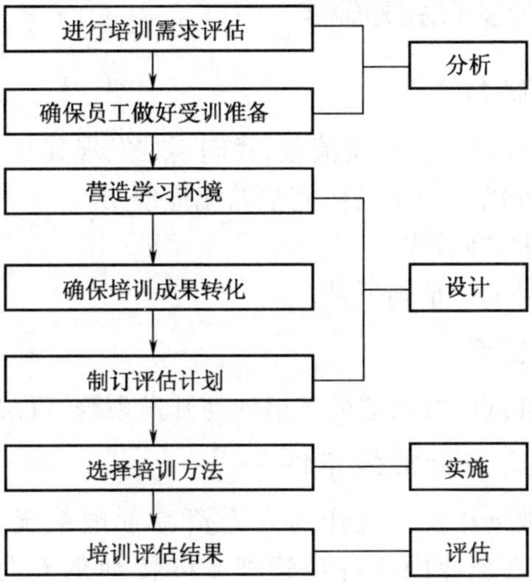

图 3－2　诺伊员工培训与开发流程图①

---

① 乔恩·M. 沃纳，兰迪·L. 德西蒙. 人力资源开发[M]. 4 版. 董恬雯，徐芳，译. 北京：中国人民大学出版社，2009.

三、所罗门培训与开发流程模型

马丁·所罗门在 A Handbook For Training Strategy 一书中,推荐了一些公司运用的培训模式。由于这种培训流程模式目前无法找出其创始人,故称之为所罗门型培训模式。其流程具体包括六个步骤:员工行为评估;事业开发计划与培训需求分析;开发审查与制订培训计划;合作开发计划;内设课程、按顾客要求设计的课程、外设课程;员工行为评估以开发新的培训项目。具体如图 3 -3 所示。

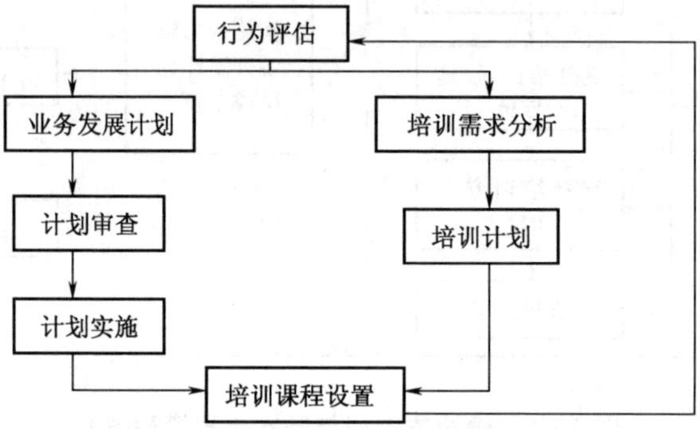

图 3 -3 所罗门培训与开发流程模型图①

四、员工培训与开发的系统流程

(一)系统流程的特点

综观员工培训与开发的各系统流程,我们不难发现其共同特点:

(1)为培训活动提供了一个结构完整的流程框架。

(2)注重培训需求的确定。

(3)重视培训效果的评估与反馈。

(二)系统流程图示

根据系统流程的特点,可以把员工培训与开发系统流程描绘为图 3 -4。

(三)系统流程运行的前提条件

企业的员工培训与开发系统作为人力资源管理系统的子系统,若想真正形成并发挥效能,还需企业内部各项管理制度特别是人力资源管理体系的建立健全,以及其他子系统的紧密配合。特别是以下三方面的核心业务必须得到科学正常的运行。

① 陈丽芬. 员工培训管理[M]. 北京:电子工业出版社,2010.

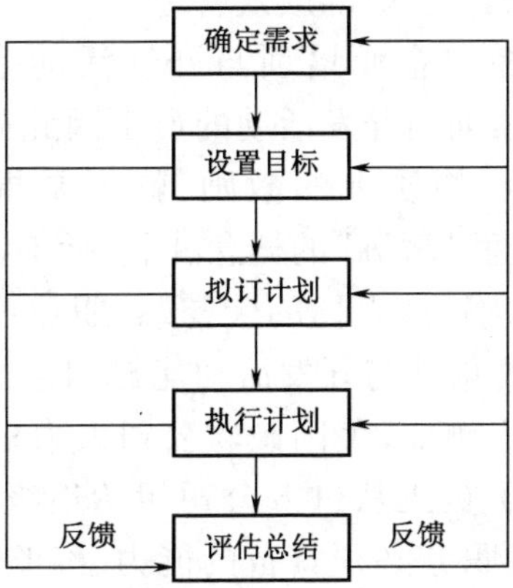

图3－4 员工培训与开发系统流程图①

1. 以工作岗位分析为基础。如前文所述，工作岗位分析是企业人力资源所有工作中最根本的出发点和联结点。对于企业来说，工作岗位分析也是进行员工培训与开发活动的基础，是确定员工培训与开发需求的不可缺少的组成部分。倘若没有对岗位的分析，就无法形成岗位对员工的资格要求，也就无法与岗位现任人员的实际状况做出比较，找到培训与开发的真实差距。以IBM（中国）公司为例，它在工作岗位设置上已经系统化，每一个岗位都有较明确的要求，包括核心能力和专业技能两个方面。核心能力包括团队合作、谈判、变革与发展、领导艺术、沟通技巧、注重成效等方面；专业技能包括岗位所需的专业知识和专业能力。这种制定严格、易于实际操作的岗位规范，使得员工无论是在晋升还是转岗时，都能够明确自己与岗位标准的差距，配套的晋升和转岗培训便应运而生。

2. 把绩效管理当依据。绩效考评是绩效管理中的核心内容，也是企业培训与开发工作必不可少的依据。倘若企业已经为每一个岗位工作者确立了绩效考评指标，那么，管理人员就可以通过对下属定期进行绩效评估，识别哪些任务已被员工恰当地完成，哪些任务完成得不恰当，哪些资格尚未达到绩效标准。然后，管理人员就可以确定，那些不恰当地完成的工作和不符合绩效标准的资格能否通过培训与开发加以改善。此外，为了评价培训与开发计划执行的有效性，组织也需要依据绩效管理，确定受训者们结束培训与开发后组织期望他们达到的绩效水平是否已经达到。当前，一些企业的培训与开发效果不好的表面原因是缺乏对培训与开发需求的准确分析，其深层原因实

① 智库百科，http://wiki.mbalib.com.

际上是企业缺乏完整、科学、有效的绩效管理。

3.用薪酬管理作支持。企业培训与开发活动是需要组织的激励机制加以支持的。倘若参加培训与开发活动的员工因此而提升了业绩,改善了行为,却没有相应的精神和物质上的激励,就不要指望培训与开发会有持续有效的发展。注意,这里"薪酬"的概念,既包括工资、奖金、津贴和福利,也包括晋升、被认可的成就感、被表扬的荣誉感、职业可发展的兴奋感、工作环境的舒适感。只有企业的培训与开发活动能够和企业的薪酬管理紧密挂钩,才能使其具有可持续性。例如,美国微软公司人力资源部就制定有"职业阶梯"文件,其中详细列出了员工从进入公司伊始逐级向上发展的所有可选择的职务,并且列出了不同职务必须具备的能力、经验和必须接受的培训。这种有效量化、便于实际操作和评估的机制,使组织的培训与开发形成了良性循环。

本章小结

随着时代的发展,员工培训与开发被越来越多的组织所重视,投资员工培训与开发成为许多组织实现自身发展的重要手段。员工培训与开发对于提高组织绩效、满足员工自我发展需要和实现员工发展与组织发展的统一有着十分重要的意义。

在员工培训与开发中必须坚持实效性、针对性和激励性三个原则,以促进员工培训与开发向着组织和个人所希望的方向发展。

影响员工培训与开发的因素有国家、企业和员工三个层面,因此,实行制度化管理是保证企业员工培训与开发发展的关键因素。

培训是一个相互协作,以解决问题为核心,面向结果的系统的过程。培训与开发的流程模型主要有德西蒙、诺伊和所罗门三种,各流程模型都为培训活动提供了一个结构完整的流程框架,都重视培训需求的确定和培训效果的评估与反馈。

重要概念

员工培训与开发原则、员工培训与开发制度、员工培训与开发流程

复习思考题

1. 员工培训与开发的必要性是什么?

2. 员工培训与开发的原则是什么？

3. 员工培训与开发的制度基本内容包括哪些？

4. 员工培训与开发流程主要有哪些类型？

应用案例

《“十四五”职业技能培训规划》解读①

2021 年 12 月，由人社部、教育部、发展和改革委员会、财政部等部门研究编制的《“十四五”职业技能培训规划》（以下简称《规划》）印发并公布。

一、《规划》的特点

（一）明确了要求

《规划》指出，开展大规模职业技能培训是提升劳动者就业创业能力、缓解结构性就业矛盾、促进扩大就业的重要举措，是推动高质量发展的重要支撑。“十四五”时期要以习近平新时代中国特色社会主义思想为指导，深入贯彻党的十九大和十九届二中、三中、四中、五中、六中全会精神，认真落实党中央、国务院决策部署，立足新发展阶段，完整、准确、全面贯彻新发展理念，构建新发展格局，推动高质量发展，以深化供给侧结构性改革为主线，以改革创新为动力，推进技能型社会建设，全面实施技能中国行动，进一步健全完善劳动者终身职业技能培训制度，充分发挥市场在资源配置中的决定性作用，配合实施国家重大战略、区域协调发展战略，加大职业技能培训力度，吸引更多劳动者凭借就业技能成才，为全面建设社会主义现代化国家提供有力的人才和技能支撑。

《规划》从加强统筹规划和组织领导、加大培训投入力度、加强管理服务和监管、推动国际合作、营造良好发展氛围等 5 个方面，对各地区各有关部门提出了实施保障的工作要求。

（二）制定了原则与目标

《规划》明确了“十四五”时期开展职业技能培训工作的基本原则，即坚持立德树人、德技并修，坚持就业导向、提质扩容，坚持共建共享、协同发力，坚持市场引导、政府支持。《规划》提出，到 2025 年，要实现终身职业技能培训制度更加完善，共建共享职业技能培训体系更加健全，创新型、应用型、技能型人才队伍不断发展壮大，职业技能培训服务更加有效等目标。

（三）提出了任务

《规划》提出五项重点任务。一是健全完善终身职业技能培训体系。深入

① https://baijiahao.baidu.com/s?id=1721734156657293920&wfr=spider&for=pc.

实施职业技能提升行动、大力开展企业职工岗位技能提升培训、强化重点群体就业技能培训、加强创业培训和新业态新模式从业人员技能培训。二是提升职业技能培训供给能力。加大公共培训供给、鼓励企业建设培训基地、推进院校开展培训工作、支持民办培训机构和线上培训平台规范发展。三是提高职业技能培训质量。大力弘扬劳模精神、劳动精神、工匠精神，增强培训针对性、有效性，高质量推动产训结合，加强全民数字技能培训。四是加强职业技能培训标准化建设。建立健全职业培训工作多元化多层次标准框架体系、加强职业培训教材与数字资源建设、加强师资队伍建设、推动信息化建设。五是完善技能人才职业发展通道。拓宽技术工人职业发展通道、完善技能人才评价体系、提高技能人才待遇水平、加强高技能人才表彰奖励、广泛开展职业技能竞赛活动。

在1月7日国新办举行的国务院政策例行吹风会上，人力资源和社会保障部副部长汤涛表示，“十四五”时期，新的就业增长点和新就业形态不断发展变化，迫切需要劳动者提升人力资本和专业技能。

二、政府补贴性培训7 500万人次以上

会上，汤涛给出了未来具体目标的一组数据：

——组织实施政府补贴性培训7 500万人次以上，其中农民工职业技能培训3 000万人次以上。

——新增取得职业资格证书或职业技能等级证书人员4 000万人次以上，其中能够达到高级技工、技师、高级技师的高技能人才达到800万人次以上。

——新增公共实训基地200个。同时，规划提出了五个方面重点任务，包括健全完善终身职业技能培训体系、提升培训供给能力、提高职业技能培训质量、加强职业技能培训标准化建设、完善技能人才的职业发展通道。

汤涛表示，要加大加强统筹规划和组织领导，同时多方筹集资金，健全市场化投入机制，鼓励社会资本投入，并统筹利用好就业补助资金。当前，职业培训面临一些新挑战。汤涛表示，一是技能人才培养不适应产业转型升级和技术进步的要求；二是“就业难”和“招工难”两难并存，结构性就业矛盾突出，重点就业群体的就业创业能力与用人单位需求存在差距；三是培训基础能力薄弱，培训供给能力不足，培训的针对性、实效性还需要进一步提高，尊重劳动、尊重技能的社会氛围也有待进一步优化。

三、完善技能人才职业发展通道

此外，劳动者不愿当工人，技能成才、技能就业吸引力不足等现象比较突出。为不断壮大创新型、应用型、技能型人才队伍，营造更好的社会氛围，《规划》就完善技能人才职业发展通道提出明确要求。

人力资源和社会保障部职业能力建设司司长刘康指出，要打破目前的“天花板”“隐形门”，形成技能人才的纵向职业技能等级阶梯，探索拓展技能人才

“新八级”职业技能等级制度；在横向上，使技能人才和专技人才等相应人才可以贯通发展。

刘康介绍，下一步，要提高技能人才的待遇水平，引导企业建立健全符合技能人才特点的工资分配制度；推动企业建立工资正常增长机制，探索技能激励办法。要完善以国家奖励为导向、用人单位奖励为主体的技能人才表彰奖励体系；加大对高技能人才在各级各类表彰当中的倾斜力度；要做好“中华技能大奖”“全国技术能手”评选表彰，并给予人才更高待遇。

四、高质量推动“产训结合”

培训不能唱“独角戏”，要和产业发展密切结合。《规划》适应产业发展需要，提出高质量推动“产训结合”，促进产业链和职业技能培训链的有效衔接。

“对企业来说，重在发挥培训主体作用。市场上需要什么样的产品和服务，企业需要什么样的人才和技术，企业最有发言权。”国家发展和改革委员会就业收入分配和消费司司长哈增友表示，政府部门要充分尊重企业意愿，帮助企业落实好开展培训的税收优惠政策和相关补贴政策，真正支持企业开展多层次、大规模的岗前培训、在岗培训、稳岗培训和转岗培训。同时，也要支持行业龙头企业、大型企业建立自己的职工培训机构，面向本单位的企业职工，包括产业链中关联度比较高的中小微企业的职工开展培训。

哈增友表示，有关部门将支持引导一万多所职业院校和技工院校充分发挥自身师资优势，持续提升培训内容与企业需求的契合度，推动产教融合、校企合作真正落地见效。

“我们要大力营造‘劳动光荣、技能宝贵、创造伟大’的社会导向，持续增加职业技能培训投入，切实提高广大技能劳动者的待遇水平，推动更多技能劳动者早日跨入中等收入群体行列。”哈增友说。

问题：

1. 从企业的视角看，《规划》出台的意义是什么？

2. 从以上信息分析，《规划》在哪些方面对企业的员工培训管理活动进行了激励？

第四章

员工培训与开发需求分析

★ 课前提示 ★

如果员工培训与开发是一项系统工程,那么,员工培训与开发需求分析就是该系统工程的始发系统。本章将阐释员工培训与开发需求分析的含义,讨论员工培训需求分析对实施培训的重要性,讲解培训需求分析的模型和方法,为企业开展培训需求分析奠定扎实的理论基础。

第一节 员工培训与开发需求分析概述

一、培训与开发需求分析的概念

(一)培训与开发需求分析的含义

培训与开发需求分析(或简称为"培训需求分析")这一概念最早是在 1961 年由麦基(McGhee)和泰勒(Thayer)等人提出的,他们认为培训需求分析是一种通过系统确定培训目标、培训内容及其相互关系的方法。

20 世纪 70 年代后,人力资源的培训与开发逐渐成为国外组织心理学的热门研究领域之一,培训与开发需求分析的内涵在这种背景下得到了进一步的发展与完善,培训与开发需求分析也越来越得到了重视和应用,逐渐在世界范围内推广并应用开来。

(二)培训与开发需求分析的定义

对于培训与开发需求分析的定义,国内外大量的专家学者都对此提出了自己的见解,其中比较有代表性的定义有下面几个。

1. 国外学者的观点。凯瑟琳(Catherine M. Sleezer,1996)认为培训与开发需求分析就是由培训专业人员对培训与开发需求进行排序,将进行培训与开发所需的资源和实际可用的资源进行调整与匹配,从而设计出切实可行的培训与开发方案。

斯蒂芬(Steve Cook,1994)指出,培训与开发需求分析主要是寻找理想的绩效标准与实际绩效表现之间的差距。它是人力资源开发的基础工作,是进行有效培训与开发的前提条件。它有助于培训与开发计划的顺利实施,同时也是衡量培训与开发方案的标准。

切斯特(Chester Delaney,2002)认为,培训与开发需求分析是寻找组织中谁需要学习什么,以帮助其更好地完成工作。它是力求在对缺乏培训与开发而可能引发的后果与通过培训与开发改善现有业绩上建立的一种相关关系。

戴维·哈里斯和兰迪(David M. Harris,Randy L. DeSimone,2002)认为,培训与开发需求分析是明确组织目标,找出普通员工实际具备的技能和业绩与优秀员工所需具备的技能之间的差距、现有技能和未来能够使工作做得更好的绩效所需的技能之间的差异、掌握企业人力资源开发活动的情况的一个过程,它是企业人力资源培训与开发的起点。

2. 国内学者的观点。我国学者近年来也对培训与开发需求分析的内涵进行了广泛的研究,并提出了相应观点。

林则炎(2001)指出所谓培训与开发需求分析,是指在企业培训需求调查的基础上,采用全面分析和绩效差距等多种分析方法与技术,对组织及其成员的目标、知识、技能等方面进行系统的鉴别与分析,以确定是否需要培训及培训内容的一种活动或过程。

向春(2003)认为培训与开发需求分析即为帮助企业员工解决现存问题,帮助企业员工弥补为实现组织发展目标而存在的不足所进行的分析。

徐芳(2004)将培训与开发需求分析定义为通过收集组织及其成员的现有绩效的有关信息,确定现有绩效水平与应有绩效水平的差距,从而进一步找出组织及其成员在知识、技术和能力方面的差距,为培训与开发活动提供依据。

通过对大量培训与开发需求分析界定的研究,发现尽管不同的专家学者的观点存在着一些差异,但是基本上都认同培训与开发需求分析包含以下四个方面的内容。

第一,差距的产生是培训需求分析的基础。

第二,绩效水平是培训需求分析的依据。

第三,培训需求既来自组织也来自组织中的个人。

第四,培训需求分析不但要解决培训什么的问题,还要解决是否需要培训的问题。

根据以上分析,本书对培训与开发需求分析进行了重新界定,即在组织支持的条件下,通过对组织目标、绩效水平、人员素质等方面进行系统的诊断与分析,以确定现状与理想状态的差距是否需要通过培训来解决,以及通过何种培训来解决的过程。

二、培训与开发需求分析在企业中的作用

培训与开发需求分析是企业培训与开发的首要和必经环节,是培训与开发其他活动的前提和基础,在培训中具有重要作用。它的作用主要表现为以下七个方面。

(一)确认差距

培训与开发需求分析的基本目标是确认差距,主要包括两个方面。

一是绩效差距,即组织及其成员绩效的实际水平与绩效应有水平之间的差距,主要通过绩效评估的方式来加以完成。绩效评估的方式多种多样,主要有实绩记录法、工作标准法、因素评定法、代表人物评定法、强迫选择法和目标管理评价法等。

二是完成一定绩效所需的知识、技能、能力、个性特质等差距。它的确认一般包含三个环节:首先,必须对所需要的知识、技能、能力、个性特质等进行分析,即理想的知识、技能、能力、个性特质的标准或模型是什么;其次,必须对实践中的或现实缺少的知识、技能、能力、个性特质进行分析;最后,必须对理想的或所需要的知识、技能、能力、个性特质与现有的知识、技能、能力、个性特质之间的差距进行分析。这三个环节应独立有序地进行,以保证分析的有效性。然而,在通常情况下,需求分析并非如此简单,每一环节都有可能面临各种矛盾和冲突。例如,参与分析的人员多种多样,他们有可能对所需要的知识、技能、能力、个性特质的看法不一致;当组织标准和工作人员职位经常发生变化时,需求分析往往难以达到目的。

(二)改变原有分析

原有分析基本是针对组织及其成员的既有状况而进行的。当组织面临着持续动态的变革和挑战时,原有需求分析就可能脱离组织及其成员的实际状况,因而改变原有分析对培训显得尤为重要。当组织发生变化时,不管这种变化涉及技术、程序、人员,还是产品或服务的提供问题,组织都有一种特殊的、直接的需求。那些负责培训与开发的人应及时把握住这些变化,改变原有分析,从而制定出符合实际情况的培训规划和设计。

(三)促进人事分类系统向人事开发系统转换

培训与开发需求分析的另一个重要作用便是能促进人事分类系统向人事

开发系统转换。无论是公共部门,还是私营部门,一般都有人事分类系统。人事分类系统作为一个单位的信息资料库,在制定关于新员工录用、预算、职位升降、工资待遇、退休金等政策方面非常重要,但在工作人员开发计划、培训、解决问题等方面用途有限。如果一个人事分类系统不能够帮助工作人员确定他们缺少什么技能以及如何获得这些技能,工作人员就不可能在一个较高的工作岗位上承担责任;如果它不能分析由任务和技能频率所决定的培训与开发功能,它就不能形成高质量的目标规划。然而,当培训部门同人事分类系统的设计与资料搜集密切结合在一起时,这种系统就会变得更加具有综合性和人力资源开发的导向性。

(四)提供可供选择的解决问题的方法

那种认为培训与开发需求分析的目的就是通过培训与开发解决组织及其成员存在的问题的看法,其实是一种非常片面的认识。美国学者米切尔把通过需求分析获得的问题分为四类,即体制问题、组织问题、技能问题、动机问题,并认为并不是所有问题都是培训与开发问题。实际上,培训与开发需求分析可以提供一些与培训无关的选择,如人员变动、工资增长、新员工吸收、组织变革,或是几个方法的综合。假设人事部门预测在高速公路建设方面急需增加一批交通工程专家,一个选择便是对已经工作在组织内的工程人员进行再培训,另一个选择可能是雇用已经获得高薪的资深工程专家,还有一个选择是雇用一些低薪的、资历浅的人员,然后对他们进行大规模培训与开发。选择的方式不同,培训的分类也不一样。现实中,最好是把几种可供选择的方法综合起来,使其成为多样性的培训策略。

(五)形成一个信息资料库

培训需求分析实际上是一个通过各种方法、技术搜集与培训有关的各种信息资料的过程,经由这一过程,可以形成一个人力资源培训与开发的信息资料库。一个设计良好的培训与开发需求分析,能够确定一般的培训需要与受训者,明确培训内容,指出最有效的培训战略,确定特殊的受训者等。此外,在培训之前,可通过研究这些资料,建立一个评估标准,然后用此标准来分析所进行的培训项目的有效性。

(六)决定培训的成本和价值

如果进行了系统的培训与开发需求分析,并且找到了存在的问题,分析人员就能够把成本因素引入培训与开发需求分析中去。需要研究的一个问题就是"不进行培训的损失与进行培训的成本之差是多少"。如果不进行培训的损失大于进行培训的成本,那么培训就是可行的;反之,如果不进行培训的损失小于培训成本,则说明当前还不需要或不具备条件进行培训与开发。当然,不同性质的组织，培训成本的确定难易程度是不同的。

（七）为获得组织对培训的支持创造有利条件

组织支持是指在培训过程中，政府、企业等各种组织及其成员，如管理人员、领导人员、工作人员对培训活动的支持，从而保证培训活动的顺利进行。组织支持贯穿于培训的全过程之中，没有组织支持，任何培训与开发活动都不可能顺利进行，也不可能获得成功。因此，培训部门必须想方设法获得组织支持，而获得组织支持的重要途径之一便是进行培训与开发需求分析。通过培训与开发需求分析，可以使有关人员认识到组织存在的问题，发现组织成员知识、技能、能力和个性特质等的差距，了解培训与开发的成本和价值，从而为获得组织支持创造条件。因为人们只有认识到培训与他们的切身利益相关时，才会积极地投入其中。

三、有效的培训与开发需求分析对企业发展的影响

企业的培训人员在掌握了培训与开发需求后，需要运用科学的分析方法去分析。实践表明，一味集中过去和现在的需求将会引起资源的低效应用。因此，有效的培训与开发需求分析将对企业的未来发展战略产生重要的影响，具体表现在以下三个方面。

（一）使企业获取并保持成本优先的控制因素

有效的培训与开发需求分析可以使管理人员把成本因素引入到培训与开发中去，即考虑“不进行培训与开发的损失与进行培训与开发的成本之差是多少”，如果不进行培训与开发的损失大于进行培训与开发的成本，那么培训与开发就是必需的、可行的；反之，如果不进行培训与开发的损失小于培训与开发的成本，则说明目前还不需要培训与开发或不具备培训与开发的条件。伴随着培训与开发可行性的实施，一方面可以为企业培养出高素质的人力资源，进而大大降低生产成本和管理成本，另一方面也可以提升企业的竞争力。

（二）有助于企业适应组织变革

企业总是处于一个不断变革的环境之中，例如资料处理能力的提高使各种组织的结构、功能、性质等发生革命性改造；由于面临财政上的紧缺问题，各种层次的组织都把他们的规划削减到前所未有的程度，或者完全终止规划；组织可能由于各种原因要进行撤销、分割或合并；新任部门领导人的处事方式与前任不同，可能引起组织变革；各种临时性、突发性任务的出现，外界环境的变化等，都需要建立新的组织或改变原有组织，以完成这些任务。因此，培训部门不能仅仅考虑现在的需要，它必须是前瞻性的，即必须决定未来的需要并为之做准备，尽管这些需要同现在的需要可能完全不同。这就迫使培训部门在制定合

适的培训规划以前要迅速地把握住这种变革与需求，对培训与开发进行多角度地分析和透视，以适应组织的变革。

（三）为企业选择适当的培训方式并丰富培训内容

培训与开发方式和内容的选择是相辅相成的，其基本出发点是要满足企业的需求和培训与开发的目的。在培训与开发方式的选择上要充分考虑培训与开发对象的特点，创造轻松、活跃的培训与开发环境，易于培训对象接受和理解知识、技能或转变观念。课堂培训、研讨会和大型会议、案例讨论能激发出员工的激情，形成一种积极向上、和谐协调、相互促进、充满朝气的氛围，人在其中，必然朝气蓬勃、跃跃欲试，爆发出一种空前的内在驱动力。近年来，随着科技的进步，互联网培训、情景模拟、管理游戏等新的培训与开发方式不断发展。这些方式较之传统的方式更为行之有效和实用，因此企业在实践中要及时引入这些先进的培训方式，从而增强培训与开发的效果，提高培训与开发的效率。在培训与开发内容的设计上，要充分考虑企业日常管理和运营过程中的实际问题，在注重业务技能的同时，更要注重团队精神，激发员工的潜能和创造力。为适应我国经济的新常态，企业发展的动力开始转向创新驱动，此时更需要转变对员工培训的方式，注重激发员工的创新能力、思维能力以及反馈能力，使员工以新状态去迎接新常态。

四、企业提高培训与开发需求分析有效性的措施

（一）转变企业和员工对培训与开发的观念

在知识经济时代，每五年人类的知识就要翻番。《第五项修炼》描绘了我们的时代：多得让人目不暇接的资讯，快得无法跟上的变化。在这样的时代背景下，终身学习是必然选择。而企业为员工提供的培训，是充电器，能使员工的状态保持更佳；是发动机，能使员工的成长速度更快。因此，要让员工认识到，培训是企业提供的最大福利。培训部门也要在企业内部转变“公司要我学”的理念，树立“我要学，公司给我创造机会”的理念。在社会、企业和个人成长的压力下，员工不仅要自己主动去寻找机会学习，更要充分利用公司的资源，不断提高，保持个人竞争力，实现可持续发展。培训部门的人员要建立开放的培训需求调查系统，既欢迎员工就个人或是团队感兴趣的信息提出培训建议，也要深入一线去发掘各级员工真正感兴趣的内容，结合公司、部门的发展计划，通过有效的分析、组织，把零散的、原始的个人兴趣整合、上升成系统的培训需求，并将其作为培训的依据之一。与此同时，培训部门还需要设计或选择有针对性的、与企业现状和员工水平相吻合的培训内容，力图使培训的最终成果为企业的发展战略服务。

（二）建立培训与开发需求分析机制

目前中国企业的培训需求分析大多是短期和随意的工作，不能为培训结束后的效果评估及未来培训需求的进一步测定提供详尽、科学的材料依据。因此，建立起科学的培训需求分析机制刻不容缓。

科学的培训需求分析机制应包括以下五方面内容。

1. 企业的组织结构及战略目标。
2. 企业处理业务的方式和员工的行为准则（即企业文化方面）。
3. 管理者对员工工作绩效的要求。
4. 顾客的需求。
5. 员工的自我评价。

五、培训需求分析应遵循的原则

（一）与企业的战略发展相一致

1. 依据企业的战略分析培训需求。企业的战略决定着企业的发展方向，企业的发展方向意味着企业需要具有相应的知识结构和能力的人才，所以企业要想成功实现任何一个战略，首先必须要有人才。从某种角度而言，企业的竞争就是企业人才的竞争。虽然人才也可以通过招聘获得，但招聘并不能解决所有的人才需求，同时，不断变化的经营形势也需要人才本身作出适时的调整提高，这对企业的人才需求提出了更高的要求。实际上培训才是解决战略人才需求的主要方式。

在企业实际的培训工作中，培训没有战略是一个普遍存在的问题，造成这个问题的原因主要有两方面：一是企业的培训管理者还没有建立起战略性、系统性的思维方式。在以往的企业培训中，培训管理者基本上扮演的是一种培训实施者的角色，也就是具体负责一些培训计划的制订和培训活动的实施组织工作。这种培训管理方式只能满足企业的一时需要。培训工作缺乏战略导向，不利于企业的长远发展。二是企业高层领导在制定战略时，没有把培训作为解决战略性人才需求问题的主要手段。他们往往是到了急需要人才的时候，才开始考虑培训。然而，战略性人才培训不是能够立竿见影的，它需要提前进行。因此，培训需求分析应当遵循企业的发展战略。只有培训需求分析与企业的发展战略相一致，才能保证培训的有效性，实现企业开展培训的根本目的。

从战略发展的层面逐步分析到具体的培训需求，需要采取以下几个步骤：首先，人力资源部门或培训部门要与公司各层面的人进行充分的沟通，这包括企业领导层、企业核心层、企业管理层和企业专业层，了解各层面的决策信息，参与决策的会议和讨论，并有深刻的认识和理解，从而了解到从战略层面给企业带来的具体变化；其次，这些战略变化将会影响到企业的各个方面，无论是细微的还是重大的影响，都将对最终的培训需求有着或多或少的影响；最后，依据各方面变化的内容，提出具体的要求和目标，从而分析出培训的需求。在进行战略分析时，应该注意以下七个方面。

(1)确定主要战略目标。依据战略决策确定各层面的战略目标，并且依据环境的影响，进行优先次序的排序，确定主要战略目标。这将依照重要和紧急程度来进行。

(2)部门的主要经营任务。所有相关部门要根据自身部门情况，思考并确定各自部门在一段时期内的主要经营任务，从而能支持和实现战略目标，避免因某一部门的失误耽误整体目标的实现。

(3)部门将会采取的实施策略手段。对于如何完成这些任务的问题，主要是要制定相应的实施策略和手段，要进行整体部门的规划和任务调配，并要对各部门而言都具有现实性和可操作性。

(4)完成经营任务所需要的资源配备。在调配任务和实施策略之前，要充分考虑部门内部的资源，并充分利用和创造外部资源的支持与帮助，还要考虑到成本的制约。

(5)完成经营任务对人员能力的要求。人员的能力是完成任务的关键，要想出色地完成任务，就要考虑到人员需要具备哪些能力和要求。

(6)能力要求的关键指标。分析出各项能力要求的关键性指标，从而发现培训的侧重点，并评估现有人员状况，找到差距并提供适合的培训解决方案。

(7)为了完成这些任务其他必备的成功要素。除了以上所要注意的方面以外，还要考虑到其他关键的成功要素，例如：人际协调和劳动强度等因素。有时，这些其他因素会对最后成功与否产生至关重要的作用，不容忽视。

2. 企业战略对培训需求的影响。企业的战略对培训需求的影响主要表现在对培训的类型、数量以及培训所需要的资源（资金、培训者所需要的时间等）产生的影响。不同的战略对培训需求的影响是不一样的，进行培训需求分析必须从企业的战略出发，结合企业的战略来制订不同的方案。以下是三种企业基本竞争战略对培训需求的影响力分析。

(1)成本领先战略。成本领先战略也称为低成本战略，是指企业通过有效途径降低成本，使企业的全部成本低于竞争对手的成本，甚至是在同行业中最低的成本，从而获取竞争优势的一种战略。根据企业获取成本优势的方法不同，把成本领先战略概括为简化产品型成本领先战略、改进设计型成本领先战略、材料节约型成本领先战略、人工费用降低型成本领先战略、生产创新及自动化型成本领先战略五种类型。

成本领先战略对培训需求的影响表现在以下两个方面。

其一，对组织和技术的要求：结构分明的组织和责任、严格的成本控制、良好的加工技能、低成本制造系统。

其二,对培训的要求:培训以降低成本、提高效率为核心,主要开展降低成本、提高业务技能方面的培训。

(2)差异化战略。差异化战略也称别具一格战略、差别化战略,是将公司提供的产品或服务差异化,形成一些在全产业范围中具有独特性的东西。可以在以下方面实现差异化战略:设计或品牌形象(梅赛德斯—奔驰在汽车业中声誉卓著)、技术特点(科勒曼在野营设备业中技术先进)、外观特点(苹果公司的产品畅销全球与其外观独特不无关系)、客户服务(皇冠柯克—西尔在金属罐产业中服务周到)、经销网络(卡特彼勒在建筑设备业中经销网络成熟)及其他方面的独特性。

差异化战略对培训需求的影响表现在以下两个方面。

其一,对组织和技术的要求:先进的研发系统、很强的创新能力、技术和质量处于领先地位。

其二,对培训的要求:进行有个性、有针对性的培训,主要围绕新技术、新方法、新知识开展培训。

(3)集中一点战略。这种战略与其他战略截然不同,因为它是以在一个产业内狭窄的竞争范围进行选择为基础的。采用集中一点战略的企业,通常会选择一个产业的一个部分或一些细分市场,使其战略适合为这部分市场服务而不顾及其他。企业通过完善适合其目标市场的战略,谋求在它并不拥有全面竞争优势的目标市场上取得竞争优势。

集中一点战略对培训需求的影响表现在以下两个方面。

其一,对组织和技术的要求:针对具体战略目标,在相关领域培训技术和经营管理能力。

其二,对培训的要求:培训集中在特定的某个领域或某几个方面进行。

(二)以岗位的真实需求为导向

培训需求分析的第二个原则是必须以岗位的真实需求为导向。培训的目的是为了满足战略需求,但更重要的是,如何通过培训让员工的胜任力得以提升。只有员工的知识、技能、能力和个性特质等各方面要求满足了岗位的需要,培训的目的才能真正实现。

因此,培训要在战略目标的指导下,广泛收集岗位对于培训的真实需求,了解员工哪些方面的能力亟待提高,哪些技能亟待掌握。只有满足岗位需要,才能算得上是真正有效的培训,也是真正能够帮助企业达成战略目标的培训。

(三)与员工的职业发展的实际需要相一致

培训需求分析的第三个原则是要与员工的职业发展的实际需要相一致。好的培训是既能够让员工通过培训更好地为企业做贡献,又能够让员工通过培训得到个人胜任力的全面提升,乃至于对员工的生涯发展起到推动作用。因此,培训需求分析要与员工的职业发展实际需要相一致,才能更好地保证员工参与培训的积极性,才能够实现企业与员工的双赢。

第二节　培训需求分析的模型与方法

一、培训需求分析的模型

(一)Goldstein 的三层次模型

20 世纪 80 年代,戈尔茨坦(I. L. Goldstein)、布雷弗曼(E. P. Braverman)和戈尔茨坦(H. Goldstein)三人经长期研究将培训需求评价方法系统化,指出培训需求评价应从三个方面着手,即组织分析、任务分析和人员分析,构建了最为广泛流行的三层次模型,也称为循环评估模型(如图 4 -1 所示)。

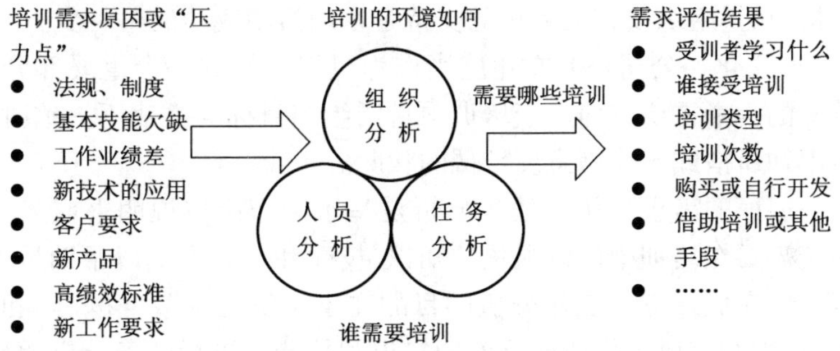

图 4 -1　培训需求三层次模型

1. 组织层面的需求分析。组织分析是指系统地检查组织内的各个成分,这些成分是除了任务和人员以外能够影响培训项目的要素,它关注的是组织系统层面上的东西,如组织目标、组织资源、企业文化、组织环境限制等。它包括以下四方面的内容。

(1)企业战略。企业战略对培训需求产生重大影响。根据四种常见经营战略——集中战略、内部成长战略、外部成长战略、紧缩战略的研究发现,每种战略都会对应不同的培训需求。采用集中战略的企业培训需求的重点是:团队建设、跨职能培训、专业化的培训计划、人际关系培训和在职培训。采用内部成长战略的企业培训需求的重点是:企业文化培训、创造性思维培训、分析能力培训、工作中的技能培训、反馈与沟通方面的管理培训、冲突谈判技巧培训。采用外部成长战略的企业培训需求的重点是:被兼并企业的雇员能力培训、建立联合培训系统的培训、合并后企业的办事程序培训、团队建设培训。采用紧缩战略的企业培训需求的重点是:激励、目标设定、时间管理、压力管理、领导力培训、人际沟通培训。企业的战略与培训的数量和种类之间存在一定的相关性,培训的主题因为企业的经营战略不同而存在显著的差异。

(2)可获得的培训资源。这些资源包括:充足的预算、培训所需的场地及设备、培训的时间、专业的培训人员等。资源的限制往往导致许多培训不能达到预期目的,结果导致许多培训的效果不能令人满意。

(3)组织支持。组织支持主要包括企业决策者的支持和受训员工的上级管理者以及同事的支持。如果受训员工的上级管理者与同事对于他们参加培训活动的态度和行为不支持,那么受训员工将培训内容运用于工作中的可能性就不大。多项研究表明,组织的支持对于培训的成功是非常关键的。培训获得成功的关键要素在于:受训者的上级与同事对于受训者参加培训活动要持一种积极的态度,愿意向他们提供如何将培训中所学到的知识和技能运用到工作中去的信息,这样,受训者在培训中所学到的东西运用到实际工作中去的可能性较高。戈尔茨坦的研究也认为,培训需求评估的成功极大地依赖于组织以及成员提供的支持,获得组织及相关人员的支持是培训活动成功的第一步。

(4)企业文化。公司企业文化应当作为组织分析的一个重要部分,它是培训需求分析的一个重要方面。当培训项目同组织目标与文化不一致时,常会使员工产生不知所措或工作满意度较低的状况。

2. 任务层面的需求分析。任务分析是基于工作岗位说明书或某一具体工作任务确定需要在培训中加以强化的知识、技能和行为方式以帮助员工寻找差距、弥补不足、完成任务。工作分析的目的在于了解与绩效问题有关的工作的详细内容、标准和完成工作所应具备的知识和技能。进行任务分析的最终结果是有关工作活动的详尽描述,这也是将来设计和编制相关培训课程的重要资料来源。

任务分析可概括为四个步骤。

(1)选择需要被分析的工作。

(2)通过对有经验的员工、上级管理者进行访谈和观察,以及同其他曾经对该项工作进行过分析的人进行交流,确定一份在该项工作岗位上需要执行的任务的初步清单。

(3)查证、确认初步清单上的项目,确保清单的可靠性和有效性。

(4)任务确定以后,进一步确定完成该任务所必需的知识、技能和能力。任务分析的结果是对工作中的行动和操作以及完成工作所需要的条件的描述,它是对工作而不是对工作者的描述。

3. 人员层面的需求分析。人员分析的主要作用是帮助管理者确定培训是否合适以及哪些雇员需要培训。其要解决的问题主要是如何确定能否通过培训这种方法,来解决员工的现有绩效和企业对他们的期望绩效之间的差距。同时,人员分析还要关注员工的个性特点、工作态度、工作动机和工作风格等方面。总之,人员分析还可以帮助企业管理者更好地了解组织的人力资源现实的和潜在的素质。

(1)员工个性特质结构分析。员工个性结构的分析从理论上来讲是很重要的,但是大多数企业在培训中都忽视了这方面的问题,他们没有注意到在培训中还要根据受训者的个性特质因素来制订培训方案以及安排合适的工作岗位。如销售岗位更适合性格外向的员工从事,而财会岗位更适合性格内向的员工从事,创造性高的员工比较适合从事研发工作,灵活性和原则性结合很好的员工则应安排行政性质的工作等。

(2)员工知识结构分析。对员工的知识结构进行分析,不但是为了准确地制订培训方案,而且是为了充分地利用各种有效的资源,使培训获得最大的经济效益。在对员工素质进行知识结构分析时,首先要从员工的教育水平着手。对整个企业来说,需要知道企业各个文化层次上的员工数目,特别是中层管理者和业务骨干的文化层次,这是企业制订培训方案的基本依据,即弄清员工的知识结构,从而结合组织和工作任务的需要,制订有目的的培训方案。

(3)员工专业能力和技能结构分析。根据员工所在的岗位不同,从事的工作性质不同,承担的责任不同,比如可以把员工分为技术研发、生产、销售、财会、人事行政等类型。不同类型的员工需要不同的专业能力和技能,其培训要有不同的侧重点。员工的培训可以分为三个层次:基本操作技能的培训、综合素质的培训和敬业精神的培训。在进行培训需求分析时,人员分析要根据企业已有的员工专业结构,结合组织任务制订相应的培训方案。

(4)员工年龄与性别结构分析。这是一个比较简单的问题,但也是一个容易被忽略的问题。不同年龄与性别的员工在某些特质方面存在差异,例如:男性管理者与女性管理者在思维方式上存在显著差异,男性管理者比女性管理者更倾向于用逻辑思维方式而不是感性思考问题。还有一个非常明显的现象,年龄的大小与个人的接受能力有着非常直接的关系。对于老员工,在培训时应该更加注重新技能的补充,而对于新员工除了要关注技能的提高,还应该更加注重企业文化适应性层面上的内容。这些特点显示,在员工年龄、性别结构方面的分析对于培训需求分析也是非常重要的。

(5)员工需求结构分析。企业对员工进行的培训,不能是强制性的。要达到事半功倍的效果,就必须在培训之前明确员工的需求,了解员工希望通过培训取得一种什么样的结果,明确员工希望接受哪些方面的培训,如操作技能培训、人际关系培训、时间管理培训、压力管理培训、创造性培训或适应能力培训等,从而彰显培训在企业的人力资源管理与开发过程中所应有的举足轻重的地位。

(二)差距分析模型

美国学者汤姆·W.戈特将“现实状态”与“理想状态”之间的“差距”称为“缺口”,建立了培训需求差距分析模型(如图4-2所示)。该模型是通过对“理想技能水平”和“现有技能水平”之间关系的分析来确认培训需求的。

该模型主要包含了以下两个方面的思想:第一,只要“理想状态”形成,“现实状态”便会与之构成差距——包括现有知识程度与希望达到的知识程度之间的差距,现有能力水平与希望达到的能力水平之间的差距,现有认识、态度水平与希望达到的认识、态度水平之间的差距,现有绩效与预期的绩效之间的差距,已经达到的目标与要求达到的目标之间的差距,现实中的劳动者素质与理想中的劳动者素质之间的差距,等等。第二,培训需求是由差距的形成而产生的,即培训需求=理想状态-现实状态。任何培训活动都旨在消除或缩小这种差距。详见图4-2。

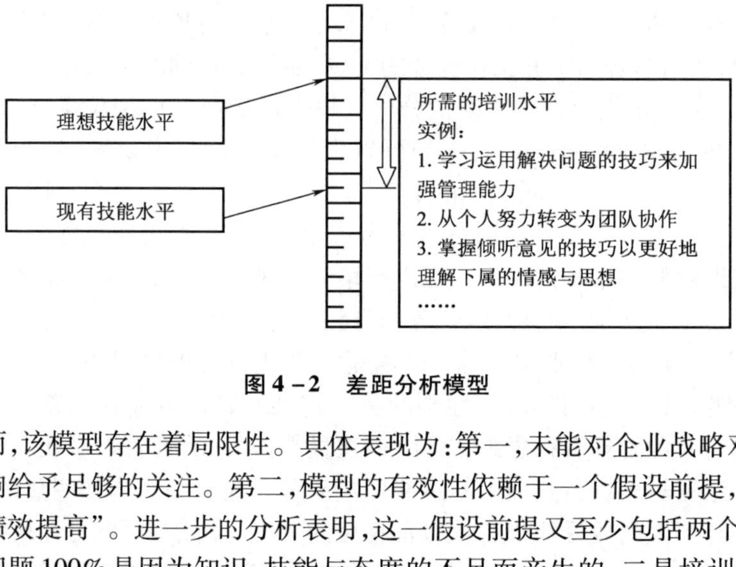

图4-2 差距分析模型

然而,该模型存在着局限性。具体表现为:第一,未能对企业战略对培训需求的影响给予足够的关注。第二,模型的有效性依赖于一个假设前提,即“培训活动=绩效提高”。进一步的分析表明,这一假设前提又至少包括两个命题:一是绩效问题100%是因为知识、技能与态度的不足而产生的;二是培训能100%学以致用,转化为员工绩效。而事实上,学者乔·哈里斯(Joe Harries)研究发现“绩效问题产生的最常见的原因不是缺乏知识与技能”,学者伦姆勒(G. Rummler)更是强调在某些情况下,“仅靠培训几乎从未解决过问题”。尽管如此,该模型关于“培训旨在缩小差距”的思想还是极有见地的。

（三）前瞻性培训需求分析模型

前瞻性模型是由美国学者莱亚（Terry L. Leap）和克里诺（Michael D. Crino）提出的。将“前瞻性”思想运用在培训需求分析中是该模型的精髓，如图 4－3 所示。他们认为随着技术的不断进步和员工在组织中个人成长的需要，即使员工目前的工作绩效是令人满意的，也可能会因为需要为工作调动做准备、为员工职位的晋升做准备或者为适应工作内容要求的变化等提出培训的要求。前瞻性培训需求分析模型为这些情况提供了良好的分析框架，在确定员工任职能力、跟进个人职业发展方面极有实用价值。对“不充分的员工技能”区别考虑是否通过培训方案来解决，是培训需求在可行性分析方面的一大进步。

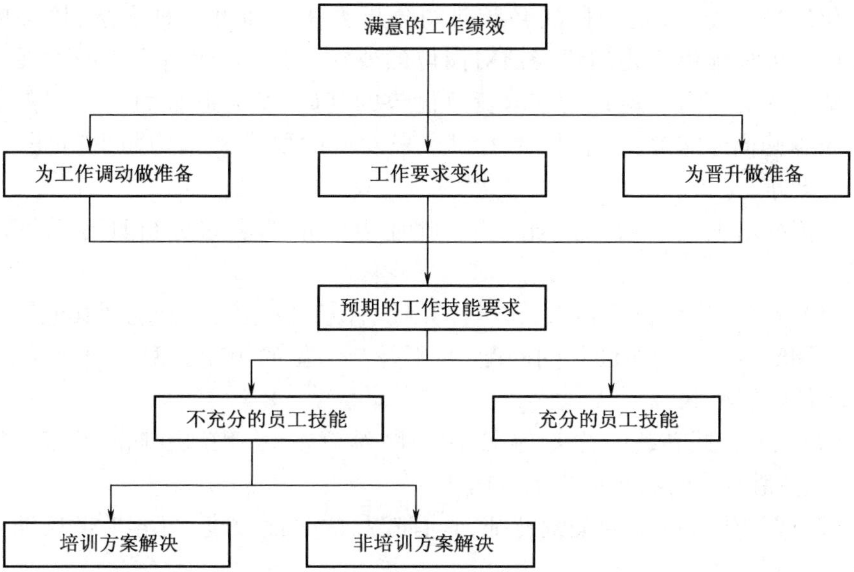

图 4－3　前瞻性培训需求分析模型

（四）基于胜任力的培训需求分析模型

1. 胜任力的内涵。胜任力的概念多年来经历了显著的变化，其最早由麦克利兰（McClelland）提出，在教育领域中运用。管理界的广泛使用，是从麦克利兰的同事及合作者博亚齐斯（Boyatizis）出版《胜任的经理：一个高效的绩效模型》开始的，他将工作的胜任力定义为“个体的潜在特征，可能是动机、特质、技能、自我形象或者社会角色的方面，或者他或她所运用的知识体”。1985 年，斯腾伯格（Sternberg）的智力三元理论进一步发展了胜任力的概念，他提出的实践智力与内隐知识的概念为胜任力理论和实证研究提供了坚实的基础。20 世纪 80 年代以后，胜任力概念被普拉哈拉德（Prahalad）和哈梅尔（Hamel）带入战略的层次,组织胜任力的理论成为战略管理的新热点。虽然对胜任力的内涵众说纷纭,但是目前比较一致的看法是:胜任力是指在工作情景中员工的价值观、动机、个性特质、技能、能力和知识等关键特征,以及组织与市场相关联的独特的智力、过程和产品能力。它具有以下三个重要的特征。

(1)绩效关联,可以预测员工未来的工作绩效。

(2)动态特征,与任务情景相联系。

(3)显著性,能够区分业绩优秀者与一般员工。

只有符合以上特征的,才被认为是胜任力。

2. 基于胜任力的培训需求分析的特点。基于胜任力的培训需求分析是以胜任力为基本框架,通过对组织环境、组织变量与优秀员工关键特征来确定岗位的培训需求,是一种战略导向的分析方法。通过这种方法,培训内容和程序一方面能够满足组织当前对岗位的要求,另一方面适应组织发展的需要。随着人力资源日益成为获取竞争优势的基础,基于胜任力的培训需求分析越来越趋向于未来导向,按照组织未来发展的要求来重构职责与任务,确认职位要求。

与传统培训需求分析相比,基于胜任力的培训需求分析具有以下四个特点。

(1)提供了岗位分析和人员分析的组织背景,以组织分析统领其他层次的分析。调整培训与组织的长期匹配,而不是与岗位的短期匹配,并与组织经营目标与战略紧密联系。

(2)具有范式转移的意义,从较多关注“绩效差距”和“缺口分析”等消极因素,向关注胜任力等积极因素的方向转移。

(3)强调优秀员工的关键特征,具有较高的表面效度,更容易被培训者所接受。

(4)注重培训方法分析,提倡“内隐”学习模式。胜任力的学习是一种经验学习,因此,胜任力的培训有别于传统的学校教育模式,更着重寻求和发展将日常工作实践中获取“内隐知识”的形式加以结构化的培训方法。

3. 基于胜任力的培训需求分析模型的构建。根据培训需求分析的定义和特点,结合工作胜任力评价过程,普遍认为基于胜任力的培训需求分析应包括以下五方面的步骤。

第一步,确定组织培训需求,它应该包括组织的核心技术能力、核心运作能力,以及组织的学习文化分析。以上三个维度构成识别组织的标识,表示整个企业的集体学习和绩效能力。此外,在分析组织的核心胜任力的同时,还应与组织战略、目标、文化等结合,保证将要建立的胜任模型适合特定的组织文化,必须对组织环境和组织变量进行分析,如组织现状、困难、发展战略、行业特征等因素，这样可以预测组织发展和工作任务的变化可能，准确推测组织未来发展所需要的职务胜任要求，以及核心竞争力。

第二步，确定任务和群体培训需求。这包括确定绩效标准、确定访谈样本、收集资料、确认工作任务特征和胜任力要求、验证胜任力模型五个步骤。

在确定所分析岗位的绩效评估标准的过程中，在关注硬指标（如利润率、销售额、成本）的同时，还必须有软指标（如主管评价、同事评价、下属评价、顾客评价等）。绩效标准确立后，选择一个工作表现优秀的样本和一般的样本对比，由受过专业训练的人员分别对样本进行观察、行为事件访谈，并区分优秀业绩者与一般业绩者的关键行为，然后运用关键事件分析、问卷调查方法以及统计分析技术确认工作任务特征和胜任力要求。此外，必须对胜任力模型进行验证，考察假设的胜任力是否能有效区分业绩优秀者与业绩一般者，进行研究的效度检验。

第三步，进行个体分析。根据第二步确定的胜任力模型，通过对个体进行培训需求调查和访谈，收集分析关键事件，通过对员工技能、知识和态度的了解来决定员工是否需要培训以及培训的具体内容。

第四步，培训方法需求分析。胜任力的培训有别于传统的学校教育模式，因为“内隐知识”依靠经验的积累而获得。因此，进行培训方法的需求分析与确认胜任力结构同样重要。在正式进行培训前，应尽量采用师徒制、现场学习等仿真程度较高的方法进行培训，如指导人计划和情景模拟等。

第五步，剪裁培训程序。完成上面四个步骤后，最终进入正式培训。培训应与员工职业生涯、组织发展和后备计划等人力资源策略结合起来，选择合适的培训课程，并进行科学合理的安排。

需要注意的是，上述基于胜任力的培训需求分析所建立的胜任力模型是针对特定行业与职务序列的。为了能够达到“人员—任务—组织”的匹配，一方面要求我们在宏观上把握组织的发展战略和组织发展对培训所提出的新要求；另一方面必须在微观上了解岗位具体的胜任力要求，提高培训需求分析的适用性和针对性。

4. 基于胜任力的培训需求分析存在的问题和应用策略。基于胜任力的培训需求分析对个体职业发展和组织发展都具有积极意义，可以提高培训需求分析与组织战略目标的一致性，避免盲目培训带来的消极后果。把胜任力作为人力资源管理的一种新思路贯穿到组织培训发展的过程中去，是人力资本真正成为组织获取竞争优势的关键途径。但基于胜任力的人力资源模式正在形成和完善的过程中，传统的培训需求分析仍占主导地位。这也因为，基于胜任力的培训需求分析在应用中仍存在着本身的技术问题以及环境的约束。

(1)胜任力结构的确定。有关胜任力的理论和实践是近几年才发展起来的,仍在完善阶段。基于胜任力的培训需求分析摒弃传统的任务描述、技术能力和绩效差距分析,强调更为基础的胜任力,往往会造成管理者苛求胜任力面面俱到,或造成任务分析更为笼统,导致胜任力与管理绩效缺乏明确的关系。应该说,胜任力测量至今还不是非常成功,因此,确定清晰的胜任力结构以及如何确定就成为关键任务。

在进行基于胜任力的培训需求分析时,首先要明确分析的目的。人力资源部门需要了解企业总的培训规划和胜任力结构特征。其次,不同层次、不同岗位的培训需求分析应采用不同水平的胜任力结构。在确定胜任力结构时,应结合基于研究、战略和企业文化价值的三种思路,运用头脑风暴法进行集思广益,并采用360度评价确定最后的胜任力结构。另外,对组织变量、环境、技术等因素的考虑不可或缺。这样,最终的胜任力结构就比较具体,并具有明确的针对性,可以保证培训需求分析更为准确有效。

(2)培训需求与组织战略的关系。通常,培训需求分析和组织战略缺乏联系是培训实践中较为突出的问题。基于胜任力的培训需求分析更为注重组织层面的分析,将培训需求三层次统一起来考虑。但是,这种新的培训需求分析模式的隐含假设是组织战略已经给定。事实上,现实中有很多企业组织管理水平还远未发展到战略管理的层次,组织战略模糊,或者企业可能给定了战略,但企业中的人力资源管理,包括培训,却处于组织战略的边缘地带,比如说很多企业仍处在"人事"管理的阶段。虽然这种困境给我们的培训需求分析工作带来了困惑,但是胜任力的分析从某种角度来说,为处于这种困境中的实践者提供了可操作的手段。在企业取得和维持竞争优势的过程中,企业内部岗位胜任力的培养和综合运用是最关键的因素,而战略不过是企业发挥智力资本的潜能并充分应用到新的开发领域的活动和行为。因此,处于上述困境中的人力资源管理者如果能把握组织中岗位胜任力的分析,就能为解决培训需求和战略的关系打下基础。

(3)培训成果转化的组织条件。培训迁移是指将在培训中所学到的知识、技能和行为应用到实际工作中去的过程。培训成果的转化在于组织中学习行为的发生。由于基于胜任力的培训所需要的学习环境与雇员对接受培训的准备程度都与以往有所不同,因此,培训的迁移更受到转化气氛、管理者支持、同事支持、技术支持以及自我管理技能等因素的影响。有效地运用基于胜任力的培训需求分析,以及培训与开发、职业发展和后备计划,必须具备以下的前提条件:

- 领导的参与和支持,从最高层往下逐步实施。
- 组织有比较明确的发展战略。

- 组织以掌握多少技能以及工作效果来考评管理人员。
- 管理人员主要以团体形式工作，以任务为中心。
- 组织内有较好的学习氛围。

二、培训需求分析的方法

（一）观察法

观察法是指培训调查者通过对在工作岗位上工作的员工进行分析和考察，或通过其主管、同事对其工作进行考察和评价来确定培训需求的方法。

观察法的优点是较少影响日常工作和生活，能够产生情景数据，同情景高度相关，能够了解对确定培训需求和兴趣的反应，在观察者的推断和反应之间能够进行比较。

观察法的缺点是，要求观察者的技能比较高，即需要其对观察对象的过程和内容都有很深入的了解；被观察者有可能认为观察者的行为是“间谍”行为，因而产生抵触情绪。此外，对外观察不可能了解全部真实信息。

（二）访谈法

访谈法是一种常用的培训需求分析方法。访谈的对象应该是与岗位相关的重要人员或关键人员。访谈可以与被访者面对面地交流，灵活性和成功率较高，得到的培训需求信息更具体。但也有不足之处，被访者可能会受访问者的主观影响，从而影响到回答内容的真实性。因此，在访谈时一定要深入挖掘问题的本质。例如，某公司开发部的一位高级工程师以往一直表现十分出色，但在最近的几个月里情况发生了变化，他不再精神饱满地接受任务了，几个他负责的开发项目均未能按客户要求完成，工作绩效明显下降。开发部新任经理认为是这位高级工程师知识结构老化，不能胜任现在的工作岗位了，于是安排他参加相关的业务知识培训，但培训后状况没有出现任何改变。调查人员与这位高级工程师进行了面对面地沟通，发现了问题的关键。这位高级工程师工作绩效下降的关键是对新上任经理的领导方法不满意，同时认为自己是公司的老员工，不论是工作能力还是技术能力都可以胜任部门经理的工作，但公司却没有给他晋升的机会。显然，这样的问题不是业务培训能解决的。

访谈法的优点是便于揭示情感、揭示员工所面对的真实问题和解决方法，为员工提供最大的机会来表达自己和团体的需求。

访谈法的缺点是通常会花费比较长的时间；此外，除非访谈者有较高的技能，否则，访谈结果可能会受到是否存在真实性的质疑，因此，这种方法十分依赖访谈者的技能。

（三）问卷调查法

问卷调查法是在培训需求调查中最常用的也是最有效的一种收集资料的

方法。它简便易行、节省时间,所收集的材料也比较容易整理和统计。在培训中常遇到这样的问题:在一个培训课程开课前,问卷调查结果是员工们都愿意参加,但到实际开课时参加的人员却寥寥无几,有时甚至连培训课程都无法按计划进行;有的培训课程结束时,反馈问卷结果显示,大家对老师及培训课程的效果表示满意,但却不能在实际工作中运用,且工作绩效并没有发生改变。这些问题的出现,表明问卷调查没有找到真正的培训需求。要使问卷调查的结果更真实,应该注意:第一,在问卷设计中,必须明确调查目的;第二,问卷题目设计必须有针对性;第三,问题数量合理化、逻辑化、规范化;第四,在问卷形式上,尽量在采用封闭型问题的同时,再附上一些开放型问题;第五,为了保持问卷填写的高质量,还应适当增加趣味性。

问卷调查法的优点是相对来说成本较低,并且所得到的数据容易总结分析或形成反馈。

问卷调查法的缺点是难以了解被调查人是认真填写还是随便敷衍,是自己填答还是请人代劳,这必将影响信息的真实性和准确性。其次,问卷调查对没有预料到的需求不能给予表达的机会,并且很少能得到问题的原因和解决方法等信息。除此以外,还特别依赖被调查者的配合,存在问卷回收率低的风险等问题。

(四)绩效分析法

绩效分析法是确定培训需求的重要技术方法,它指检查员工当前的工作绩效与要求的工作绩效之间的差距,并确定是通过培训来纠正这种差距还是通过其他方式(如更换机器或调动雇员)来纠正。

1. 绩效分析法的具体步骤有如下三个。

第一,评价员工或组织的当前绩效水平。例如,行政秘书现以每分钟 23 个字左右的速度按照适当的格式准确地将通知报告等文件录入计算机;某企业在 2010 年平均每月发生 5 起工人受伤事故等。

第二,明确实际工作结果与期望工作目标的差距。例如,对行政秘书的期望工作目标是以每分钟 90 个字以上的速度录入文件,目前行政秘书录入文字的速度比预期的目标慢;又如期望某企业平均每月发生工人受伤事故在 2 起以下,而现在每月平均高出了 4 起。

第三,对产生问题(差距)的原因进行具体分析,由此确定是通过培训还是通过其他方法来解决问题。

2. 如何分析工作绩效问题产生的原因。分析工作绩效问题产生的原因时,需要将分层分析法、观察法和访谈法等结合起来使用,才能收到良好的效果。

分层分析法是一种把收集、记录的原始数据按照不同的目的加以分类整理,以便分析问题原因的方法。分层是指依据一定属性划分的类或组。分层的目的是为了将不同性质的数据和错综复杂的影响因素分析清楚，找到问题症结所在，对症下药，解决问题。

将数据分层时，必须做到把性质相同、在同一条件下收集的数据归纳在一起。分层的依据多种多样，如依据设备、操作者、操作方法、工序、材料、检验方法、工作时间、班组、产品缺陷部位、使用条件等内容进行分层。

需要将三种方法结合使用，从而找到问题的症结所在。

（五）资料分析法

资料分析法是指通过对包括组织的图表、计划性文件、政策手册、审计和预算报告等资料的分析，确定培训需求。

资料分析法的优点是能够针对特殊问题提供有价值的线索；其次，可以在部门内部提供关于结果的客观性细节；此外，由于资料已经存在，在收集的时候需要的努力最小，并且对工作的影响最少。

资料分析法的缺点是问题的原因和解决方法通常不能显示出来；其次，所得到的观点一般来说反映了过去的情景，不能表现最近和现在的变化；此外，需要高技能的数据分析人才才能够使分散的原始数据显示出内在的规律和趋势。

（六）访问专家法

专家是掌握一个企业或整个培训市场信息的权威人士。通过咨询本企业的技术专家或培训市场的培训专家，可以较清楚地了解到本企业的优劣所在，了解到培训市场的最新趋势和知识，有利于设计出合理的培训项目。

这种方法的优点是操作简单，缺点是专家的观点仅代表他们个人和他们的团队对培训需求的看法，所以可能不能真实地反映企业的培训需求。

（七）座谈会法

座谈会法是培训需求分析中经常用到的方法。通过座谈会了解培训需求，关键是要透过表面的话题分析出企业真正需要的培训内容。例如，一个座谈会上有这样的情节。与会人员说："我们公司一些年轻的职员在采购的时候，总是不能将对方的价格压到最低，所以想让这些人员接受一次'谈判'的培训。"主持人说："围绕这样一个目的，建议培训过程采取一些模拟角色演练，也许能够给学员一些启示……"与会人员说："不需要！只要给这些员工讲讲基本的概念和方法就可以了。"于是这次培训确定为用 2 个小时的时间讲谈判的基本概念和方法。结果培训效果很不好，年轻的职员们抱怨说："他讲的这些内容我们都在书本上学过！"其实这个企业需要培训的是谈判"能力"而不是谈判"知识"。

座谈会法的优点是在座谈会现场允许不同的观点，可以引发深入的思考，帮助调查人员成为更好的问题分析者和更好的倾听者。

这种方法的缺点是对于产生的观点较难量化处理。

（八）焦点团队分析法

焦点团队分析法是访谈法的改进方法，需要注意的是应将人员控制在10人左右。

这种方法的优点是节省时间和费用，能够得到有价值的需求信息，有利于增加员工之间的认同感。这种方法的缺点是信息不具有完全代表性，无法了解广大员工的培训需求。

第三节　员工培训与开发需求分析的实施

一、做好培训需求分析的前期准备工作

在进行培训需求分析之前培训管理者要做一些准备工作，为下一步的培训需求分析工作打好基础。准备工作包括三个方面。

（一）建立员工培训资料库

员工资料应当包括培训档案、员工的人事变动情况、绩效考评资料、个人职业生涯规划以及其他相关资料等。员工培训资料库可以帮助培训管理者很方便地寻找员工的背景资料，为员工的个人培训需求分析提供材料。

（二）掌握员工工作现状

培训部门的职责相对于其他业务部门来讲，更像是提供服务的部门，培训管理者应当把培训对象看作是服务对象，及时掌握服务对象的动态才能更准确地提供有效培训。因此，培训管理者要和其他业务部门保持密切联系，及时更新和补充员工培训资料库中的资料。

（三）构建收集培训需求信息的通道

培训管理者为了及时掌握员工的培训需求，就必须建立起通畅有效的培训信息交流通道。例如，可以通过建立“培训信箱”“培训信息公告牌”，制定“培训申请规定”等方式与员工和部门交流培训信息。有条件的企业可以利用企业的内部网络搭建培训信息交流平台，更方便快捷地交流信息。

二、制订培训需求调查计划

在正式开展培训需求分析之前，培训管理者有必要制订分析计划。计划应当包括三方面的内容。

（一）制订工作计划

工作计划包括培训需求分析工作的时间进度，团队成员责任分工、阶段目标，各项具体工作在执行时可能会遇到的问题，以及制定应对方案时应当注意的问题等。

（二）设立工作目标

培训需求有三个层次，即组织层次的培训需求、任务层次的培训需求和人员层次的培训需求。在计划中应当明确培训需求分析在哪个层次上进行、应当达到什么目标。一般来说，培训需求分析都希望能准确找到培训需求，为是否做培训和培训什么找到答案。但在实际工作中，由于各种主观因素和客观因素的影响，收集到的信息不可能绝对准确，因此得到的结论也不可能绝对正确。一方面，培训管理者要尽可能排除各种因素的影响，提高准确性；另一方面也没有必要过分追求准确而加大成本。

（三）确定分析方法

培训需求分析常用的方法如前文所述，有观察法、访谈法、问卷调查法、绩效分析法、资料分析法和焦点团队调查法等。各种培训需求分析方法的特点、适用范围等在前文已经叙述，这里不再赘述。

培训需求分析方法和工具种类非常多。培训需求分析可以使用复杂方法，也可以使用简单方法，在实际应用时要根据具体情况来选择合适的分析工具。

三、实施培训需求分析计划

培训需求分析的实施主要是按照事先制订好的工作计划依次展开，但在分析培训需求的时候，也要根据实际工作情况或遇到的突发情况，随时对计划进行调整。例如，培训计划中选择的分析方法如果在实施时遇到阻力或不能反映调查对象的真实需求，就要及时增加或更换调查方法。

按照培训需求分析计划开展工作主要的程序如下。

（一）征求培训需求

培训管理者向各有关部门发出征求通知，要求现状与理想状况有差距的部门或员工提出培训需求。

（二）审核汇总培训需求

培训管理者将收集来的各类需求信息进行整理汇总并向相关主管部门进行汇报。

（三）分析培训需求

对申报的培训需求进行分析，主要包括三个方面的情况。一是受训员工的现状，包括其在组织中的位置、是否受过培训、受过哪些培训以及培训的形式。二是受训员工存在的问题，包括存在哪些问题及问题产生的原因。三是员工的期望和真实想法，包括员工期望接受的培训内容和希望达到的培训效果，然后核实员工真实的想法，以确认培训需求。

（四）确认培训需求

通过对汇总来的各类培训需求加以分析和鉴别，培训管理者参考有关部门的意见，根据重要程度和迫切程度排列培训需求，为制订培训计划奠定基础。

四、分析和总结培训需求数据

各部门或员工上报来的培训需求信息往往会受到外在或内在因素的影响而真伪共存，因此，培训管理者需要对收集来的培训需求信息进行数据分析并加以鉴别。同时，由于组织的培训资源有限，不可能满足所有的培训需求，因而也需要培训管理者对培训需求做优先程度排序，加以取舍。这一阶段的工作包括如下三步。

（一）培训需求信息归类与整理

分析的信息来源和渠道不同，信息的形式也有所不同，首先要把收集到的信息进行分类、归档。

（二）培训需求信息分析与总结

对收集上来的资料仔细分析，从中找出培训需求。注意处理好个别需求和普遍需求、当前需求和未来需求之间的关系。结合企业的实际情况，根据培训需求的重要程度和紧迫程度对各类培训需求排序。

在数据分析时应做到：

第一，准确性。在进行培训信息的收集时，会收集到各种信息。有些信息因为取得的渠道不同，有可能有互相矛盾的、错误的、过时的和遗漏的信息，因此，必须认真审查培训需求信息的一致性和准确性。

第二，全面性。使用所有相关的信息和数据，对信息进行甄选时要全面考虑各种因素的影响。

第三，保守人员信息和数据秘密。公开培训信息的时候要做适当的鉴别，避免伤害员工参与培训的主动性。例如，有的培训信息和员工的绩效成绩相关联，要避免培训成为对员工的一种惩罚性措施。

第四，简单易行。在保证质量的前提下尽量使用最简单的统计方法。

（三）培训需求结果的处理

将培训需求分析的结论形成书面报告，提供给各决策部门参考。可以公开的部分应当向部门或员工公开，并就一些结论与相关部门或人员进行交流，对不能满足的培训需求可以向相关人员作合理的解释。

五、撰写培训需求分析报告

培训需求分析报告是培训需求分析工作的成果，它的目的在于对各部门申报汇总上来的培训需求做出解释和评估结论，并最终确定是否需要培训和培训什么。因此，培训需求分析报告是确定培训目标、制订培训计划的重要依据和前提。

培训需求分析报告的参考结构如表 4－1 所示。

表 4－1　培训需求分析报告撰写流程

步骤序号	项目	内容
1	报告提要	* 简明扼要介绍报告的主要内容
2	实施背景	* 阐明产生培训需求的原因 * 培训需求的意向
3	目的和性质	* 说明培训需求分析的目的 * 以前是否有类似的培训分析 * 以前的培训分析的缺陷和错误
4	实施方法和过程	* 介绍培训需求分析使用的方法 * 介绍培训需求分析的实施过程
5	培训需求的分析结果	* 阐明通过培训需求分析得到了什么结论
6	分析结果的解释、评论	* 论述培训的理由 * 可以采取哪些措施改进培训 * 培训方案的经济性 * 培训是否充分满足了需求 * 提供参考意见
7	附录	* 分析中用到的图表、资料

本章小结

培训与开发需求分析在整个培训运作的过程中非常重要。企业需要通过各种途径了解到真实的培训需求，继而根据需求制定目标和计划，从而保证培训的开展可以满足企业发展的需求。培训与开发需求分析的方法有八种，每种都有其特点，需根据企业的现实加以利用。

重要概念

培训与开发需求分析、培训需求分析模型、培训需求分析方法

复习思考题

1. 培训与开发需求分析的含义是什么？为什么要进行需求分析？
2. 培训与开发需求分析的模型有哪些？
3. 开展培训与开发需求分析的流程是什么？

应用案例 1

华为企业员工培训需求分析的具体做法①

华为技术有限公司，成立于1987年，总部位于广东省深圳市龙岗区。2021年，华为公司的总收入为6 368亿元，净利润达到1 137亿元。华为是全球领先的信息与通信技术（ICT）解决方案供应商，专注于ICT领域，坚持稳健经营、持续创新、开放合作，在电信运营商、企业、终端和云计算等领域构筑了端到端的解决方案，为运营商客户、企业客户和消费者提供有竞争力的ICT解决方案、产品和服务，并致力于实现未来信息社会、构建更美好的全连接世界。在2022年9月6日中国企业联合会发布的“2022中国企业500强”榜单中，华为投资控股有限公司排名第33位。

华为非常重视员工培训，尤其是在员工培训需求方面，具体做法介绍如下。

一、培训需求分析

员工培训需求分析为企业培训工作提供了运作的基础。它是在企业培训需求调查的基础上，由培训部门、主管人员等相关工作人员采用各种方法与技术，对各种组织及其成员的目标、知识、技能等方面进行系统的鉴别与分析，以确定是否需要培训及需要培训哪些内容的活动或过程。

华为自成立以来，公司面临着客户需求日益增长、市场变化多端的情况，华为人不断利用先进技术、优质产品和系统解决方案以满足并努力超出客户的需求。华为作为一个高速成长的企业，如何保持它的优良发展态势，在知识经济竞争的市场环境如何不断地发展壮大，成为公司当前应考虑的首要问题，而这一切都取决于拥有一支素质一流、知识结构合理、富有竞争力的员工队伍。因此，对员工的培训就显得尤为重要。

---

① https://wenku.baidu.com/view/75982d1ef211f18583d049649b6648d7c1c7081b.html.

二、培训需求产生的原因

(1)员工培训对于个人来说是对企业进一步了解和熟悉的过程。对企业的进一步熟悉和了解,一方面可以缓解新员工对新环境的陌生感和由此产生的心理压力;另一方面可以降低新员工对企业不切合实际的想法,正确看待企业的工作标准、工作要求和待遇,顺利通过磨合期,在企业长期工作下去。

(2)员工培训是企业对员工管理的继续。这种管理的重要性在于:将企业的发展历史、发展战略、经营特点及企业文化和管理制度介绍给员工,激励员工。员工在明确了企业的各项规章制度后,可以实现自我管理,节约管理成本。

(3)通过岗位要求的培训,员工能够很快胜任岗位,提高工作效率,取得较好的工作业绩,起到事半功倍的效果。通过员工培训,管理者对员工更加熟悉,为今后的管理打下了基础。

三、培训需求的影响因素

(1)企业的日常经营活动中涉及的一些问题,如企业的发展目标、企业发展战略、员工个人职业生涯规划、岗位胜任能力、社会环境、法律法规、规章制度、员工行为评估、员工考核、竞争对手的发展变化、新技术的应用、新产品的开发、企业培训资源状况的限制等常规性因素。

(2)一些偶发的、非经常的事件,如新员工的加入、职位的调整、顾客的投诉、生产意外事故的发生、产品生产质量下降、产品销量下降、企业内部损耗升高、应对特殊事件的能力等事件性影响因素。

四、培训需求分析的作用

(一)确认差距

培训需求分析的基本目标是确认差距,主要包括两个方面:一是绩效差距,即组织及其成员绩效的实际水平与绩效应有水平之间的差距。二是完成一定绩效所需要的知识、技能和能力与已确定理想的知识、技能和能力之间的差距。

(二)改变原有分析

当组织发生变化时,不管这种变化涉及技术、程序、人员,还是涉及产品或服务的提供问题,组织都有对人力资源特殊的、直接的需求。那些负责培训和开发的人应及时把握住这些变化,改变原有分析,从而制定出符合企业实际情况的培训规划和计划。

(三)提供可供选择的解决问题的方法

选择的方式不同,培训的分类也不一样,现实中最好把几种可供选择的方法综合起来,制定具有多样性的培训策略。

(四)形成一个信息资料库

培训需求分析实际上是一个通过各种方法搜集与培训有关的各种信息资料的过程,经由这个过程,可以形成一个人力资源开发与培训的信息资料库。

（五）决定培训的成本与价值

如果进行了系统培训需求的分析，并且找到了存在的问题，分析人员就能够把成本因素引入到培训需求分析中去。当然，不同性质的组织，培训成本的确定的难易程度是不同的。

五、培训需求分析的参与者

（1）人力资源部门工作人员。培训需求分析的整个工作是由人力资源部门主持的，同时他们对每个岗位的要求和变化也是最清楚的。

（2）员工本人。培训的对象就是针对每位员工，本着促进员工职业发展的原则，了解他们的学习需要并制定相应的培训项目与计划。

（3）员工上级。作为员工的直接管理者，他们对员工的优缺点比较清楚。他们能帮助人力资源部门明确培训目标和培训内容，并亲自督促执行。

（4）有关项目专家。专家具有丰富的经验和深厚的知识，他们对问题的看法往往是颇有见地的，因此向专家请示，无疑会得到一些启示。

（5）客户以及其他相关人员。“当局者迷，旁观者清”，企业外的人员对企业中存在问题的分析一般会更客观。

六、培训需求分析的内容

（一）组织层次分析

1. 华为的使命是：聚焦客户关注的挑战和压力，提供有竞争力的通信解决方案和服务，持续为客户创造最大价值。

2. 华为的战略是：为客户服务是华为存在的唯一理由，客户需求是华为发展的原动力。在战略选择上，华为的国际化战略由全球战略向跨国战略转变，采用低成本战略与差异化战略相结合的方法。华为公司被认为是中国企业跨国经营的典范。

华为采用渐进式的细化管理，不断制度化，并且邀请美世（Mercer）做组织结构的调整，把公司的组织结构从以往按照部门设立的直线职能性组织转变为流程性组织，建立一个与国际接轨的市场体系（包括公司级、区域、产品和大客户等子体系），以适应国际市场甚至本土市场上客户越来越明显的咨询式营销需求。

华为根据企业战略的变化，进行组织结构的变革。华为在以本土市场为核心时实行以集权为主要特征的职能式组织结构，而当战略发生变化，为匹配跨国战略的国际化战略，组织结构呈现矩阵式结构。按智能专业化原则划分的部门与按对象专业化原则划分的部门交叉运行。横向上按照职能专业化的原则设立的区域组织，为业务单位提供支持、服务和监管。纵向上是按照业务专业化原则设立的四大业务运营中心。

3. 华为的文化是“狼文化”，形成狼性文化的创新团队，能帮助企业迅速走上成功发展的道路。华为文化的狼性包括:①敏锐的嗅觉;②不屈不挠、奋勇拼搏的精神;③群体奋斗。

(二)任务分析

为了帮助员工尽快适应公司文化,华为对员工的培训涵盖了企业文化、产品知识、营销技巧及产品开发标准等多个方面。针对不同的工作岗位和工作性质,培训时间从一个月到六个月不等。

华为员工培训体系包括新员工培训体系、管理培训系统、技术培训系统、营销培训系统、专业培训系统、生产培训系统。

华为有几种培养人才的做法:

1. 通过专人辅导,学习课程学习不到的知识。例如,有些高级人才就采取将其任命为总裁秘书的办法,加速其成长。

2. 到关键岗位上锻炼。例如,华为设计了很多副职,根据德鲁克的观点,设计副职是不科学的,会造成职责混乱,但是华为设立的副职,对培养人才起了很大的作用。若要流失任何一个人,都不会影响公司的绩效,就需要建立资源池,走了任何一个人,都能有人马上顶上去。

3. 岗位轮换。研发管理人员采取到市场一线锻炼的办法,提高对市场的认识。

4. 分层管理。华为把管理人员分为三个层次:5 级是副总裁级,主要工作是制定方针、政策;4 级是总监级,主要工作是目标管理;3 级是经理级,主要是完成任务。

华为拥有完善的在职培训计划,包括管理和技术两方面。不同的职业资格、级别及员工类别会有不同的培训计划,为每个员工的事业发展提供有力的帮助。而且华为是实行在职培训与脱产培训相结合,自我开发与教育开发相结合的开发方式,让员工素质适应企业的发展,注重个人能力的提高。每年华为都要派遣大量的管理人员、技术人员到国外考察、学习、交流,为有进取精神的人才提供了提高知识和素质的机会,有着很强的激励效果。除了为员工提供多种培训资源,帮助其进行自我提高外,华为还设有任职资格体系,即从称职胜任角度出发,对员工能力进行分等分级,以任职资格标准体系规范员工的培养和选拔,建立员工职业发展通道,牵引员工不断学习,同时为晋升、薪酬等人力资源工作提供重要的依据。同时华为建立了一套有效的导师制度,帮助新员工尽快适应华为。

部门领导为每一位新员工指派一位资深员工为其导师,为其答疑解惑,在工作生活等方面进行帮助和指导,包括对公司周围居住环境的介绍,以及帮助他们克服刚接手工作时可能出现的困难等。

(三)人员分析

1. 查找绩效差距。从绩效差距入手,寻找企业工作岗位要求的绩效标准与员工实际工作绩效之间的差距。只有找出存在绩效差距的地方,才能明确改进目标,进而确定能否通过培训手段消除差距,提高员工的生产率。

2. 分析绩效差距的原因。发现了绩效差距的存在,并不等于完成了培训需求的分析,还必须寻找到差距的原因,因为不是所有的差距都可以通过培训的方法消除。通过分析个人的知识、技能和能力,个人的态度和动机,以及来自上级、同事的反馈和强化,从多方面来寻找产生差距的原因,为自己的培训需求分析提供完整、可靠的事实和依据。

3. 确定解决的方案。找出了差距产生的原因,就能判断应该采用培训方法还是非培训方法来消除差距。我们可以提出一些相关的问题来确定培训是否是解决绩效问题的最佳途径。例如:我是否存在工作绩效问题,严重的程度如何?是否知道如何有效的工作?是否掌握并正确运用了工作所要求的知识、技能和行为方式?是否得到了恰当的激励和工作反馈?是否还存在着其他可替代的解决方案?

七、培训需求分析的方法

(一)运用绩效分析方法。

1. 通过绩效考评明确绩效现状。

2. 根据工作说明书分析绩效标准。

3. 确认绩效标准与实际绩效的差距。

4. 分析绩效差距的成因及重要性。

5. 根据绩效差距的原因分析确认培训需求和培训对象。

6. 针对培训需求和培训对象拟定培训计划。

(二)运用任务与能力分析方法

1. 根据任务分析获取相关信息(任务、技能、最低绩效标准)。

2. 对工作任务进行分解和分析。

3. 根据工作任务分析结果确定培训需求和对象(重复性需求、短期性需求、长期性需求)。

(三)组织发展分析法

1. 确认培训标准。

2. 确认培训可以解决的问题。

3. 确认培训资源。

4. 根据组织需要确定培训需求和培训对象(反映人事计划、营造成果转换的氛围、组织气氛和个体满意度)。

(四)确定培训对象的基本原则

1. 在最需要的时候选最需要培训的人进行培训。

2. 针对具体的岗位或职位及其在组织运营中的重要程度选员。

3. 充分体现员工个人发展愿望与组织需要的结合。

八、培训需求信息的搜集方法

(一)员工行为观察法

员工行为观察法优点有:将评估活动对工作的干扰降至最低;比较深入、全面地了解工作要求;所得的资料与实际培训需求之间的相关性较高。

(二)调查问卷法

调查问卷法优点有:费用低廉;可在短时间内从大量人员那里搜集到大量的反馈信息;易于对数据进行归纳分析;不影响员工工作。

(三)绩效考核法

绩效考核法的优点有:有助于弄清楚导致绩效不佳的所有原因;针对性强,可以形成一个书面的绩效辅导清单。

(四)面谈法

面谈法的优点有:可充分了解相关信息;有利于培养双方建立信任关系;易于得到员工对培训工作的支持;有利于激发员工参与培训的热情。

(五)关键事件法

关键事件法的优点有:易于分析和总结,可以分清是培训需求还是管理需求;易于将培训与绩效改善相结合。

问题:

1. 为了提高培训需求分析价值,华为公司在培训需求分析中,还需要补充哪些内容?

2. 在华为的员工培训需求分析中,都采用了哪些分析模型?

应用案例 2

平安培训:管理就是让别人更优秀①

一直以来,中国平安保险(集团)股份有限公司(以下简称"平安")的人才都很受市场青睐,培训被认为是其"金字招牌"之一。如今,平安已经形成了集团、总公司和分公司并立的三级培训体系,分别针对公司员工从高级管理到产品销售的不同培训需求。

2006 年 5 月,位于深圳观澜,占地 20 万平方米,能同时容纳千人学习的中国平安金融培训学院正式成立。学院的教学设施和教学环境可与任何亚洲级保险企业的培训基地相媲美。近日,记者就平安的人才培养战略体系,采访了

① http://wenku.baidu.com/view/691827a0f524ccbff1218403.html.

平安集团培训发展副总监兼平安金融培训学院副院长姜宏宽。

一、人才储备与引进并重

平安深信,公司发展的长久之计是加强内部的人才培养与选拔,以使人才“造血”速度跟上企业裂变的速度。

2001年,平安开始构建以胜任素质方法为基础的管理人员选拔和发展的体系。胜任特征模型的要旨就是通过对各级岗位的详细分析,建立整个公司范围内的胜任特征模型。在这样一个核心特质模型的指导下,平安公司确立了整个公司范围内的A类干部(决策层)和B类干部(中间执行层)的胜任特征模型和测评体系,由此,原先无章的干部选拔任命就有了可供参考的具体标准;同时,这使员工了解到,自己想在职业的道路上得到更大的发展,需要在哪些方面进行改进。以胜任素质方法选拔并储备管理人员,平安在国内还是第一家。

目前在平安的高层管理者中,从首席财务官(CFO)到首席精算师、培训师等多个重要职位都由挖来的外籍人士担当。通过引进有经验的成熟人才来缩短相应的差距是一条捷径。引进非本地人才主要目的是把国际公司的科学的、先进的保险销售方法和管理经验的种子带过来。

二、管理是少数人的方向

姜宏宽说,培训不外乎技能培训和管理培训,这是和培训对象的岗位、资历和职业发展选择紧密联系的。平安的培训体系一般把员工分为五个层级。

一是基层员工,包括新进员工。这部分员工的培训目标是要让他们理解自己的职业选择,明确自己所要掌握的技能。

二是新晋管理者,主要是指刚担任经理职位的员工。针对他们的培训是使其明白他们需要承担的管理责任。他们所承担的工作是单一团队的管理。

三是有经验的管理者,指已经具备了一定管理经验的员工,一般是“经理的经理”。他们通常需要管理几个团队,管理的团队结构更复杂。

四是高级管理者,这些员工所管理的团队更庞大,已经具备了企业管理的结构。他们的管理内容已经不再是单一的业务,而是涉及多样职能,并开始涉及集团的战略问题。

五是战略执行层,也就是集团的领导者,或者说是总经理的管理者。他们所承担的工作就是负责整个集团的战略运作。

在姜宏宽的眼里,成功的管理者由四个维度决定。

一是专长。员工必须掌握其岗位要求的业务技能。

二是宽度。企业是一种特定组织。和其他组织的发展不一样,企业必须在市场和资本运作中生存。管理者不但要了解自己岗位的知识,还要了解其他涉及企业发展的东西。

三是经验和经历。这是由工作时间决定的。

四是核心价值观。价值观不只是对企业的认同,更是个人职业发展的动力源。缺少了核心价值观,就很难把个人的发展同企业发展统一起来。

而人才培养,说到底就是这四部分的内容。失败的培训是这四者的分离,无法达到统一。姜宏宽说,培训就如同体育教练,“没有教练不是说一定就不能成功,但有教练肯定可以有捷径,可以少走弯路。企业培训的实质就是保证企业员工有更高的成功率”。

不过,姜宏宽也指出,不管是技能培训还是管理培训,应该让员工自己在摸索的过程中逐渐找到适合自己的职业发展路线并做出选择。国内的错误观念之一就是,只有管理方向才是成功的唯一方向,包括以前的平安在内的许多企业,薪酬结构的设计都是以此为理念的。但企业的结构是金字塔状的,走管理路线最后只能诞生一个首席执行官(CEO),而专业技能路线却可以诞生无数个专家。“我们目前就在努力改变这个做法,鼓励大多数人走专业技能方向。”

三、帮助主管解决管理问题

成功的培训必须是有针对性的,平安要求一套优秀的培训体系首先要能解决下面几个问题。

(1)培训的阶段性需求。不同员工在不同阶段的培训需求是不同的,而培训效果的好坏也很难马上判定,必须放到事后具体的工作环境中判定。

(2)培训过程需要帮员工解决什么问题。培训解决的问题应该是公司上下一致的信息,因为公司的培训是为了公司整体更好地运转。

(3)培训的效率在于学员所学的知识他自己是否用得着。这就要求学员的直线主管参与进来。从这个角度来讲,培训是帮助学员的主管来解决管理中的问题。

姜宏宽说,如果几年后,听到某个经理在对部下说,“好好干,干得好的话送你去培训,我当年就是通过这个培训成长起来的”,那就说明公司的培训成功了,能通过一代人影响一代人。

专业技能发展路线和管理发展路线最大的区别在于,专业技能更多的是注重自身的发展,而管理的工作说到底是团队建设。专业技能路线的成败来自自身,而管理的成败则不同。管理者本身的素质无法左右管理的最终结果,他所管理的成员素质才能真正决定管理的成败。因此,所谓优秀的管理者,就是能让自己的部下更优秀的管理者。

正因为员工培训直接的受影响者是学员的直线主管,因此培训的成败也和直线主管息息相关。在平安,每个学员的主管都被要求参与到培训中来。只有让主管讲出他对部下的培训期望,同时又能看到部下能学到什么,让他明白部下培训的过程,这样的培训才是行之有效的,也便于后面对培训的评估。

四、培训是“可有可无”的

培训是“可有可无”的这句话从一位企业培训的资深从业者口中说出,足以让任何人感到疑惑不解。这就是姜宏宽对培训效果如何评估的理解。众所周知,培训的效果不同于考试能马上出成绩,很难标准化衡量,因此平安的培训评估选择感性化的做法:依据学员的口碑。

学员带着问题参加培训,走的时候必须留下改进建议,老师了解学员想解决什么问题。每次培训后,平安的培训部经理都会花大量的时间到各个公司与学员和学员的主管交谈,依据他们的当面反馈和定期的网络无记名调查,来判断培训的效果。而培训结束时的问卷反馈在平安则并不是很重要的判定依据。

最重要的是,如果下面的公司主管没有人愿意推荐自己的部下参加某个培训,那就证明这套培训课程是失败的。

姜宏宽说,培训不但是技能学习,更是一种激励。公司的培训是为最优秀、最上进的人准备的舞台,普通课程则是为了弥补员工的技能缺陷。成功的培训应该是为公司的长期发展选拔最优秀的员工并不断提升其能力。

五、以项目定培训

这是姜宏宽2005年10月加盟平安后采取的最大的变革之一。

之前平安的培训是按照流程运作的,从制作到后勤支持,按培训流程定组织架构。为什么要改流程运营为项目运营?在姜宏宽的眼中,流程运营为基础的培训架构,往往容易使培训团队变成公司的机关,对市场和培训服务的“客户”——学员不甚了解。培训计划的出台只是因为公司有相应的培训预算要落实,至于业务部门送谁来参加培训,培训会不会产生效果,与培训部门关系不大。

而在现在项目运营的方式之下,相关的项目组如果想开设一套新的培训课程,首先必须解决的问题是:针对的群体是谁,为什么要针对他们,他们最需要的是什么,为什么培训能够帮助他们,通过什么样的培训手段能达成这样的效果。解决了这些问题才能去做课程设计。

还有一个重大的变革就是预算。与之前的培训部门管理培训预算不同,平安现在的培训预算经费全部发还给了专业公司和直线经理,因为只有他们真正知道自己的部下需要什么培训,哪些人在什么时间最需要培训。这样有助于建立起内部的市场机制。这里面隐含了平安的这样一个理念:培训效果的好坏不只和培训内容及讲课老师有关系,更和学员有联系。

姜宏宽说,企业大学和培训部就是服务的供应商,提供的产品就是培训项目,而客户不只是学员,更包括了主管。因为培训的目的,就是为了他们带领的团队能更好地在市场上与别人竞争。

现在,平安金融培训学院设立了10个项目组。衡量培训项目组运营好坏的依据就是单位培训学员的成本——投入产出比。课程可以由学院项目组自己设计，也可以引进，但必须和世界一流的培训看齐——项目是体系，而不是单个的课程。“企业大学成功的前提是积累和沉淀，培训的成功和其自身的发展历程是紧密联系的。如果光靠引进 MBA 课程，还不如直接引进 MBA 学员，成本显然比自己培训低得多。”

既然是项目，那么培训内容的完整性和一致性非常重要。平安对讲师的最基本要求是讲师在各个地方做的同一培训，其内容98%以上都应该保持一致，而不能加入过多的讲师个人对课程的理解，这是衡量讲课质量的第一步。对平安这样一家大公司来说，考核讲师的标准最重要的不是讲课技能，而是对课程完整性的尊重，即必须保持对课程内容的准确理解。

培训讲师的心态应该是认为自己不如学员，认识到自己只是一个媒介的作用，营造氛围，提供平台，激发学员间的互相感悟、交流、总结，从而使其得到提升。

问题：

1. 平安公司员工培训的理念是什么？
2. 平安公司员工培训需求的特点是什么？

第五章

员工培训与开发目标设置

★ 课前提示 ★

员工培训与开发目标的设置是该项管理活动诸项环节中的重中之重，目标缺失或者错位将导致培训与开发活动的彻底失败。本章将阐释员工培训与开发目标的基本含义、员工培训与开发目标设置的各种方法，分析员工培训与开发目标设置的原则以及目标种类的划分。

第一节　员工培训与开发目标设置概述

所谓员工培训与开发的目标（也简称为"培训目标"）就是员工培训与开发项目的意图和期望的结果。目标的设置对培训与开发项目的成败起着关键的作用。组织不仅以目标为基础去选择培训与开发的内容和方法，还参照目标对项目进行评估。此外，它还有利于受训者将注意力集中在目标上，根据目标进行学习。

美国行为派心理学家马杰认为，一个有用的目标应该包含以下三个方面的内容：一是受训者应该学会的操作；二是进行这些操作的环境条件；三是评判作业是否成功的指标。

在许多情况下，无须经过学习，只要向受训者说明学习或者作业的目标，就足以使他们表现出期望的行为。也就是说，有时候正是由于员工不知道组织对他们的期望是什么，或者说没有人告诉他们标准作业的规范是什么，才导致了他们的详细作业水平和期望之间的差距，而明确具体的目标的优点就在于向员工详细说明了这些信息，向他们表明了组织的期望，所以可以起到引导员工行为的作用。

一、员工培训与开发目标设置的概念

（一）员工培训与开发目标的含义

通常，目标可以针对每一培训阶段设置，也可以面向整个培训计划来设定。培训目标一般包括三个构成要素，即组织希望员工做什么（绩效）；组织可以接受的质量或者绩效水平是什么（标准）；受训者在何种条件下有希望达到理想的培训结果（条件）。

制定培训目标要与组织宗旨相统一，要与组织资源、员工基础、培训条件相协调，要尽可能量化、细化并具有现实可行性，还应该包括可衡量、可测评的绩效标准。培训目标主要分为知识传播、技能培训和态度转变等几大类。

总之，组织通过培训目标的设置来明确组织与员工在培训中应承担的责任和义务，使组织的培训与开发工作富有成效。

（二）设置员工培训与开发目标的具体方法

1. 制定培训目标的步骤有如下四个。

（1）提出目标。在进行课程设计之前，就应该明确地提出培训与开发目标。但需要注意的是，这个培训与开发目标是可以在整个培训过程中，依据对受训人员的不断了解而不断进行调整和完善的。

（2）分清主次。在培训需求调查中会了解到受训者的很多需求。但是，由于培训资源等方面的限制，这些需求不可能全部包含于培训目标之中，因此我们必须分清主次，区别对待。只有完成了“必须掌握”的目标之后，才能考虑“最好掌握”的目标。

（3）检查可行性。根据受训者的情况、时间等条件，检查是否能够实现目标并做出适当地调整。根据不同的归类方法可以对目标进行分类，这样培训者就应该根据不同的目标采取不同的课程设计方式。这样有助于使不同的目标能够得到最大效应的发挥，使得受训者能够得到最大化的收益。

（4）设计目标层次。要设计目标的层次，首先要确定两个问题：一是这次培训需要哪些内容；二是哪些目标需要在其他目标之前完成。培训者应将不同层次、不同种类的目标结合在一起，以达到预期目标。

2. 制定培训与开发目标时必做的工作有如下几项。

（1）培训目标是数据、文字、符号、画图或者图表的组合，它指出了受训者应该从培训中取得的成果。

（2）培训目标应该从三个方面来传达培训与开发的意图。首先，受训者在掌握了需要培训的东西后应该表现出什么样的行为；其次，受训者学会的行为应该在哪些情况下表现出来;最后,评价培训成果的标准是什么。

(3)在制定目标时,需要不断修改初稿。修改初稿的目的在于解决希望受训者能够做什么、希望他们在哪些重要情况下表现出这些行为以及希望他们的作业水平达到什么标准等一系列问题。

(4)逐条写出期望受训者获得的每一个成果,指导培训者认为已经充分表达了意图。

(5)当把写好的目标给受训者看时,其实我们的培训工作已经完成了很大一部分。因为员工已经明白了组织通过培训与开发活动,对自己的期望是怎样的,这样他们就会很主动地接受培训并努力提高培训与开发的有效性。

(三)设置员工培训与开发目标的注意事项

1. 明确培训与开发的期限。设置了培训与开发目标的具体内容,但是如果不设定具体合理的完成期限,这些目标还是不会达到的。一个没有期限的目标,效果是非常有限的。在确立目标之后,要考虑时间是不是允许。如果有好几个目标,最好将它们分解在不同的培训与开发之中;如果目标很大,可以将其分解为几个小目标,然后在不同的培训课程中进行实现。

2. 密切联系组织培训与开发的战略。设置培训目标还必须和组织的长远目标相吻合,目标的制定应具体、可操作,并且培训与开发目标一次不要过多。

3. 与员工的实际情况相吻合。培训目标的正确制定还应该考虑员工对接受相应培训与开发的准备情况。不仅要准确掌握员工缺少什么(培训需求),而且要清楚员工具有什么(学习基础、适合接受什么性质和水平的培训)。实践证明,只有能够确保员工做好受训准备的培训目标才能被有效地实现。

评价员工对培训的准备情况应包括:看其所在工作环境是否有助于接受培训与开发,且不妨碍工作业绩的产生;看其知识、能力、态度、信念等个体特征是否具备了完成相应培训的学习基础,还要考查其把培训内容运用到工作之中的技能和条件;看其学习培训内容的愿望和动机的强烈程度。

二、员工培训与开发目标设置的意义

第一,员工培训与开发的目标是确定培训内容与培训方法的基本依据。企业在组织培训与开发活动中常犯的一个错误就是在既定的培训主题之下,把一些看似相关的,但其实价值不大甚至是毫无价值的东西罗列在一起,看似培训了不少内容,其实收效甚微,事倍功半。究其原因,就是培训的目标不明确,不能基于既定项目目标去组织必要的培训素材,选择相应的培训方法。长此以往,企业虽然在培训方面花费了大量的人力、物力和财力,但员工并不能真正得到相应的提升,自身素质与生产效率很难得到有效改善,这对企业发展和员工个人进步必然会产生一定程度的阻碍。

第二,员工培训与开发的目标是对培训开发活动效果进行评估的主要依据。企业在培训与开发效果评估中存在的问题在于没有明确、客观的依据可遵循,这是导致企业培训与开发效果评估流于形式的主要原因。没有制定明确的培训与开发项目活动目标,也就不可能基于培训与开发目标筛选出相应的评估指标。

第三,明确员工培训与开发的目标有利于引导受训者集中精力完成培训与开发任务。项目目标是组织培训活动的基本意图与期望,带着明确的目的去学习和盲目地学习在效果上存在着明显的差别。这就需要企业设定的培训与开发目标应遵循一定的标准。例如:关于作业表现,其目标应该指出为了胜任某项工作,受训者需要具备的能力或者能够提供的产出;关于环境条件,其目标应该说明某项作业的重要环境条件;关于评价指标,如果可能的话,目标应该指出可接受的受训者的作业水平;等等。正如使用催化剂一样,通过这些明确的目标设置,企业才能够使受训者可以带着预设目的进行培训与开发,才能够使培训在组织和员工中起到积极的作用与效果。

三、员工培训与开发目标设置的创新发展

(一)员工培训与开发目标设置国际化和本土化的结合

如今,全球化仍然存在,这对组织的经营战略、人力资源管理特别是其中的培训与开发产生了深远的影响。越来越多的组织意识到只有自己谋求发展,才能在全球化的大环境中占有一席之地。过去,跨国公司对中国员工进行培训与开发时,往往采用的是该国的培训与开发体系和内容,尤其在初期设定培训与开发的目标时,往往依照其本国的惯例或者情况照搬到中国员工身上。但是,由于存在文化、地域等方面的诸多差异,此时的目标设定有时会让员工感觉到和中国的实际相差甚远。

另外,国际化要求经理人员具有对各地文化的了解和领悟,能胜任在全球范围内的工作。本着这样的观念,越来越多的企业开始把设定培训与开发目标的目光投注在重金开展驻外培训上。例如,韩国三星集团为跟上产业国际化的发展趋势,每年派出400名“独身业务员”到世界各地,驻外培训进修一年,目的就是训练一批“地区性业务专家”。可见,这些趋向于国际化的培训与开发目标适应了组织对外拓展的需要,是企业跨国经营成功的基础。国际化员工素质的提高,也促进了企业海外业务的快速发展。这些都得益于设定培训与开发的目标向国际化视角的转变。

(二)员工培训与开发目标设置与学习型组织接轨

正如前章所述,信息时代必须推行“终身学习”。由于知识老化加速,在人的整个一生中,据有关方面统计,大学阶段只能获得需用知识的10%左右,而其

余90%的知识要在工作中不断学习才能获取。因此,只靠在校学习,也就是说"一次性教育"的概念已经过时,应该提倡"终身学习",否则即使一时光彩照人,终难免"江郎才尽"。人才只有不断学习才能成为真正意义上的"人才"。而学习型组织强调组织成员的"不断学习",这才是组织不断创新的基础。

21世纪,人们坚信越来越多的组织把无形资产看得比有形资产更为重要。为此,具有高度的学习能力与激发别人学习的能力是"学习型组织"领导不可缺少的技能。组织的领导就是要把智慧资产变为有利于企业的艺术。这就需要通过设置明确的员工培训与开发的目标,并且建立良好的工作环境和工作气氛,提高员工的工作满意度和成就感;通过培训与开发提高员工的首创精神和创新能力,提高员工应用新技术、新知识、新工艺和新设备的能力;通过培训与开发培养适合本企业需要的各类人才。

此外,现在对培训的新概念是,尽可能把命令和布置工作变成对部下的培训,不是劳动而是上课。把上司的面孔变成老师的笑容,换来的是下级的尊敬和感激。通过组织和员工履行培训的责任和权利,使组织工作富有成效,使组织维持生存和发展。因此,在现代组织里,合格的管理者即是合格的培训者。也就是说,在组织里每一个管理者和技术人员都应是合格的培训者。

第二节　员工培训与开发目标设置的原则

一、可衡量性

我们衡量一个项目目标,可以将目标分为定量目标和定性目标。我们强调培训与开发的目标必须是可以衡量的,而且目标应当是清晰和明确的。倘若目标模糊不清,以至于不能准确加以测量和评估,就无法得知设置的目标是否成功完成。也就是说,模糊的目标无法对实现的效果和程度进行准确的分析和评价。

要使培训与开发的目标具有可衡量性,最方便的办法就是使之定量化。但是,还是有许多目标是不宜用数量表示的,硬是要将一些定性的目标数量化和简单化的做法可能是危险的,其结果可能将管理工作引入歧途。在组织的经营活动中,定性目标是不可缺少的。例如,主管人员在组织中的地位越高,其定性目标可能就越多。有时,设置一个定性目标可能比规定一个定量目标由主管人员去完成,更有利于其符合岗位的要求。从某种意义上来讲,定性目标类似于模糊目标。

总之，不论是利用定量目标还是利用定性目标，我们的原则是要使培训与开发的目标清晰明确，更有利于满足培训与开发的需求，使其可以进行衡量。这一点对于培训与开发计划的贯彻实施以及后续考评起着重要作用。

二、适合性

首先，培训与开发的目标应当与组织的战略目标相适应。组织的战略目标是指组织在实现其使命过程中所追求的长期结果，是在一些最重要的领域对组织使命的进一步具体化。它反映了组织在一定时期内经营活动的方向和所要达到的水平，比如竞争地位、业绩水平、发展速度等。总而言之，组织培训的目标是要提高业绩，因此组织的培训与开发工作要以组织的业务发展和赢利为目的。培训的主题，从沟通、团队建设到战略分析，每一个培训主题都要紧扣组织业务发展的目标，密切联系组织实际，解决组织正在思考的问题以及期待解决的问题。而员工是组织的生命力，就目前的生产力水平而言，组织未尝不是一个群体，一个由多人构成的有组织的团体。其中的任何一员都会对组织角色的定位产生影响，最终形成组织角色的是所有员工角色意识和行动的合力。所以，组织角色的定位和转变，就依赖于整个员工角色意识的定位和转变。从这个意义上讲，组织培训与开发的目标与组织战略相结合对组织的长远发展起着至关重要的作用，这不仅增强了组织的硬实力，同样也增强了组织的软实力。

其次，应符合员工在组织环境中的成长规律。作为一个利益共同体和一个系统的整体目标，组织应关注组织成员的目标，同时在设定培训与开发的目标时，应充分考虑这些因素。这样就使得培训与开发的目标不但能够发展人的生活技能、生存本领，还可以使员工产生一种归属感并获得在组织内部的长期发展。员工因被重视以及能够展望到自己职业发展的未来，进而就会把组织的兴盛当作自己的事业来追求。所以，培训与开发的目标如果符合员工在组织环境中的成长规律，就会使员工成为全面发展的个体，同时又成为组织整体规划中的一个有机组成部分。组织离开员工的向心力将不能发展，员工离开组织的感召力则失去温情。因而培训与开发的目标设定就给了组织和员工相互沟通的一个平台，有了这个平台，组织才可能实现持续发展。

再次，培训与开发的目标还要充分考虑到各类员工的特殊性和学习特点，不但要力求调动起受训者的浓厚兴趣，形成强烈的互动，而且还应将受训者的潜能挖掘出来，迸发出宝贵的思想火花，为组织的发展提供有实际意义和可操作性的方案。

最后，还应适合成人学习的特点和规律。由于年龄、心理、生理、环境等方面的差异，正如前文所述，成人具有与儿童和青少年学生不同的学习特征。

教育学家诺斯提倡将学习划分为儿童学习和成人学习两种，指出训练儿童和训练成人应有很大的分别。因此,了解成人学习的特点,对于我们提高培训的效果是很有帮助的。

显然,如果我们把成人当儿童来训练,很可能会令他们感到窘迫或尴尬,甚至破坏人际关系,培训与开发就很难达到应有的效果。儿童因为阅历浅、分辨力差,他们对所学的内容就像海绵吸水一样不加选择,不管水清与否,照做不误。成人却不同,由于人生经验比较丰富、思想较复杂,对学习的要求,无论是学习内容、教学方法、学习目的以及能否达到与怎样达到学习目的等,都要经过仔细的辨别和思考。成人对学习的要求和期望都较高。

成人学习问题,早已成为组织在设定培训与开发的目标时所关注的问题。随着知识经济的到来,职业岗位及其技术含量的变迁日益加快,这就对成人的知识技能提出了严峻的挑战,要求成人不断学习以适应职业岗位变迁的需要。基于此,组织制定适合成人学习特点和规律的培训与开发目标就显得至关重要。如果目标制定的得当,会使员工学习和参与更加有效和流畅;如果没有充分考虑成人的学习特点和规律,则极有可能对员工心理等方面产生负面效果,进而影响培训与开发效果。

三、一致性

组织中各类、各级目标构成一个网络,此网络表示研究对象的相互关系。一个组织的目标通常是通过各种活动的相互关系和相互促进来实现的,在这之中最为重要的就是培训与开发的目标应当是组织目标与员工个人目标的结合。单纯强调组织的目标而忽视员工个人的目标是错误的,它会伤害员工培训与开发的热情,影响培训与开发的效果,最终也将组织的培训与开发管理带入误区。我们应该将组织目标与员工个人目标相结合构成一个网络,目标与目标之间左右关联、上下贯通、彼此呼应,同时还应在各个目标之间彼此协调、互相支援、互相连接。而在实际情况中,一些企业安排员工参加培训,而员工并不知道企业给自己安排培训的目的是什么。有的员工上课总坐在后面,讲师安排的练习不愿意做,课堂讨论也不参与,这样的培训与开发目标是否能够达到可想而知。

第三节　员工培训与开发目标设置的种类

在培训与开发需求确定之后,需要根据需求的内容设置培训与开发的活动目标。

一、根据不同层次划分

在组织中根据不同的层次,可以把培训与开发的目标分为不同的类别和层级。这些类别和层级将构成一个网络,这个网络揭示了各个目标之间的相互关系。这些不同层次的目标之间相互关联、彼此呼应、相互影响,融合为一个整体。正因为各个层次的目标是按一定的网络方式互相连接的,所以要使一个网络具有效果,就必须使各个目标彼此协调、互相支援、互相支撑。

(一)组织目标

组织目标是完成组织使命和组织宗旨的载体,是随着环境、时间以及条件变化不断调整的一张"列车时刻表",是组织争取达到的一种未来状态,开展各项组织活动的依据和动力。每一个组织的运营,都有自己预期的目的或结果,它代表着一个组织的方向和未来。对组织来说,宗旨是共同目标;对组织成员来说,共同目标是组织阶段需要到达的目的地。

员工培训与开发的组织目标是一个组织未来一段时间内要实现的目的,它是管理者和组织中一切成员的行动指南,是组织决策、效率评价、协调和考核的基本依据。任何一个组织都是为一定的目标而组织起来的,目标是组织的最重要条件。无论其成员各自的目标有何不同,但一定有一个为其成员接受的共同目标。

培训与开发的组织目标为组织的前进指明了方向,从而也为组织的活动确定了发展路线。确定目标是组织的战略、计划和其他各项工作安排的基础。只有把笼统的目的化为具体的目标,组织实现预期的效益才有比较大的希望。对于培训与开发管理活动来说,目标就好比路标,它指明了组织努力的方向,确定了组织应在哪些领域进行培训。管理者在培训与开发中要想得到满意的效益,就不能停留在目的性阶段,而应上升到自觉组织的终极目标。

(二)部门目标

员工培训与开发目标的确定,是具体实施培训与开发项目的起点。此后,由总目标再分解成各部门、各单位和每个人的具体目标。下级的分项目标和个人目标是构成和实现上级总目标的充分而必要的条件。总目标、部门目标、个人目标之间左右相连、上下一贯、彼此制约,融会成目标结构体系,形成一个目标连锁。区分组织目标、部门目标、团队目标和个人目标的核心就在于将各项目标予以整合,以目标来统合各部门、各团队和个人的不同工作活动及其贡献,从而实现组织的总目标。

作为一个部门,它在员工培训与开发工作中存在的意义是什么?它的基本功能有哪些?它应该为员工的培训与开发做些什么?它到底在实现组织目标中履行什么义务?承担什么责任?如何最大限度地发挥它的作用、体现它的价值？对这些问题的准确回答就是在员工培训与开发工作中应确定的部门目标。

（三）团队目标

团队是由员工和管理层组成的一个共同体。这里所提到的团队是一个比部门更加精简的群体组织，它合理利用每一个成员的知识和技能协同工作，解决问题，达到共同的目标。

在组织员工培训与开发时，应该有一个既定的团队目标，为团队成员导航，知道要向何处去。倘若没有这个目标，团队就没有存在的价值。通常，团队的目标必须跟组织目标相一致。此外，还可以把大目标分成小目标，具体分到各个团队成员身上，大家合力实现这个共同的目标。同时，目标还应该有效地向大众传播，让团队内外的成员都知道这些目标，有时甚至可以把目标贴在团队成员的办公桌上、会议室里，以此激励所有的人为这个目标去进行自我提升与开发。

（四）个人目标

组织目标与成员个人目标（即个人利益）是否协调一致以及一致程度如何，会直接影响组织目标能否得以实现以及实现目标的效率。每个组织目标的制定都要考虑个人目标的影响。组织目标有可能与个人目标不相一致，也就是会出现组织利益与个人利益相冲突的情况。因此，组织制定目标的过程也就是协调组织、团队和个人三方利益的过程，以求得三方目标之间一致性的最大化。

二、根据不同时间划分

按照时间的长度，可以将目标分为短期目标、中期目标和长期目标，它们的区分是相对而言的。短期目标是长期目标的基础，中期目标的作用在于承前启后，是短期目标和长期目标的顺接，任何长期目标的实现必须是由近及远的，在长期规划的第一年中实现的短期目标应该是全面而具体的。

一方面，第一年所要做的工作必须为今后相继各年所要做的工作打下基础；另一方面，短期目标必须体现长期目标，必须是为了实现长期目标。为了使长期目标、中期目标和短期目标之间形成一个整体关系，明确短期目标的过程实质上就是确定中期和长期目标实现的先后次序的过程。

（一）短期目标

短期目标就是员工培训与开发的具体操作计划，也可以叫作操作目标，这种目标把任务落实到每一个基层单位甚至每一个成员。在目标中，对他们所要完成的培训任务的数量、质量、技术要求和工作程序都做了具体规定，并且在物资和设备上要给予保证。同时，责任、权限、评估和奖惩等也都做了明确的划分。总之，使组织的目标可以直接变成组织成员的行动，组织成员的绝大部分时间都是为执行操作目标而进行活动的。

（二）中期目标

中期目标是把长期目标提出的基本任务做划分，使之具体化，便于付诸实施。例如，某一企业的长期目标规定，在今后10年内争取实现全员办公网络化。怎么去实现呢？这就是中期目标的任务，中期目标要考虑未来5年需要添置多少硬件设备、需要对哪些员工进行办公网络化培训、如何对培训结果进行考核及评定等。可以说，中期目标是长期目标的一份清单，没有中期目标，长期目标也就不具体，不能最终实现。

（三）长期目标

长期目标是根据组织的战略目标，结合对主客观条件的分析，给组织的发展提出一项基本任务，这项任务是要在今后一个相当长的时期内才能完成的。长期目标的作用在于它能够给组织的培训与开发活动指明一个具体的前进方向和奋斗愿景，它是通向战略目标的里程碑和航标，没有长期目标，最终组织在培训与开发管理活动中的前进方向就会变得渺茫不清。长期目标一经制定，便具有相对稳定性，不可随便更改。长期目标的年限根据各组织活动的周期而定，一般10年以上的计划都是长期目标。

三、根据不同内容划分

一个组织的目标通常具有多样性，按照培训与开发目标所要达成的目的可以对其进行分类，这些不同的目标内容之间相互关联。通常对一个组织的员工来说，其需要的培训与开发很可能会涉及各种相关的内容，这就需要我们在制定培训与开发的目标时，设计好针对不同员工需求的相应内容，以满足组织及员工个人的发展需要。

（一）更新知识

当今世界科学技术突飞猛进，知识更新迭代异常迅速。作为组织中的一员，要想更好地服务于组织，就必须善于接受和消化新知识，认真钻研业务，不断提高自身素质。

同时，在技术创新和信息、知识日益成为市场竞争力决定因素的情况下，在组织内部建立以知识更新为目标的员工培训与开发项目就显得必不可少。因此，要全面而系统地了解目前组织内员工的知识结构情况，包括他们的学习成果、技术熟练程度、关系网络、经验教训等。这样就能把组织传统学习方式系统化、信息化，最大限度地促进员工的知识交流和更新。

在组织中确立以更新知识为目标的培训与开发项目，可以有效地促进组织的学习行为，提高学习效率；通过制度创新则可使传统组织迅速向学习型组织进行转化,可以使组织的学习能力巩固和强化,并最终使终身学习成为组织的重要价值观和竞争力。

(二)提高技能

在市场竞争日趋激烈的今天,加强员工队伍的技能培训,努力开发人力资源,不断提高员工的技能水平,是企业又快又好发展的迫切要求,也是提高企业核心竞争力的有效途径。在过去,我们更多感受到的是一个产品的竞争,而现在我们的竞争越来越转向人力资源的竞争。无论对于一个组织还是对于一个员工来说,提高员工个人的素质和技能将变成企业和员工发展所获得的一个重要的核心竞争优势。具体来说,一个员工能够在工作中取得怎样的业绩,决定于三个方面的因素,即态度、知识和技能。以提高技能为目标的员工培训与开发项目,应从思想上高度重视,充分认识到做好员工技能培训的重要意义,真正从认识上统一,从行动上支持,把员工技能培训作为提高组织竞争力的大事列入重要的工作日程之中。如前所述,要制定短期、中期、长期培训目标、规划和切实可行的措施,不断加大投入,建立长效机制,使之真正达到较好的效果。

实际上,认真实施以提高岗位操作技能水平和事故处理能力为重点的技能人才培训,积极开展一系列职业技能竞赛、日常技术培训、岗位练兵等活动,对提高员工技能起到了重要的促进作用,同时也能对组织的发展与提升起到不可或缺的强大支撑。

(三)改变思维

通常,员工的业绩,甚至企业整体业绩表现不佳,不是因为员工的知识不足,技能不够,而是工作中的思维方式出现了问题。因此,执行改善组织绩效的计划要想取得成功,必须说服成百上千的团队和个人改变他们的工作方式。而要人们接受这种转变,又必须说服他们改变对自己工作不利的思维方式。实际上,由于组织的需要而必须改变员工的思维方式,这并不是一项简单的任务。严格说来,一个企业的集体文化就是所有团队和个人思维方式共同点的集合,因此,这种通过培训转变思维方式就意味着要改变成百上千人的想法。随着环境的变化,竞争程度的加剧,企业中的工作规律也随之发生变化。要想始终驾驭工作的内在发展本质,持续性胜任工作岗位提出的挑战,员工往往必须从改变固有思维习惯入手,破除思维定式,以崭新的思维处理工作,完成工作目标,使自身的行为与思考问题的模式更有利于组织的建设与发展。

知识是思维之本,思维是知识之魂。积累知识只能让我们站在前人的肩上,学会正确思维才能让我们在空中自由翱翔。知识能起到杠杆作用,思维则可以增加手臂的力量。孔子曰:“学而不思则罔,思而不学则殆。”孟子曰:“尽信书不如无书。”古圣先贤的数言论清了“别只是学习,要学会思考”的道理。

(四)转变观念

当前,组织正面临着变化激烈、内外环境异常严峻的竞争。竞争意味着变化,变化意味着发展,发展意味着创新,创新意味着观念的转变。人是“观念”思想的动物,人的力量寓寄在思想与观念上而成为万物之灵。一旦观念转变,人的行动力便会改变,习惯也跟随改变,组织的命运也随之改变。当今组织生存发展的最重要一点莫过于观念更新。

世界著名未来学家托夫勒曾说过:“正确的问题比错误问题的正确答案更重要。”也就是说面对激烈的竞争,最重要的是认清面临的问题是什么,问题的本质是什么。所以,通过员工培训与开发的实施,转变员工的工作观念,对组织的成长与发展更为重要。

(五)调整心态

员工培训与开发所要达到的调整员工心理的目标是帮助员工拓展观念、调适心态,建立有助于实现组织目标、取得成功的态度的一种培训。心态调适和训练的方向就是心态积极、平衡,保持愉快的心境。“态度决定一切”,米卢教练的这句话,特别强调心态调适的重要性。心态调适有个原理:心态→行为→成果。有什么样的心态,就会有什么样的行为,配合相关的知识和技能,进而会取得相应的成果。我们想要达到目标、取得成功,通常习惯在行动上调整,而不是在心态上去作改善。事实上,从心态上出发,才能从根本上解决问题。

我们不能预知生活和工作的各种情况,但正确的心态令我们能够适应它。成功人士的首要标志就在于他的心态积极。一个人如果心态积极,乐观地接受挑战和应付麻烦事,就一定能在岗位上得到很好的成长。有个故事说,“两个人从牢中的铁窗望出去,一个看到地上的泥土,一个却看到了天上的星星。”面对同样的工作环境,员工的心态各不相同。关键的是他的心态是否能够使自己生活和工作顺心,能够获得自己想要的成果。拿破仑曾风趣地说:“我们每个人都佩戴着隐形护身符,护身符的一面刻着积极的心态,一面刻着消极的心态。”所以,组织在员工培训与开发中设定的调整心理的目标就是协助员工建立积极的心态,拥有愉快的心境,去应对挑战、创造财富,追求健康、快乐和成功。

☞ 案例链接　SK 集团的高管培训[①]

经历了半个世纪的发展,SK 集团在韩国本土已经从扩张期进入了平缓发展期。这时,他们将目光投向了正在急速发展中的中国市场。但是面对这样一个与自己有着同源文化的既熟悉又陌生的国家,一向谨慎的 SK 集团“开辟中国

① 出自:8020 人才网。

市场”的战略是否能顺利前行？每年，都有 10 名高管奔赴中国参加培训，来帮助 SK 解决这一战略问题。

早在 20 年前，SK 集团就有一个雷打不动的传统：每年选拔 10 位在任 10 年左右的高管派往美国，在与 SK 有合作关系的美国大学进行为期 3 周到 3 个月不等的学习，目的是为了感受发达国家的新趋势，了解新话题、新事件，提高全球化的能力。2006 年，SK 开始把高管派往中国，林声洙就是最早到达中国的 SK 韩国总部高管之一。“我们先在北京语言大学学习汉语。要了解中国市场，必须要好好学习中国的文化，了解中国人，语言是了解一个国家的基础。”林声洙 1996 年 1 月大学毕业以后加入 SK，2006 年被集团派往中国，在北京语言大学学习了近一年的中文，并于 2009 年取得清华大学 EMBA 学位，此后就留在了 SK 集团（中国）。

之所以继美国之后，中国成为 SK 集团的又一个培训热门国家，是因为 SK 集团有意在中国开拓市场。到中国学习的高管除了学习以外，身上还肩负着一个需要考察和研究的课题。“他们 2～3 个人组成一个课题组，对特定地域和特定行业展开研究。等到学习结束回到韩国，需要在会长面前做汇报。这么做的目的也是为了提高学习的实践性，不是单纯的学习”，林声洙说。

SK 韩国总部每年派到中国学习的高管有 10 人左右，这些高管人选都是由最高层领导——会长直接决定。在 4～6 个月的培训期间，学习内容可能是汉语——了解中国的社会文化、政治经济，也可能是到清华大学参加 Mini MBA 课程——学习企业经营管理的相关知识。而随他们一同到达中国的还有那些需要考察和研究的课题，这些课题来自 SK 集团全球的 60 多家企业。这些企业的企划部都会有正在关注的问题，把这些问题汇总起来，由参加培训的高管从中选择自己感兴趣或专长的项目，展开研究。例如，2009 年参加培训的一个课题小组就选择了水处理的课题。他们要在学习之余去了解中国的水处理市场，考察中国什么地方适宜发展，搜集相关信息，加以分析，做出一个方案。“中国的市场怎么样？SK 是否可以进入这一市场？如果进入中国市场，对策是什么？各方面的反应和影响有哪些？评估未来市场和我们的能力。在调研的过程中，如果需要什么支持，SK（中国）的相关部门会帮助他们进行调查。”

最后，学习结束，课题小组回到韩国参加有会长和相关企业领导出席的汇报会，完成演讲和答疑，由会长做出点评。这些来自培训高管的课题研究报告最终有可能交到直接负责的企业或部门手中，进一步具体化或做可能性分析。

“很多参与过这种课题汇报的高管最后来到中国工作。也许他们当时研究的课题并没有最终实现，但是在调研过程中所积累的经验、对中国市场的了解，都是非常宝贵的。这让他们能够更好地在中国工作”，林声洙说。

在培训过程中，SK 也会邀请外部专家参与。林声洙说：“比如领导力的培训,我们先在内部做测试、调查,然后请做相关研究的教授与高管座谈,如果发现问题,就帮助他们解决。”而大多数的培训,从新晋员工到企业高管,主要依靠SK培训学院(SK Academy)来完成。SK是最早在韩国建立完善的培训学院的企业,培训主要包括三大块的内容:价值观、领导力、能力。“在培训之前,我们通常会评估高管的领导力、业绩、能力。例如领导力方面有个人测试,还有对其属下的访谈;能力测试包括了计划、财务、人力资源、营销方面的知识。即使是技术研发部门的领导,他也需要了解其他部门的情况。因为作为领导者,他们都需要在工作中做出决策。能够考虑到其他方向的情况对于决策者来说非常重要,所以各部门的高管都要求选择2~3个本部门以外的培训课程进行学习。”

林声洙说:“20年前,刚开始类似培训的时候,来自外部的专家、顾问比较多。对于跟企业密切相关的一些问题,培训机构的培训师虽然可以提供培训的方向和方法,但没有具体的内容。现在SK培训学院都有关于行动学习的方法和课程设计,内部的培训人员就可以完成。”SK培训学院对各部分培训内容都进行了详细的课程设置,并且进行了线上线下学习、全球学习课程的分类。公司员工只要登录SK培训学院的网站,就可以完成线上学习的内容。“在SK,行动学习会比较多,培训以个人思考、互相讨论的形式展开。毕竟培训的目标是公司的业绩、发展,个人的行动更重要。相对的,讲课形式的培训会较少,基本知识的掌握主要靠个人的学习。”在培训课程中,Workshop与其说是培训,更像是一个内部沟通交流的活动。例如,高管Workshop每半年举行一次,活动分为两个部分:一部分是各部门高管交流上半年工作内容和下半年工作计划;另一部分是沟通企业文化,促进各部门以及中韩管理人员之间的交流。

课堂讨论:请总结SK集团高管培训的内容以及进行这些培训的目的,并谈谈你的感受。

四、各类目标的综合应用

在这里值得注意的是,为了方便掌握相关的概念与知识,本书根据目标的层次、时间以及内容进行了详细分类,这些分类只是基于目标的不同性质所做出的。实际上,在组织进行员工培训与开发的目标设置时,各类目标将被综合考虑,而不单单是从某一个片面的角度孤立地去设置培训与开发目标。例如:在确定培训与开发的组织目标时,往往会和组织的长期目标有所关联,组织目标和长期目标都是组织前进的大方向,是基于战略层面的。在设置个人目标的情况下,我们同样不可忽略个人在进行培训时所需求的更新知识、提高技能、改变思维、转变观念以及调整心理等内容上的目标。

本章小结

员工培训与开发的目标是指培训活动的目的和预期成果,目标可以针对每一培训阶段设置,也可以面向整个培训计划来设定。培训与开发目标设置的原则有三个。①可衡量性:培训与开发的目标应当是清晰和明确的。倘若目标模糊不清,以至于不能准确加以测量和评估,就无法得知设置的目标是否成功完成。况且,模糊的目标也无法对实现的效果和程度进行准确的分析和评价。②适合性:培训与开发的目标首先应当是与组织的战略目标相适应的,其次应符合员工在组织环境中的成长规律,最后还应适合成人学习特点和规律。③一致性:培训与开发的目标应当是组织与员工个人目标的结合。单纯强调组织的目标而忽视员工个人的目标是错误的,它会伤害员工培训与开发的热情,影响培训与开发的效果,最终也将组织的培训与开发管理带入了误区。

在培训与开发需求确定之后,需要根据需求的内容设置培训与开发目标。根据层次的不同可以分为组织目标、部门目标、团队目标和个人目标四种;根据时间的不同可以分为短期目标、中期目标和长期目标三种;根据内容的不同可以分为更新知识、提高技能、改变思维、转变观念和调整心理五种。以上是理论上的一个划分,实际上,组织在设立培训与开发目标的过程中,是把以上三种不同标准划分的类型交叉和结合起来考虑的。

重要概念

目标设置、目标设置原则、目标设置分类

复习思考题

1. 什么是员工培训与开发的目标?

2. 员工培训与开发的目标设置有何意义?其目标设置在未来发展中的创新方向是什么?

3. 员工培训与开发目标设置的原则是什么?

4. 员工培训与开发目标设置的分类有哪些?

应用案例1

鹅厂新员工入职培训怎么玩?①

腾讯控股有限公司成立于1998年11月,是目前中国最大的互联网综合服务提供商之一,也是中国服务用户最多的互联网企业之一。

一、新入职的封闭培训

鹅厂是人们对腾讯公司的习惯性称呼。鹅厂新员工培训,就应届毕业生而言,会组织“10天封闭培训”,主要包括两方面:

一是通过课堂学习以及篮球赛、趣味运动会、演讲比赛等传统环节,深入学习并感受公司的历史、文化、制度。

二是安排毕业生亲自到客服中心聆听用户心声,强化毕业生重视用户的理念,通过“新人实验站”环节鼓励大家以产品经理的身份“大开脑洞”。这些活动不仅使学员初步学习、感受了互联网产品制作的全流程,而且在课堂中诞生了“拦懒”“滴滴广场舞”等一系列“奇葩”的App产品小创意。

二、进入BG(即business group,事业群)后的专业培训

除了培训BG的业务、管理模式、内部产品,BG还将产品、开发、设计等不同岗位的新员工召唤在一起,由大家自由组队提出创新点,或针对部门需要解决的问题头脑风暴出产品创意,进而做出产品或代码demo。如果某一个产品demo非常优秀,就可以得到正式立项。这在腾讯内部称为“Mini项目”。这些项目未必能成为真正的产品,但是通过这次训练,毕业生们可以深入了解产品开发的全流程,并打开了他们在产品创意上的大门。

每年十一月,所有毕业生们转正后,一场隆重的“毕业生回归日”活动拉开帷幕,助力毕业生们的职业发展规划。

除了复盘收获、展示自己长项的未来规划,公司高管还会与当年所有毕业生们进行面对面对话活动。高管们会围绕行业、产品、文化、业务答疑解惑,坦诚地为新人提供成长建议。

三、有效入职培训的关键指标

入职培训对于新员工而言有可能就像是庄重的婚礼,我们可以通过以下三类关键指标检测入职培训是否有效实现了其价值。

(一)帮助员工看到企业全局,明晰自身定位

充分了解企业全局,能帮助新员工从公司的角度来思考和行事,同时结合自身的优劣势和兴趣等因素,帮助他们明晰自身的差异化定位和清晰的发展路

① https://www.shangyexinzhi.com/article/4984423.html.

径，最大化个人价值。鹅厂的公司级的入职培训就是这个目的。

(二)岗位所需知识技能快速提升

由于缺乏经验，许多小白新员工初入职场可能会陷入迷茫与不安，不知道如何着手。恰当的前期引导能够帮助他们迅速明确自己该做什么，怎么做，以及如何迅速成长为合格的员工。鹅厂的BG级(业务群)新人训就是这个目的。

(三)让员工充分认识并认同企业文化，找到归属感

如果企业能充分关注新员工的情感和知觉体验，他们就会认同企业文化并以加入企业为傲。归属感的形成不仅能帮助新员工快速融入，对他们价值的持续高效输出有着极其正向的作用。鹅厂培训中大量的活动和体验的设计就是为了这个目的。

四、如何有效进行培训

培训内容和形式可能会因为行业和职能的差异而有巨大差异，我们可以从底层核心的规律来进行相应的规划。

(一)努力消除新员工的陌生感

在培训期间定期组织新员工与老员工进行工作交流，并鼓励新员工主动发问，同时可以采纳民主研讨和头脑风暴式的互动分享方式进行培训，营造温暖的极速破冰氛围。

(二)基于新员工需求设计培训内容

讲述企业的使命、愿景和核心价值观：要求培训者简明扼要并抓住新人最关心、最想了解的需求点逐项介绍。

介绍详细工作流程：特别是设计员工日常工作过程需要指导的工作流程和规范制度，包括但不限于企业概况、企业组织架构、企业规章制度、部门概要和岗位职责。

安全生产教育：根据企业实际情况编制培训重点，重点强调如何规范操作以减少潜在安全风险，同时提供系列安全指引(如有序疏散，呼救联系等)。

(三)设计培训形式配合培训内容

培训需要公司领导的支持，需要必备的经费保证，并配以有效的培训方式，才能将培训效应最大化。

培训过程形式设计：培训前应与各职能部门充分沟通，将“通识”和“专业”紧密结合；可以在知识讲解的过程中纳入有趣的内容与形式，以及通过互动性的参与型培训活动设计，优化培训效果；培训结束后需要进行沟通反馈工作，查漏补缺。同时，结合公司具体情况，采取笔试+拓展+测评+部门评价的形式组织考核，并结合奖惩制度对新员工们进行表彰。

基本形式设计规则：针对企业文化、公司制度、行为规范等培训可以通过活动、游戏、研讨等方式提高培训的互动性和趣味性，让新人在不知不觉中感受文

化、体验文化和践行文化。针对基本常识(包括入职流程、行为规范、信息平台管理等)培训可以穿插在日常工作过程中或以轮岗见习等方式进行,鹅厂的新人入职后往往会安排在各部门进行为期6个月的轮岗,而信息平台管理和办公环境的维护培训可以采取宣导+自学+即时指导的方式;针对岗位专业化需求的知识和技能的培训,则可以采用讲解、材料自学和即时训练相结合的方式实施。

五、鹅厂新员工培训详细介绍

"一切以用户价值为依归",是腾讯用户导向的直观体现。对企业培训人而言,培训对象就是用户。腾讯学院新员工培训项目组(以下简称"项目组")表示,鉴于不同角色进入公司的诉求各异,从用户思维出发,腾讯的新员工培训体系依据"公司—BG—部门"三级无缝衔接开展,在公司层面分为了针对社招、校招、实习生、国际化新员工的四条培养通道。

(一)公司级新员工培训四通道

1. 社招,融入为主。

2. 校招,注重角色转化。

3. 实习生,确保应知应会。

4. 国际化新员工,解决文化差异。

而新员工们参加了公司级的新员工培训(new employee orientation,NEO)之后,也会回到所在事业群以及部门,参加对应业务的新员工培训。

(二)BG和部门级新员工培训

承接公司级的培训内容,在BG层面的新员工培训主要聚焦于学习对应业务的应知应会内容,通过线上和面授的形式,将BG业务介绍、岗位技能、规章制度等内容提供给新员工学习。

公司层面的新员工培训主要根据马斯洛需求层次理论设计——

首先,从坚定新员工的信心出发,让新员工感受到互联网和腾讯是正确的选择,因而设置互联网行业相关课程,应涉及行业介绍和公司战略布局、业务介绍等内容。

其次,帮助新员工融入团队,获得归属感,为此设置了企业文化以及制度相关课程。

最后,让新员工了解腾讯的思维方式和行事方式等,从而使其在工作中更好地发挥自身价值,收获认可并满足自我实现的需求,例如,设置了产品研讨会、新人实验站训战结合的课程。

这就是新员工视角融入三部曲。

基于以上三部曲的底层逻辑,项目组为不同岗位的新人都设计了适配其特性的培养项目、主题活动,在模拟与真实情境中持续体验,不断创造新老员工分享交流的机会；同时，企业的技术基因也让项目组能够灵活运用在线平台，打造了一系列充满“温度”的培训体验。

1. 定制专属实践体验。项目组以“体验”为关键要素，针对不同通道新人，打磨出了个性化的培养项目和主题活动。

(1)产培生，边学习边实践。产培新人入职后，从应届生到产品经理的角色转化是重中之重，项目组专门为其设计了为期两年的“产品培训生”项目（以下简称“产培生”），包含轮岗及系统化培养。

轮岗采用“双选”模式，例如业务部门提供数十个岗位，供产培生选择，与此同时业务部门也在挑选与岗位要求相匹配的候选产培生，最终通过面试的方式完成“双选”，实现人与岗位的最佳适配—— 即在一个岗位实践一年后，按照“双选”模式再去另一个岗位实践一年。两年轮岗实战期间，产培生获取的学习资源十分多样化，包括从典型的工作场景到内外部最佳产品实践、从自发学习交流圈到标杆企业游学等。

(2)T族新人，在亲身体验中成长。项目组将技术新人称为“新 T”，在他们入职时提供公司研发方面统一的流程、工具、平台，让“新 T”去学习和体验。此外，项目组还为其创造了更多锻炼自己的机会，其中“腾码特训营”和“新 T Lab”便是代表。

腾码特训营采取了面授与网课相结合的实操方式，并在课程中设计让学员编辑代码的环节，进而在实践与体验中加深记忆。

“新 T Lab”是一个在线学习平台，学员可按照网页上提示的步骤逐步体验腾讯内部整个研发流程。第一步，从申请研发资源开始，逐步了解公司的研发环境。第二步，通过在线学习平台学习公司统一的代码规范课程，并参加考试。第三步，实际操作编写代码、提交、编译及上线测试，从而体验一整套的研发上线流程。

值得一提的是，在提倡开源协同的当下，公司在“新 T Lab”中放入了更多新推出的组件和工具，供新 T 自由选择使用。

(3)模拟全流程，面向所有新人的实验站。腾讯尤其关注人才培养过程中的体验和模拟实战，除了专门为技术新人设计的“新 T Lab”，还可从面向所有校招新人的“新人实验站”中求证。

不同岗位的新人对于自己即将面对的岗位职能、工作流程并不十分清楚，为此公司安排了一天的体验环节，让新人有机会去体验某个业务的全流程。

例如，模拟某个产品从创意构思、需求分析、功能规划、产品设计，到上线运维的全流程，帮助新人建立全局认知，从而能够更好地完成本职工作。

在此过程中，研发人员从中体验良多，比如应该在项目初期就参与产品的策划和分析讨论；技术运维人员的职责处于产品诞生的最后环节，在体验产品诞生的前期流程之后,将在未来运维工作中关注到更多细节。

2. 搭建沟通分享的桥梁。鹅厂学习文化重点强调了“分享、总结是更好的学习”,项目组除了安排经验丰富的资深员工进行经验传承与分享,还为新人搭建了各种分享发声的平台,帮助新人向前辈和管理者传达自己的心声。

3. 贯彻“真实”,自由交流与理解。“腾讯达人”和“鹅厂老兵话鹅厂”是腾讯较为经典的社招新人培养项目,其底层思路是摒弃“强硬的灌输”,通过让新人与“老鹅”交流,探索、挖掘腾讯的真正面貌。

(1)腾讯达人。项目组会在线上将任意两位新员工结对,让他们自由选择一位身边的“老鹅”进行访谈,这位“老鹅”即“腾讯达人”。

新员工可选择想了解的业务部门同事,或者在内刊、K吧或各种宣传中挖掘、搜索到欣赏的“腾讯达人”。访谈聊天内容不限于文化融入、高效工作、自我管理、职业发展、沟通协作、向上沟通等方面,话题开放,无论好坏皆可交流。访谈结束后,两位新员工将输出“腾讯达人故事”,谈谈从中收获的心得与启发等。

此外,项目组会从提交的内容中提炼一些可复用的小案例,放在腾讯学院在线学习平台中。当其他员工遇到类似问题时,可以通过平台搜索关键词,寻找相关的达人故事进而得到启发。

(2)鹅厂老兵话鹅厂。不同于“腾讯达人”的是,“达人”的自由度更高,由新人自己寻找“老鹅”并选择访谈话题;而“鹅厂老兵话鹅厂”主要是时长一小时的分享环节,由“鹅厂老兵”与社招新人分享,主题通常集中在两个方向:一是分享职场成长的经验,包括在公司为人处世的方式和工作“小贴士”等;二是分享自身与公司文化有关的故事。

4. 多向传递,搭建新人发声及交流的平台。项目组持续对95后群体进行分析、研究,同时结合新员工培训的需求调研得出,95后所希望的培训是真实且有趣的,对“权威”的兴趣度与接受度在下降。

(1)鹅厂脱口秀。采用脱口秀的形式分享年轻人喜欢的话题,同时也将组织方想要传递的内容蕴藏在脱口秀内容中加以呈现。项目组希望通过这种潜移默化的方式,向95后应届毕业生传达公司文化与价值观。

(2)反向导师。顾名思义,即让新人成为老员工——甚至是中层管理干部的“导师”。项目组提供了一个平台和机会,让管理者和新人一对一交流,让管理者可直接了解到当前新生代的思想,同时也满足了腾讯“管理者必须跟得上时代和潮流”的要求。

(3)小将行家。腾讯在线学习平台Q-Learning开发了类似“在行”的内部线上平台,名为“行家”。平台将特别擅长某些领域的达人和专家作为被咨询者,发布其个人信息,标明擅长的领域,涉及职业规划、沟通技巧、旅游等各个方面;员工可以根据需要,预约“行家”并进行一对一沟通。自此,员工拥有了一个解决个性化问题的相对私密的平台。

（三）回归系列，打破信息交流屏障

校招新员工在经历8天封闭培训之后，便回到各自的岗位，进入各大事业群和部门接着参与相关培训。而每年的11月和12月，腾讯学院会联合各BG和分公司共同为该年度应届毕业生组织“毕业生回归”系列活动。

该系列活动主要出于两个目的：项目组通过回归活动帮助毕业生解决阶段性的发展挑战与困惑，也为公司管理层和新员工创造面对面交流的机会。

对于社招新人，同样安排了回归活动，其目的和毕业生回归不太一样，更多的是为了让社招人员无障碍获取信息，再一次体会并加深其对公司文化的理解和融入。

项目组通过一个个小型活动来达到这个目的，例如“腾讯起点”，将新人带到赛格办公室，即腾讯创业时的办公地点，让其直观感受创业时期的艰难；还有“客服听音”，让产品经理去听用户对客服的反馈和投诉，直接体会到自己所开发的产品在用户当中的真正评价，这也通常会为产品经理带来巨大的冲击与启发。

（四）持续迭代，应对需求变更

“小步快跑，敏捷迭代”一直是腾讯培训工作者始终坚持的工作精神与习惯，这在新员工项目中同样得到了明显体现。

（五）年度复盘，优化更迭

随着新员工群体的代际变化，从85后、90后逐渐到90后、95后，新员工的培养方案也会随之变化。项目组每年都会对当年的新员工培养效果进行整体复盘，针对新员工的自身学习需求及组织在不同发展阶段时对新员工能力的要求，迭代优化后续的培养方案。

例如，在学习内容上，随着毕业生的职场基础能力越来越强，项目组将已有的“office课程”由必修课调整为选修课，在满足部分新员工诉求的同时，也给予了大家更多的自主选择权。

又例如，通过分析新员工群体画像，发现有较大比例的新员工来自非互联网行业背景的企业，或不具备互联网行业基础知识及概念，项目组便快速开发互联网行业的相关学习内容，并不时更新优化，让大家对整个行业有更多了解。

与此同时，结合新生代的兴趣特点，学习设计上增加趣味化、体验式的内容，如在公司升级了新的文化价值观后，为了让新员工们能更深刻理解新的文化价值观并有效践行，在学习安排中加入“我眼中的腾讯范儿”短视频拍摄及“发现腾讯”——画出你心中腾讯文化等任务。

（六）快速应对临时需求

除了每年度都持续开展的优化思考，快速应对临时的培训需求也是腾讯培训工作者的必备能力。

在疫情防控期间,项目组快速将面授内容全部调整为线上课程;同时通过运营微信群,展开了云开班、云破冰、云分享、云交流等一系列活动。待疫情缓和后,组织了两天两夜的“小 Q 创造营”,为校招新员工创造线下见面交流和互动的机会,并且设计了多种充满趣味的轻量活动。

事实上,完全从学员角度出发,注重体验、分享、迭代三大特征,亦是真正将“温度”贯彻腾讯新员工培养全体系。

问题:

1. 腾讯公司对新员工培训制定的目标是什么?属于哪一个层次的目标?体现了腾讯公司怎样的价值观?

2. 腾讯公司的新员工培训目标设置的适应性原则,突出体现在哪里?

应用案例 2

TCL 实业控股年度培训计划书①

TCL 实业控股股份有限公司创立于 1981 年,致力于成为智能产品制造和互联网服务的全球领先企业。产品覆盖电视、手机、冰箱、洗衣机、空调、智能健康电器、液晶面板,业务覆盖金融服务、互联网应用服务、销售及物流服务、投资与创投领域。

目前,TCL 在全球共有 8 万多名员工、26 个研发机构、10 余家联合实验室、22 个制造加工基地,在 80 多个国家和地区设有销售机构,业务遍及全球 160 多个国家和地区。在 2022 年 9 月 6 日中国企业联合会发布的“2022 中国企业 500 强”榜单中,TCL 实业控股股份有限公司排名第 106 位。

TCL 公司在培训方面也有着一套系统的方法,对于员工的培训与开发主要秉承着:把握重点业务存在的主要问题、甄选并实施适用的培训项目、增强培训效果及满意度、开发重点课程体系、建立内部兼职讲师队伍以及积累培训核心竞争力等原则。以下内容为 TCL 公司年度培训计划书。

一、培训指导思想

(1)工作即培训。培训的目的是通过“培训—工作”的结合,使员工发生有益于公司发展的变化,提高工作能力,改变工作态度,改善工作绩效,把员工培养成“企业人”,因此培训主要在工作过程中进行。

(2)管理层即培训师。各级管理层均负有培训下属的职责,通过日常工作对员工进行有计划的培训,使员工具备工作必需的知识、技能、工作态度和解决

① http://www.chinahrd.net/.

问题的能力。“对下属的培训如何”将被作为对各级管理层人员考核的重要内容之一。

二、培训方针

就目前而言,公司自身培训资源有限,培训力量相对较为薄弱。所以,在坚持内部培训的同时实行“走出去,请进来”战略,利用外部优秀培训资源,对于一些合适的外训课程,可转化为内部培训课程。因此,就现阶段而言,应该坚持以内训为主、外训相结合的培训方针。

三、年度培训工作规划

面对公司新的征程,培训工作面临着许多的挑战,年度培训工作规划如下。

(一)本年培训工作目标

1. 以基、中层管理层及后备干部培训为重点。

2. 继续做好新员工培训。根据招聘情况,安排培训4次/月。

3. 内部讲师队伍建设(主任级以上人员为讲师),安排一次培训。

4. 对于其他个别员工的特殊专业培训安排其参加公开班。

(二)内部培训

1. 新员工培训。本年新员工入职培训在已有的基础上进一步制度化、标准化、程序化。继续坚持目前新员工培训中普通员工、班组长、管理人员培训内容、考试试题区分对待的原则。同时,根据员工的实际人数采取每周一次的集中培训,避免目前的重复和浪费时间的弊端。如果有条件,可采取录制入职培训教学片方式对新进员工进行培训。录像教学过后进行培训考核追踪。

2. 基层干部培训有两类,具体如下。

(1)培训组:主要组织一些通用的管理类培训,以基础管理技巧、方法为主,以改变他们的思维方法,由被管理者向管理者改变,主要课程有沟通技巧、现场管理、团队建设、执行力、激励方法、基础安全教育、情绪管理等,可以采取授课或购买合适视频教材的方式。

(2)各部门主管:相对来说,部门主管对下属的培训应该更有针对性,此项培训主要由各部门主管组织,培训内容以工作专业技能、基础管理技巧、主管工作经验分享等为主。在新一年,对主管授课次数进行严格规定,相应级别主管,每年必须对下属进行相应次数授课。

(3)培训组保证全年举办各类培训总时数达25小时以上,平均每月2小时左右。

3. 中高层管理人员培训具体内容如下。

(1)培训方式:就目前公司的培训力量而言,以VCD培训为主的培训方式较为合适,同时成本也较低,培训人数可以不受限制。当然,如何寻找优秀的VCD培训教材较为关键。但就目前国内培训市场而言,各类培训较多,优秀培训讲师层出不穷,因此,寻找优秀 VCD 培训教材并不是很大的问题。

(2)培训内容:时间管理、领导艺术、授权技巧、情绪管理、激励技巧、成本意识、会议技巧等,以选择国内外优秀培训师的课程为主。

(3)培训时数:一般情况下每月 3~4 小时,全年由培训组举办培训总计 40 小时左右。

4.后备干部培训。就目前来看,公司后备干部的培训还是远远不够的。后备人才的培养对于企业来说就是血库。只有加强后备人才梯队的建设,使企业具备强大的造血功能,才能在激烈的竞争当中保持领先。纯粹的依靠外部招聘不是真正的出路,后备干部的培养还能为企业避免一些不必要的风险。完善后备干部的培训制度,通过每年的校园招聘活动,筛选一些优秀的大中专院校应届毕业生,着力培养基、中层后备管理干部。

(三)委外培训

近年来,公司的发展非常迅速,在改造各个方面的硬件上投入了相当大的资金。现场生产设备的更新、SAP 系统的投入等,都说明了公司花大力气来增强自身的竞争力。但是在如今竞争日益激烈的大形势下,要想保持自己的核心竞争力,关键还是需要大量的高素质人才做后盾的。这样,公司的后备人才的培养、人才梯队的建设就显得非常重要。但目前,公司内部的大部分管理人员对培训都不太积极,学习欲望不强烈,导致许多培训活动都流于形式,甚至干脆不搞什么培训,认为培训不能带来什么好处。管理人员不愿意走上讲台去跟下属分享成功经验和方法,对待培训的态度也直接影响到下属的情绪。同时,下属也很难得到提高。管理人员的授课技巧和表达能力也停滞不前。如此一来人才的培养就根本谈不上。因此,在目前阶段,引进外部的优秀课程显得非常必要,公司希望通过外部的一些优秀的讲师和课程来带动公司内部的学习积极性,创造良好的学习氛围。

本年度会加强对这方面的执行力度。委外培训的实施严格遵照《委外培训管理制度》执行。对于委外培训,无论是“走出去”还是“请进来”,除了受训人员收获知识外,还须将此课程作为内部培训课程,以备相关人员获得培训资料。

1.“走出去”。目前市场上各类培训种类繁多,价格高低不一,质量良莠不齐,所以,如何挑选合适的培训课程显得非常重要。在去年,公司有几人参加过深圳几家顾问公司举办的公开课程,无论是从课程质量或是从价格方面都比较令人满意。今年,在密切注意这几家公司公开课程的同时,继续寻找课程质量、信誉、价格均较为合理的培训课程。培训组联系了深圳本杰咨询公司、深圳汉华咨询公司、深圳麦肯特咨询公司、深圳中大方略咨询公司、广州众行咨询公司等作为有意合作伙伴。根据市场培训信息及公司实际情况,确保全公司各部门全年“走出去”类培训在 2 次(含)/部门以上。各类公开课程信息由培训组提供并进行初步筛选,然后提供给相关部门知悉,外派人员由相关部门指定,并按《委外培训制度》规定程序审核后进行。对于"走出去"受训的相关人员,受训结束后,若此课程的针对对象还有公司内其他人员,必须于受训归来后两周后,根据此次培训内容,筛选其中合适部分在公司内部进行培训。

本年度的委外培训主要是高层EMBA课程类、生产技术类、提升管理技能类、英语类、学历资格深造类、计算机技能类等培训项目。经过调查,公司管理层对这几类的培训需求总人数为179人。

2."请进来"。虽然聘请外部优秀讲师来厂培训单次费用相对较高,但由于受训人数可以选择为多人,所以平均成本不会较参加公开课程高。对于公司内部大部分人员都存在的一些缺点、不足或急需提高的方面,可以根据实际情况,经过科学的评估、筛选后,聘请外部优秀培训师来厂培训。同时,对于此次培训,尽量征得对方同意,予以摄像。同时,根据公司实际情况,对培训内容进行筛选,开发成内部培训课程。借助外部力量,逐步建立起公司培训系统。

对于"请进来"类培训,在新的一年,计划全年4次,平均一个季度一次。其中提升中、高层管理技能课程3次,内部讲师培训1次。如若能有更多的价格合理、培训质量较高的课程,可以根据实际情况另行确定。

对于公司的培训工作来说,未来的路还很漫长。培训部门在公司内经常处在一个非常尴尬的位置上,它既是一个花钱的部门,又不能够很快地看见实际效益。这是由培训本身的周期特征决定的。培训本身就是一个长期的过程,需要我们不断地学习和坚持。所谓"十年树木,百年树人",这中间需要我们有足够的耐心和信心,亦需要全公司所有成员的共同努力。

问题:

1.该年度的公司培训工作目标是什么?依据什么而定?还需要考虑哪些因素?

2.该公司的培训测试中哪些是值得称道的内容?

第六章

员工培训与开发计划拟订

★ 课前提示 ★

需求分析做得再到位,培训与开发目标确定得再准确,没有一个可执行的计划也是不能成功的。本章将介绍员工培训与开发计划拟订的基本内容和策略制定,展示员工培训与开发计划拟订的种类,阐释员工培训与开发计划拟订的依据和基本原则。

第一节　员工培训与开发计划的内容

"矩不正,不可以为方;规不正,不可以为圆。"在对员工进行的培训与开发正式实施之前,对其进行通盘考虑是极其必要的。然而,调查却发现:目前国内真正有系统培训计划的组织还不足50%,也就是说仍然有一半以上的组织对培训缺乏计划概念,在管理方面计划性还十分欠缺,这对于培训与开发管理来说是非常不利的。培训计划性不够便会间接地影响到培训的效果。缺乏计划性的培训不仅容易在培训目标上出现诸多偏差,还容易导致资源应用不合理、分布不均匀等后果。最为重要的是,只有当培训计划是不断调整和变化的时候,才能够使培训管理水平不断得到提高,也不会出现"管理泡沫"现象。

从某种意义上说,培训与开发计划的作用就如同驾车外出旅行时,常需要道路指南一样。有了它,培训者就能够知道起点在哪里,终点在哪里,以及所要经过地方的确切位置;否则,虽可出发旅行,但却无从得知去什么地方,或能否抵达目的地。

一、员工培训与开发计划的六要素

对于培训计划包括的信息，可以透过5W1H的原理来加以分析。5W1H由Why(为什么)、Who(谁)、When(什么时间)、What(培训的内容是什么)、Where(在哪里)、How(如何进行)六个英文单词的第一个字母组成。

在五个"W"中，最重要的是学员学习什么内容。面对时间、费用和学习精力都有限的情况，必须考虑对培训与开发的内容进行多层次地划分。能够突破工作胜任力瓶颈的内容应视为必须学习的；能够开发潜力和开阔视野的内容应视为应该学习的；对达到培训与开发目标有帮助但却不重要的内容应视为可以学习的。一份优秀的培训与开发计划将帮助我们在活动中直接命中目标。

(一)培训的目的(Why)

在培训前，一定要明确培训与开发的真正目的，并将培训目的与组织的发展、员工的职业生涯紧密地结合起来。在组织一个培训项目时，要将培训与开发的目的用简洁、明了的语言描述出来，使其成为培训的纲领。

正如前文所述，对员工展开培训与开发是一种对企业和员工双赢的活动。企业能通过培训让员工更有效地工作。特别是针对新员工的一系列完善的培训制度，能让新员工在最短的时间内掌握基本工作流程，缩短误工时间，更有效地为整个企业带来活力和发展，减少企业一些营运动作的依赖性。而对于员工也是难得的完善和提升的机会，一个增强自身能力和实现理想的机会，同时也是向企业更高阶段发展的机会。

(二)培训的负责人和培训讲师、培训对象(Who)

规模较大的组织，一般都设有负责培训的专职部门，如培训中心或培训开发部，对企业的全体员工进行有组织、有系统地持续性培训。因此，在管理人员设立某一培训项目时，一定要有明确具体的培训项目负责人，使之全身心地投入到培训策划和运作中去，避免出现培训组织的失误。在甄选培训讲师时，实行内部优先原则，还可以聘请外部讲师。受聘的讲师必须具有广泛的知识、丰富的经验以及专业的技术，才能受到受训者的信赖与尊敬；同时，还要有卓越的训练技巧和对培训工作的执着、耐心与热心。

人力资源开发的培训对象，可依照阶层(垂直的)及职能(水平的)加以区分。阶层大致可以分为普通操作员级、主管级及中高层管理级；而职能性的培训又可以分为生产系统、营销系统、质量管理系统、财务系统、行政人事系统等项目。

我们在组织、策划培训项目时，首先应该明确培训的对象，然后依据前期的培训需求，再决定培训内容、时间期限、培训场地以及授课教师等。培训学员的选定可由各部门推荐，或自行报名再经甄选程序而决定。企业的培训对象虽然根据部门、职级、岗位等不同会有所差异,但其共同之处在于都是对成人的培训与开发。所以,针对成人学习的特点,我们应特别注意以下几点。

1. 成人对学习内容的实用性和结果尤其关注,他们常问的一句话是:“学习之后有什么用?”所以,成人需要知道学习的目的和原因才会去学。

2. 成人感觉学习有现实或迫切的需要,会更愿意去学,他们对感兴趣的内容会自发地、积极地学习。

3. 成人对与现实联系密切的知识或信息较为注意。他们重视应用及成效,注重技能。他们要求即学即用,对理论性、学术性和抽象性的知识不感兴趣。

4. 成人喜欢按自己的学习方式和进度学习,并期望知道学习的结果。因此,在培训过程中应注意及时地反馈,说明其学习表现,如成绩、错误、进步和退步等。

5. 成人渴望成就感,希望在培训过程中有表达个人意见和见解的机会,使人感觉到其存在的价值。

6. 成人拥有丰富的经验,喜欢将新的知识与旧的经验做比较,年龄越大对新生事物的接受态度越审慎。

7. 成人比小孩的自尊心更强,更讲“面子”,在众人面前喜欢听到积极和肯定的评价。如果当众遭到贬低或轻视,他们会选择避而远之或者对抗的态度。

8. 成人喜欢受到尊重和重视,在轻松、愉悦和友爱的环境下学习,效果会更好。

9. 年龄越大,对于复杂动作的协调性就越差,年纪大的人学习操作技能,如操作复杂的机器、驾驶汽车等,需要花更长的时间。

10. 成人喜欢在学习过程中有一定的独立性。他们喜欢在培训过程中有一定的独立思考、独立操作的时间,喜欢自己找到答案和结果。

(三)培训时间、期限(When)

培训时间、期限可根据培训的目的、培训的场地、讲师、受训者的能力以及上班时间等因素而决定。一般新入职人员的培训(不管是操作人员还是管理人员),可在实际从事工作前实施,培训时间为一周至十天,甚至一个月;而在职员工的培训,则可以培训者的工作能力、经验为标准来决定培训期限的长短。培训时间的选定以尽可能不影响工作为宜。

(四)培训内容(What)

培训内容包括开发员工的专门技术、技能、知识,改变员工的工作态度的组织文化培训,改善员工的工作意愿等。这可依照培训人员的对象不同而分别确定。如前文所述,通过培训需求分析调查,了解组织以及员工的培训需要,研究员工所担任的职务,明确每项职务应达到的任职标准,然后考察员工个人的工作实绩、能力、态度等,并和岗位任职标准相比较。如果某员工尚未达到该职位规定的任职标准,其不足部分的知识或技能便是要培训的内容,应通过内部培训给予迅速补充。

(五)培训场所(Where)

培训的场所可以分为利用内部培训场地以及利用外部专业培训机构和场地两种。

内部培训场地的训练目的主要有工作现场的培训和部分技术、技能或知识、态度等方面的培训,主要是利用企业内部现有场地实施培训。其优点是组织方便、节省费用;局限性是培训形式较为单一,且受企业环境影响较大。

外部专业培训机构和场地的培训项目主要是一些需要借助于专业培训工具和培训设施进行的培训项目,或是利用其优美安静的环境实施一些重要的专题研修等培训。其优点是可利用特定设施,并暂时离开工作岗位而专心接受训练,使培训更加连贯和系统;局限性是组织起来较为困难,且费用较高。

(六)培训方法(How)

选择哪些方法来实施训练,是培训与开发计划的主要内容,也是培训成败的关键。根据培训的项目、内容、方式的不同,所采取的培训方法也会有所区别。

从培训方法的种类来说,可以划分为讲课类、学习类、研讨类、演练类和综合类。而每一类培训方法中所包含的内容又各有不同,如讲课类可以分为MGO自我管理架构、监督能力提高法等;学习类方法可以分为SAAM法、博览式学习法、读书法等;研讨类方法可以分为PTI个人心理疗法、案例分析法、管理原则贯彻法等;演练类方法可以分为SCT现场感受性训练法、TCA沟通能力分析训练法、冲突化解法等;综合类方法可以分为函授教育法、科学决策法、离职外派教育法、面谈沟通法、视听教育法等。

不同的方法所产生的培训效果也会有所不同,需要我们在制订培训与开发计划时,与培训讲师共同研讨与确定,以达到培训效果的最优化。

二、员工培训与开发计划的拟订策略

员工培训与开发计划的制订就像生产任何一种产品一样,要遵循科学的"生产"流程才可能生产出高质量的产品,程序错误就会导致返工或生产出废品。

一个培训与开发计划的制订,需要考虑其合理性、可行性;需要把计划所描述的美好目标与组织的实际状况相结合;需要听取各方面的意见,做到全面规划;需要有效地整合组织培训资源,妥善分配。要达到这样的要求,就必须进行系统深入地研究,用集体的智慧,集思广益,最终对培训与开发计划作出正确的判断和决定。

注意,培训与开发计划拟订过程中,应准备多套方案,要为决策者决策时提供备选方案。这可以使得在第一套方案出现问题时能及时采取补救措施,避免出现损失。

第二节　员工培训与开发计划的种类

通常,组织可以按照时间长短把培训与开发计划分为以下三种。

一、长期计划

所谓员工培训与开发的长期计划,是根据培训与开发的需求和长期目标,结合组织已有的人力、物力和财力资源,配合组织的战略目标,制订相应的长远计划。一般来说,长期计划是指时间跨度为3~5年以上的培训计划,其重要性在于明确培训的方向性、目标与现实之间的差距和资源的配置,具有战略意义。在制订长期计划的过程中,主要涉及以下五方面的内容。

(一)确立培训目标

通过对培训需求的调查分析,将培训的一般需求转变为组织培训的总体目标,如通过培训来达到的各项生产经营目标和提高企业的管理水平。通过对上一期培训计划的总结及时分析培训的特殊需要,可以确立需要通过培训而改善现状的特别目标,成为这一时期培训的重点项目。

(二)研究组织发展动态

组织员工培训与开发部门会同有关的主要管理人员研究企业的生产营销计划,以确定如何通过培训来完成组织的本期生产经营指标。一项生产经营目标的达成往往取决于一个或几个员工是否正确地完成任务;而要正确地完成任务,又取决于员工是否具备完成任务所需的知识、技能和态度。通过检查每一项业务目标,确定要在哪些方面进行培训与开发。培训部门还要与有关人员共同研究企业的生产经营状况,找到需要改进的不足之处,寻求通过何种培训可以改善现状、实现培训的特别目标。

(三)根据培训的目标分类

围绕企业生产经营目标的培训应列入业务培训内容;围绕提高企业管理水平的培训活动则应列入管理培训内容。因此,培训方案的制订是针对培训目标和具体设计各项培训活动的安排过程。企业的业务培训活动可分为素质训练、语言训练及专门业务训练。组织的管理培训活动主要是针对班组长以上管理人员的培训,内容包括系统的督导管理训练、管理理念方法和手段培训以及培训员专门训练等。

(四)决定培训课程

课程是培训的主体,要求参加培训的员工,经过对课程的研究讨论后,达到对该训练项目的内容的掌握与运用。长期培训计划中,要对各类培训活动的课程进行安排,主要是列出训练活动的细目,通常包括培训科目、培训时间、培训地点、培训方法等。注意培训课程的范围不宜过大,以免在各项目的训练课程之间发生过多的重叠现象;但范围也不宜过狭,以免无法真正了解该项目的学识技能,应主要以熟悉该训练项目所必需的课程为限。培训课程决定后,需选编各课程教材,教材应简要说明培训教材目的,列出有关教材的图表,说明表达教材内容的方法,并依照下列顺序编写教材:教材题目、教材大纲及时间计划、主要内容及实施方式和方法,讨论题及复习的方法和使用的资料。

(五)培训预算规划

培训预算是企业培训部在制订长期培训计划时,对各项培训方案和管理培训方案的总费用的测算。预算是根据方案中各项培训活动所需的经费、器材和设备的成本以及教材、教具、外出活动和专业活动的费用等测算得出的。

二、中期计划

中期培训计划是以长期发展中的某一阶段需要为基础,其时间跨度一般为1～3年,是长期培训计划的进一步细化,同时又为短期培训计划提供了参照物。与长期培训计划相比,中期培训计划的目标更加具体,不确定性因素更少。典型的例子是企业制订的年度培训计划。

年度培训计划是指以每一财年为周期制订的员工培训与开发计划,是根据企业年度发展规划,在员工需求确定和目标设置的基础上,明确一个财政年度的培训与开发人员、内容、方式和费用预算。该计划应和组织的长期计划协调起来,并作为组织年度人力资源规划的组成部分,一同为组织的战略服务。

年度培训与开发计划书主要考虑以下几个方面的内容。

(一)年度培训计划制订的原则

1. 培训计划要以组织战略为导向。

2. 要全员参与并获得绝大多数员工的支持。

3. 培训计划的制订一定要以培训需求分析为前提。

4. 培训方法与手段应满足员工个体差异化的要求。

5. 尽可能多地得到最高管理层和各部门主管承诺及足够的资源来支持各项具体培训计划。

6. 采取一些积极性措施以增强培训效果和提高培训效率。

7. 注重培训细节。

（二）年度培训计划制订的基本策略

事实上，员工培训与开发的年度计划从整体上来说是自上而下→自下而上→自上而下的形成过程。

年度培训计划制订作为一个系统工程，其启动必然是自上而下的。总部培训管理部门必须承担这个责任。

首先，各部门或下属机构根据自身需求情况制订初步的部门级年度培训计划，这个计划体现员工需求和部门需求两个层次。主要手段如前文所述，有员工访谈调查、直线经理考核及改进意见采集等。

同时，总部培训部门必须明确分析研究组织层面的需求，作为年度培训计划的方向。具体手段是根据总部人力资源策略衍生出的培训规划，在此基础上，进行培训运作计划分解。

其次，总部培训部门综合各部门所有年度培训计划，并对各部门计划进行评价论证与协调，最后得出公司年度培训计划。

最后，各个部门或机构根据企业通过的年度培训计划，对本部门或机构的年度培训计划做修改，并提交总部培训管理部门进行备案。

（三）年度培训计划的主要内容

年度培训计划的内容也遵循员工培训与开发计划的六要素，具体表现在以下八个方面。

1. 培训目的。每个培训项目都要有明确的目的（目标），即为什么培训，要达到什么样的培训效果，怎样培训才有的放矢。培训目的要简洁，具有可操作性，最好能够量化，可衡量，这样就可以有效检查人员培训的效果，便于以后的培训评估。

2. 培训对象。在全员培训与开发的基础上，哪些人是主要培训对象？根据“二八法则”，20%的人是组织的重点培训对象。这些人通常包括中高层管理人员、关键技术人员、营销人员，以及业务骨干等。确定培训对象还需要根据人员特点，对培训内容进行分组或分类，把同样水平的人员放在一组进行培训，这样可以收到更好的培训效果。

3. 培训课程。年度培训课程一定要遵循轻重缓急的原则，分为重点培训课程、常规培训课程和临时性培训课程三类。其中，重点培训课程主要是针对组织的共性问题、未来发展大计进行的培训，或者是针对重点对象进行的培训。

这类培训做得好可以极大地提高企业的竞争力,有效弥补组织不足。因此,这类培训需要集中组织的人力、物力来保证。

4. 培训形式。培训形式大体可以分为内训和外训两大类。其中,内训通常包括集中培训、在职辅导、交流讨论、个人学习等;外训通常包括外部短训、MBA进修、专业会议交流等。从人员上讲,中高层管理人员、技术人员的培训宜以外训、进修、交流参观等为主;而普通员工则以现场培训、在职辅导、实践练习更加有效。

5. 培训内容。培训内容涉及管理实践、行业发展、企业规章制度、工作流程、专项业务、企业文化等课程。

6. 培训讲师。讲师在培训中起到了举足轻重的作用,讲师分为外部讲师和内部讲师。

7. 培训时间。年度培训计划的时间安排应具有前瞻性,要根据培训的轻重缓急安排。时机选择要得当,以尽量不与日常的工作相冲突为原则,同时要兼顾学员的时间。一般来说,可以安排在生产经营淡季、周末或者节假日的开始一段时间,并应规定一定的培训时数,以确保培训任务的完成和人员水平的真正提高。

8. 培训费用。预算方法很多,如根据销售收入或利润的百分比确定经费预算额,或根据企业人均经费预算额计算等。培训费用应向急需受训的岗位工作者倾斜。

表6-1为A公司某年度培训计划安排表。

表6-1 A公司某年度培训计划安排

培训类型	培训时间	培训内容	培训对象	培训讲师	培训时长	培训地点
内部培训	3月至4月	战略管理	高层管理人员	内部讲师	1~3天	培训教室
	6月至8月	阳光训练营	基层员工	内部讲师	1~3小时	培训教室
	7月至8月	新员工培训(企业文化、规章制度、入职培训等)	新员工	内部讲师	3~5天	培训教室
	7月至9月	双赢商务谈判技巧	商务人员	内部讲师	2天	××酒店会议厅
	9月至10月	领导力培训	中高层管理人员	内部讲师	2天	培训教室

续表

培训类型	培训时间	培训内容	培训对象	培训讲师	培训时长	培训地点
委外培训	3月	内部控制及预算管理	财务人员	外聘讲师	2天	培训教室
	3月至4月	企业变革与文化	高层管理人员	外聘讲师	7小时	培训教室
	5月	非财务人员的财务管理	非财务人员	外聘讲师	6小时	培训教室
	5月至6月	PTT培训师培训	内部培训人员	外聘讲师	3~4天	培训教室
	6月至7月	公关礼仪	行政人员	外聘讲师	2天	待定

案例来源:http://www.docin.com/p-721551872.html.

(四)计划制订者的责任

年度培训计划制订者的责任是组织整个培训系统,其主要工作内容有五项。

1.员工培训与开发部的组织建设。培训部门必须结合组织设计部门进行培训组织的研究,并提出组织改善建议,包括培训部门架构调整、人员配备、考核管理体系执行计划等。

2.培训项目运作计划。培训项目组合是培训项目运作计划的基本表现形式,培训部门必须清晰地展示本年度都将举办什么培训项目、都有哪些类别、什么时间进行、谁主办、费用等资源要求,也包括课程子方向分解或细化等。这需要通过深度或专业调研来完成,一般要根据年度需求调查来进行调整决策。

3.资源管理计划。无论是培训项目,还是培训组织建设,都需要一定的资源保证,培训部门必须充分地考虑费用等资源,如课程体系、费用、讲师、外部顾问等,并对课程体系、讲师建设、教材开发、设施建设、费用投入预算等工作提出明确的方向。

4.年度预算。这不仅仅是费用数量要求,而且是费用管理执行策略,甚至包括费用管理制度的修订。年度预算要进行分解提报,例如差旅费、课程费用、教材费用等。

5.机制建设。这要求我们必须考虑如何推动组织建设,如何调动讲师积极性,如何督促学员的参训热情,如何保证培训质量,如何降低培训及培训组织成本。机制建设实际上属于年度计划里的政策规则,保证年度计划实施质量。

（五）年度培训计划制订的基本流程

年度培训计划的实施步骤可以根据组织的具体情况进行具体制订，大体上由以下几类步骤组成。

1. 前期准备。动员和宣传是这一阶段的主要工作内容，目的是引起企业全体成员对培训与开发工作的重视。

2. 培训调查分析研究。如前文所述，这包括内部访谈与收集信息、现况分析与策略思考、机制评价、资源评估、培训规划分解、组织高层培训工作意见等，甚至要统一召开培训系统会议来推动专项工作，展开培训需求调查。

3. 年度培训计划主体内容。这包括培训组织建设、项目运作计划、资源管理计划、年度预算、机制建设等方面的内容，需要有量化目标、具体行动方式、保证机制等。培训与开发须站在战略的高度，进行全盘考量，平衡内外训练资源，编拟培训经费预算，并进行效益预估与潜在问题分析。

4. 年度培训计划的审批及实施。总部培训管理部门整合年度培训计划，遵从一定流程获得审批后，下发各部门或机构进行传导，并督促其按照计划展开实施工作。

三、短期计划

短期培训计划是指时间跨度在1年以内的培训计划，如季度培训计划、月度培训计划。短期培训计划需要明确的事项包括培训的目的与目标、培训时间、培训地点、培训者、培训对象、培训方式、培训内容、培训组织工作的分工和标准、培训资源的具体使用、培训资源的落实、培训效果的评估。与中、长期培训计划不同的是，短期培训计划更注重可操作性和效果。

由于企业培训要求具有较强的针对性与实用性，培训学员的类别层次较为复杂，因此培训课程开发非常困难，企业在制订培训计划时会更加注重培训课程计划，因为好的课程计划会取得事半功倍的效果。

员工培训与开发的课程计划就是根据培训需求与培训对象特点对培训的课程目标、课程内容、教材、模式、策略、评价、组织、时间、空间、教师及学员等要素进行计划、组织和落实的活动过程。

它是在组织年度计划的基础上的细化，也是培训与开发目标的具体化和可操作化。具体包括课程名称、课程简介、授课方式、授课地点与时间安排、授课设备、授课要求、培训师介绍、受训部门和成员、考核方式和标准、授课经费预算、课程负责人、效果评估内容和方式等。

（一）课程设计与开发的特征和功能

我们可以利用一张表格，具体展现课程设计与开发的特征和功能（参见表6-2）。

表 6－2　课程设计与开发表

类别	内容	说明
特征	以教学能力为核心	突出能力训练，知识、理论是能力训练的补充
	以操作目标体系为框架	强化操作比重，淡化概念和推理，体现终身教育思想
	以满足共性与个性同步发展为主体	既要与培训目标、层次相适应，又要符合成人学员认知发展规律
	以便于评价管理为标准	既便于宏观管理，又便于微观管理；既体现规范性，又呈现灵活性
功能	"弹性适应"	灵活、不呆板
	"有效利用"	不仅要摆脱片面追求专业知识和片面强调单一技能的现象，也要解决课程设置不经济、不适应素质教育培训的问题
	"能动实施"	使教师发挥能动性，教学互动，教学相长，注重教学内容的综合性与及时性

培训课程是培训与开发管理的核心内容，课程设计与开发是培训项目目标实现的关键因素，它可以丰富培训项目的内容、增强培训项目的亮点、匡正培训项目的偏颇。好的课程设计直接决定了课程实施的效果。培训与开发管理之所以要做课程设计，是因为培训本身的主体和客体都具有能动性，通过科学的设计可以把课程内容集中到一个合理的范围内，讲深讲透、学懂学通，并能活学活用，立竿见影，达到预期效果。

（二）培训课程的组成要素

培训课程要素是构成课程系统的基本单元，具体可以概括为下述 9 个。

1. 课程目标：学习的方向和学习过程中各个阶段应达到的标准，如"了解""掌握""评价"等。
2. 课程内容：学科领域内的概念、原理、方法、程序、步骤、标准等。
3. 课程教材：课程内容的载体，包括所有学习内容的资料包。
4. 教学模式：学习活动的安排和教学方法的选择，好的教学模式能激发员工的学习动力，提高学习效率。
5. 教学策略：培训程序的选择和培训资源的利用。
6. 课程评价：评估员工对课程内容的掌握情况。
7. 教学组织：授课形式，主要包括班级授课制和分组授课制。
8. 课程时间和空间：课程时间与场地的巧妙安排及有效利用。
9. 培训教师和学员：培训课程的执行者和接受者。

（三）培训课程设计与开发的基本原则

培训课程直接服务于企业，它既是一种教育活动，又是一种生产行为，具有服务性、经营性、多元性、实践性、针对性、经验性、时效性和灵活性等特点，设置培训课程应体现以下三个基本原则。

1. 应符合组织和员工的需求。这是所有培训课程设计的基本依据，培训课程设计与普通教育机构学科课程设计有所不同。普通教育学科课程设计要把满足社会需求作为基本依据，以培养对社会有用人才为出发点；而培训课程对“效果”要求较高，必须以组织的发展需要为主、以员工的发展需要为辅进行课程的设计与开发，这样组织才能出资开发课程，员工才愿花时间去学习课程。

2. 应符合成人学员的认知规律。组织培训课程的对象都是成人，他们学习的目的性非常明确，因此课程内容、模式、方法、讲师、时间及地点等都要符合成人的学习特点，实用性要强。

3. 应体现企业培训功能的基本目标。培训是人力资源开发的重要组成部分，课程的设置要以人力资源开发为出发点，能对企业的人力资源管理系统起到辅助与促进作用。

（四）培训课程设计与开发的方法

有效的培训课程设计与开发应实施一定的策略和采用正确的设计方法，具体包括如下七项内容。

1. 培训项目计划。课程设计与开发的基础首先是要分析、吃透培训项目的目的、目标，确定培训项目的计划与内容。这要求做好以下三项工作。

(1)根据培训需求制订培训计划。培训需求是制订培训计划的基础和依据。只有掌握清楚了培训需求，再根据企业的发展阶段、发展方向与规划、员工的职业发展或其他潜在需求，才能设计出满足企业和员工需求的培训计划。

(2)根据培训计划拟订课程系列计划。根据培训对象的分类，设计课程系列计划。例如：培训课程的对象是新来的品检员，培训的目标是使他们正确认识并判断产品的质量标准。

(3)制订培训课程计划。培训计划是对某一个课程的详细描述，主要包括：课程主题的确定、培训范围的确定、学员的确定、课程开发费用的预算等。

2. 培训课程分析。培训课程分析是培训项目的调查和研究阶段，它的目的是确定学员必须掌握的、用来执行符合课程意图的分内工作的知识和技能。它应围绕以下两方面展开。

(1)课程目标分析。这包括：学员分析（学员的知识、技能、心理品质、能力素质及地域环境等），任务分析（岗位对员工的知识、技能及能力的要求），课程目标分析（通过培训课程，希望员工达到的知识、技能和能力水平）。

(2)培训环境分析。分析影响到培训的环境与条件，主要从实际环境、限制条件、引进与融合、器材与媒体可用性、先决条件、报名条件、课程报名与结业程序、评估与证明等方面进行分析。

3. 信息和资料的收集。确定培训课程以后，要收集与确定培训课程相关的信息和资料，可以在组织内部的各种资料中收集，也可以利用组织外部的渠道进行收集。可以咨询客户、学员和有关专家，也可以借鉴其他培训课程，如网络、杂志等，以完善和丰富课程内容。

4. 课程模块设计。具体包括课程内容设计、课程教材设计、教学模式设计、教学活动设计、课程实施设计以及课程评估设计等。

5. 课程内容的确定。课程内容的选择是课程设计的核心，应充分体现“缺少什么培训什么，需要什么培训什么”的根本要求，应着力把握好以下三方面。

(1)课程内容的选择。可以通过选择移植法、能力中心法、任务分析法来确定课程内容。

(2)课程内容的制作。可以按工作顺序安排；按知识系统安排；大分段与小分段——按知识传授与能力训练、考核内容要求安排；按不同层次的需要层层展开；相对独立、能分能合。

(3)课程内容的安排。课程内容的安排应由熟悉的到不熟悉的，由简单到复杂，由易到难，从某项技能的第一步到复杂的最后一步。

6. 课程演练与试验。课程设计完成以后，要对培训活动进行一次演练，让教师、受训员工提出自己的建议或意见，以保证培训活动能顺利进行。

7. 信息反馈与课程修订。根据培训师、受训员工提出的建议对演练中出现的问题进行修正，使课程设计更加完美。

总之，培训旨在拓展和深化员工的相关专业知识、增强业务技能、改善工作思维和态度，以适应工作对人的要求，最终以提高工作绩效，在促进企业持续发展的同时促进员工的个人发展。课程设计和开发只有符合科学的程序与原则才能设计出合理、科学、符合要求的课程，才能使培训活动发挥其真正的作用。课程设计与开发的内容远不止以上所阐述的这几个方面，其他诸如培训师的风格、人数控制、场地及设备使用等，都要进行周密的设计构思，形成配套、完善的课程系统。我们只有切实提高课程设计的专业能力和技术水平，做好培训课程的设计，才能从根本上保证培训目标的实现。同时，我们还应该认识到培训课程设计的严谨性和实用性。企业需要结合自己的实际情况，根据企业发展战略，对企业内部课程设计与开发进行全面的思考与进一步的探索，为企业的不同发展阶段设计与开发出更好的培训课程，为企业培养更多的人才，以实现企业的发展战略目标。

第三节 拟订员工培训与开发计划的依据与原则

一、拟订员工培训与开发计划的依据

(一)企业发展阶段分析

在拟订企业培训与开发计划前,首先要对企业的发展阶段进行分析,这是拟订培训与开发计划的重要依据之一。企业处于不同的发展阶段会对培训与开发有不同的需求,这一需求将直接关系到培训与开发计划的拟订,因此对于企业发展阶段的分析就尤为重要。

按照企业生命周期理论,企业发展一般会经历四个阶段:创业期、成长期、成熟期和持续发展期(或衰落期)。在创业期,企业组织和流程不正规,但大家高度团结,创业的核心人物能够对每个人施加影响,因此效率很高,企业面对的主要问题是市场和产品的创新。在成长期,企业业务快速发展,由单一产品转向多个产品线;人员大量增加,跨部门的协调越来越多,并越来越复杂和困难;企业面临的主要问题是组织均衡成长和跨部门协同。在成熟期,由于创新和创业精神的渐渐淡薄,企业组织和流程的僵化日趋严重,流程运作困难,效率低下。大部分企业由此走向衰落,也有极少数企业经过剧烈的业务变革,进入持续发展期,实现永续经营的追求。

所以,在拟订培训与开发计划之前,人力资源管理者应很好地了解企业状况,把握好企业的发展阶段,如此才能使培训与开发工作得以事半功倍。

(二)企业发展战略分析

企业发展战略是企业发展中长期计划的灵魂,是企业发展方向的纲领。企业要发展,定位很重要。定位是为了解决发展的方向、目标问题。企业发展要有正确的方向,归根结底,就是要对企业的发展战略进行分析。

而培训与开发计划的拟订就要从企业总体发展战略的全局出发,根据企业各种培训与开发资源的配置情况,对计划期内的培训目标、培训对象、培训的规模和时间、培训评估的标准、负责培训的机构和人员、培训师的指派等一系列工作进行统一安排。企业经过周密的调研分析后拟订适合企业发展、能够有助于企业达成其目标的培训与开发的规划。依据企业发展战略分析来拟订培训与开发计划对企业来说是一个双赢的局面。其一,这对管理层为实现切合实际的培训与开发计划起到了极大的指导性作用,使后来的培训工作有清晰的标准可遵守;其二,拟订培训与开发计划的同时也快速地推动了企业的长远发展,从而最终实现企业与员工共同进步,是企业获得发展的最根本手段。

(三)企业人员状况分析

对于一般企业而言,各员工的学历背景、工作经历、素质能力、岗位职级、实际工作业绩以及员工的个人生涯规划等情况各有不同,因此在拟订培训与开发计划时,就要求人力资源工作者能够根据不同员工的不同状况进行综合分析。这一分析将成为拟订培训与开发计划的依据,有助于为不同受训者设置更有针对性的课程,使不同层次、水平、等级乃至不同发展目标的人员按照不同的速度与方式去掌握知识和技能,还可以根据受训人员的时间、工作性质进行分批次的培训。

(四)企业投资收益分析

拟订企业培训与开发计划的重要依据之一是要确认公司将有多少预算用于员工培训。在不确定是否有足够的经费支持的情况下,拟订任何培训与开发计划都是没有意义的。通常培训预算都是由公司决策层决定的,但是很多情况下决策层都有一个误区,就是把培训当成是企业的成本而极力压缩培训经费。

事实上,培训与开发也是企业重要的资本投入,同其他资本的使用和增值一样,培训与开发必须要能在不同程度上直接同企业的效益增长相衔接。这就是说,企业培训与开发计划的拟订绝不能不计成本收益率,培训与开发计划不能无的放矢,培训与开发计划必须立足于解决员工的技能和观念同企业生产经营发展需要不相适应的问题。另外,不能将员工培训与开发看成是单纯的"非生产性费用支出",而应将其视为提高生产经营效益的必要的资本投入。开展员工培训与开发对企业最终效益的提高,远远大于其培训费用,那么这样的投入是具有很好的经济价值的。因此,企业可以依据投资收益分析,对每一培训与开发内容的设置、方式的运用、对象的选择进行详细的计划拟订,使培训与开发有利于培养造就一批优秀员工,有利于企业拔尖人才的迅速成长和提高。

二、员工培训与开发计划拟订的原则

(一)差异化原则

在拟订企业员工培训与开发计划时,只有考虑企业规模、发展阶段、行业特点、人员特点和课程性质,采取有差别的培训与开发的组织和管理方式,才能够使培训与开发的投入更有针对性和效率,从而产生更高的回报。

1. 基于企业规模的差异化进行培训与开发计划拟订。企业规模不同,企业培训体系的构建应有所差别。对于跨国企业,因为员工数量众多,在这样的情况下,建立企业大学就是一个相对经济的培训安排。从课程的安排来看,由于具有一定的经济实力和固定的生源，其核心课程的质量往往不错，有的甚至在培训界享有盛誉，不但开展内部培训，也接纳合作伙伴和社会的参训人员。例如，GE管理学院、惠普大学、西门子管理学院等都是其中的佼佼者，他们的培训组织中不仅有讲师，也有企业咨询顾问，能够深入地挖掘企业存在的问题，设计有针对性和有深度的管理课程。

对于全国性的企业来说，因为中国的地域辽阔，可能也会存在一个企业有数万名、数十万名员工的情况，对应这种情况，有的企业也设立了自己的企业大学，既满足自己的培训需要，也成为传播企业文化和品牌的重要手段，典型的如海尔大学、平安大学等。此外，也有部分企业导入了电子学习平台，建立了分级管理的培训体系，以适应众多员工、不同层级员工学习的需要。

对于中小型企业来说，应该不需要建立如此庞大的培训管理体系，而应有效借助于社会的培训资源，借助各种先进的网络、视频、卫星、电子学习手段，结合必要的外训和内训。

2. 基于企业发展阶段的差异化进行培训与开发计划拟订。如本书前文所述，企业的发展阶段不同，所采用的培训与开发体系也应有所不同，突出的表现在课程体系的设计方面。

对于起步期的企业，业务的特点还没有明确，员工对业务相对比较生疏，培训与开发的重点首先应当是与业务密切相关的知识、技能，且要考虑培训与开发的低成本和高效益。

对于快速成长期的企业，业务规模迅速扩大、业务地域迅速扩张、人员数量迅速增加。这时的企业面临控制的问题，即如何使企业在快速扩张的同时不失控且相对有序，这是管理层的根本诉求。因此，这一阶段的培训与开发应围绕如何提高中基层干部的管理能力而开展工作。在强调业务培训与开发的同时，基础管理技能的培训显得尤为重要。

进入稳定期的企业，企业规模变大，业务增长放缓，进入相对平衡期。这时的企业，要考虑的是如何形成核心竞争力。因此，有两类培训对于企业最重要，一是有利于增强自身核心竞争力的培训，二是有利于使管理更加规范、有效、受控的培训。

对于处于战略变革期或衰退期的企业，其面临的问题是如何重拾升势，如何重新焕发组织活力。由此，培训的重点应当是变革意识、创新能力，培训应当有助于企业思考现状，实现突破。

3. 基于人员特点的差异化进行培训与开发计划拟订。员工的构成情况不同，培训的组织和设计也应当有所不同。在以年轻员工占主导的企业，员工的观念、意识比较超前，接收的信息比较广泛。这时的培训课程设计就不能再是简单的“填鸭式”，而是应当抓住员工的兴趣和热点，组织一些趣味性高的培训项目，如沙盘模拟、拓展训练、游戏等，寓教于乐，将深奥的观点寓于丰富多彩的培训活动之中。

对于异地员工较多、工作压力较大的企业，其在开展传统培训的同时，也应搭配开展一些书法、瑜伽、电影欣赏等方面的生活情趣课程，丰富大家的业余生活，舒缓紧张、孤独的情绪。

（二）实用性原则

对于企业的培训与开发工作来说，其在拟订培训与开发计划时，如果培训与开发计划的实用性差，那么培训与开发的效果就无从谈起。因此，提高拟订培训与开发计划的实用性是确保培训与开发效果的重要保障。

要真正做到提高培训与开发计划拟订的实用性，首先要确保作为培训与开发计划拟订的控制者思路清晰，掌握管理控制的基本思路。就像一位出租汽车司机一样，乘客上车之后，第一步要明确：到哪里去；第二步要明确：我现在何处；第三步是检索：有哪些方式可以到达目的地；第四步是检讨：哪种方式是最佳选择，现在走的是不是这条路，如果不是，立即进行调整；最后一步：调动各种能力以最高的效率到达，并预防可能出现的事故。

因此，为了确保培训与开发计划拟订的实用性，在拟订计划时，要注意以下几点。

一是直接接触培训对象，主要和受训者沟通五个方面：告知培训详细情况、消除负面排斥因素、综合不同意见、了解特殊要求、强调培训纪律。

二是培训顾问的选择，即一定要对顾问有全面的了解，方式有很多种，例如：可以通过他的客户了解口碑，观看他培训过的课程视频了解风格，顾问对企业所处行业是否有足够的了解，对企业的实际需要的了解程度如何等。

三是培训工具的应用，应用工具通常有资料类工具及设施类工具。这些工具的应用，会直接影响受训者的听觉、视觉和心理等方面，极有可能影响培训的最终结果。资料类的工具尤其重要，这要求培训内容详细且具有逻辑性，与培训讲师的授课思路一致，印刷清晰，装订精致，大小便于携带等。在网络时代，利用手机进行培训，已成为企业普通的做法。设施类工具应用会对课程气氛起到适当的调节作用，也会对受训者与培训讲师之间的沟通有很大的帮助。

四是选择安静舒适的培训环境。

五是检查培训课程的编排顺序、内容以及课程的时间分配是否合理。

六是对培训与开发计划拟订的基本常识有足够的了解，避免出现外行领导内行的局面。

（三）效益最大化原则

有这样一组对比数字：国际成功企业每投资 1 元钱于员工培训，就能带来 2 000元钱的收益。培训投资回报率高达 1∶2 000。但是，并不是每个企业都能在培训与开发上获得如此丰厚的收益,所以作为人力资源工作者,在培训与开发计划拟订时要充分考虑培训与开发计划实施后是否能够带来效益最大化,投入产出是否成比例。

基于效益最大化原则的考虑,在拟订培训与开发计划时,人力资源工作者应明白:培训与开发计划的拟订要结合企业的实际需要,将培训的结果与企业认为最重要的目标或实际的经济活动联系起来,其根本目的就是要找出员工在培训后所带来的绩效增长指标,然后将这些指标做具体量化的比较,从而总结出受训人员的满意程度及追求的增值意义。所以,我们必须将培训与开发计划的拟订上升到"策略"的层面进行谋划,在拟订培训与开发计划时,要广泛地听取各部门员工以及管理层的意见,以使得信息渠道拓宽、培训与开发计划具体可行。

如果以"生意"的思维整合培训与开发计划拟订的过程,这正是人力资源工作者在培训与开发工作中需要转型的新思维。必须像生意人一样,不仅要考虑我们的顾客(受训者)的满意程度,要为他们带来价值,而且要考虑成本、考虑运作的系统和程序是否可靠。只有如此,才能确保培训与开发计划的实施能够为企业带来最大收益。

☞ 案例链接　从培训成本分析看培训重点与效益最大化[①]

美国智越咨询公司(Achieve Global)作为全球最大的专业培训公司之一,《财富》杂志全球500强企业中有463家目前是智越咨询公司的客户。智越公司于1992年进入中国,为中国企业服务已有10年。最近,智越咨询公司成功地帮助一个客户弄清了培训的真正费用,也协助他们看清了究竟应该把重心放在哪里才能够使投资于培训上的钱产生最大的回报。

首先我们来分析雇用一个职业销售人员一年的真正开销:平均薪水加上该领域的福利,一个销售员的大约收入是190 000美元,包括直接薪水、保险、股票、税金和其他州级、政府级的费用。除此之外,还有间接开销,包括汽车、保险、房屋、其他供应品、必需品、商务旅行以及娱乐等费用。再加上公司招聘费用、培训、岗位调整的开销。这几项合计起来,一年还有40 000美元的另外开销。

与销售人员相关的还有一部分很大的费用是技术支持部门的巨大开销。我们所共事的大多数公司都有技术支持部门(设计、系统工程、技术项目咨询等),因为他们的客户有很少或没有这方面的支持。这些部门的支出在许多情况下只是销售成本的一部分。大多数的客户同意一年用于支付一个工程师的

---

① http://www.hztbc.com/news/news_5196.html.

费用要超过 200 000 美元。假设将开销的 1/4 用于对销售人员的支持,则为 50 000美元。

根据这一分析,在这个市场中,雇用、培训、支持、维系一个销售人员的总开销为 280 000 美元。当然,这个数字是很保守的,因为我们的许多客户的这一数字是介于 350 000 至 400 000 美元之间。

如果按美国公司一年工作日 225 天,则每天一个销售人员的开销大约是 1 350美元。

一、计算 3 天培训的间接费用

我们可以计算出,假设一项 3 天的培训课程外加 1 天的路途时间,该销售人员的直接开销是 5 400 美元。

直接的旅行开销是每张机票 400 ~ 1 600 美元,平均一天的就餐费为 75 美元。三晚的平均住宿费用加上税金为 400 美元。每天每人的会议开销是 35 美元。其他费用(出租车、小费、电话)为 25 美元一天。所以每人的旅行和住宿的花费总和是 1 600 美元。

把这些加到直接开销中去,每人参加一项 3 天培训的开销是 7 000 美元。

800 美元和 1 200 美元培训课程的区别是什么?

公司培训部的组织人员每天开销约 1 600 美元,同受训人员基本一致。培训部领导的一天费用为 1 500 ~ 2 500 美元,3 天培训总开销为 7 600 美元。把这些费用平均到 18 个人的小班上是每人开销 422 美元。把这一费用加在 7 000 美元基础上可得 7 422 美元。

在分析 800 美元和 1 200 美元的培训课程的区别问题时,仅仅在上面的基础上加上本身的开销,则分别得到 8 222 美元和 8 622 美元。

二、如何比较培训投资的回报

比较培训投资的回报是培训投资非常重要的一个环节。在专业机构所做的两项研究中,我们发现在销售领域的培训可以有以下 5 个方面的影响。它们分别是:

(1)完成的销售是在没有接受培训时不可能做到的。

(2)即时结束某项销售,从而减少公司损失。

(3)扩大销售规模,从而扩大公司的收益。

(4)赢得销售边际利润,增加公司收入。

(5)确定放弃该商业"机会"较有利。

所有这些情况都受个人经验的影响。有些是很容易解决的,像提高边际利润;有些几乎是不可能做到的,像放弃销售。咨询机构认识到培训课程对每个参与者的公司可以产生不同的影响。

对部分培训客户的研究表明,通过销售培训,销售额达到 350 万美元,客户创造了 70 万美元的利润,而平均每位参与者的开销是 8 622 美元。这样的一个培训,投资回报是非常明显的,在这当中,培训课程是 800 美元还是 1 200 美元,它的区别不是最关键的,最根本的问题是培训的投资回报问题。

课堂讨论:请就本案例进行完整的培训与开发投资收益分析。

(四)以人为本原则

随着市场经济的不断完善和企业管理的日趋成熟,人在企业发展中的决定作用已被越来越多的企业所认识。这就要求企业人力资源工作者在拟订培训与开发计划时要树立以人为本的理念,创新和优化培训与开发工作,这样才能更有力地提升企业的核心竞争力和综合实力。

以人为本的培训与开发计划拟订,即根据本书上文所述的差异化原则,针对不同的对象拟订不同的培训内容,充分调动员工主动学习的积极性,达到提高员工整体素质的目标。例如,对各级管理人员,要着重进行理论修养水平、管理创新、组织协调、解决问题能力的培训,并为他们提供深入基层学习、实干的机会,以提高他们的综合素质;对专业技术人员,首先要进行专业理论知识培训,然后结合实际工作开展现场培训,系统地提高专业技术人员的业务技能;对新员工的培训,要让他们了解企业文化、规章制度,并通过一线实习和岗位实习,掌握一定的岗位技能、熟悉部门运作流程,为今后更好地开展工作打下基础。

坚持以人为本的原则,还要在企业中帮助员工树立爱企、爱岗、立业的理想信念,将企业目标与个人理想有机地结合起来,充分激发员工的创造力和聪明才智。因此,在进行企业培训与开发计划拟定的过程中,除考虑采用传统的集中学习方法外,还可以运用文艺表演、知识竞赛、有奖竞答等形式,增强培训与开发的生动性。另外,还可以引进目前盛行的以构建企业和谐团队等为主题的封闭式培训方法,帮助员工树立正确的人生观,努力营造一个"尊重知识、尊重人才"的氛围,通过加大培训宣传力度,让培训与开发的任务、目的、意义深入人心,营造一个人人能学习、人人爱学习的氛围,使尊重人才、渴望成才蔚然成风。

☞ **案例链接　以人为本:爱立信中国**①

爱立信公司是生产通信产品及相关设备的跨国公司,在全世界 130 多个国家设有分公司。

① http://wenku.baidu.com/view/ec78024ef7ec4afeo4a1dfba.html.

爱立信于20世纪90年代初期进入中国,发展异常迅速。正像很多大的跨国公司一样,爱立信也十分重视在中国的发展。随着爱立信产品在中国市场的推广和畅销,培训客户及本公司员工变得越来越重要。因为通信产品是高技术产品,我们平时见到的手机只是其中一个终端产品,与之相配套的有一系列大型、小型交换机及计算机管理设备等。每开通一种设备,都要有相应的技术维护人员,客户对爱立信培训的要求也越来越迫切,爱立信北京培训中心正是在这种情况下于1994年成立的。

在北京培训中心成立之前,中国客户的培训都要在国外的爱立信培训中心进行,即使是爱立信本身的员工培训也要在国外进行。这对客户和爱立信中国公司来说都是一笔昂贵的费用。爱立信北京培训中心成立后,大大缓解了这种矛盾。

爱立信北京培训中心成立之初,只有约1 000平方米的教室及办公室,没有自己的教师,所有的培训课都请爱立信其他培训中心的教师来讲,因为只有得到爱立信瑞典培训中心资格认证的教师才能讲授各类技术课程。这引发了两个问题:一是外请教师的费用较高;二是教师用英语授课,难以满足中国客户的要求。于是,爱立信北京培训中心开始招聘培养自己的教师,逐步实行教师本地化。到1997年,爱立信北京培训中心已有办公及教学面积2 000平方米,教师40人,运作支持人员23人,很大程度地满足了客户和本公司员工对技术培训的需要。到1997年年底,共完成上万名学生的培训任务。

多年来,爱立信在电信及相关设备供应方面一直居世界领先地位。爱立信在中国和世界范围取得成功的关键环节之一是其能充分调动员工潜力,重视员工与客户的培训。

一、健全的培训组织

爱立信中国公司的大多数培训工作目前主要集中在爱立信北京培训中心进行。

课程发展部的主要功能是讲授爱立信的各类培训课程。这些培训课程有明显的阶梯、明确的课程顺序,以确保课程体系的完整和课程质量。

课程中按课程类别进一步分组,每组有1名组长。课程发展部共有26名教师,1名部门经理,1名设备支持人员,负责调试所有教学实验设备。

市场部的主要工作是开发培训市场,组织和协调培训。简单地说,就是把爱立信的培训课程卖出去,反馈用户信息,使课程设置更适应中国市场的情况。市场部包括经理在内共有4人,覆盖了中国所有区域。

行政部按照培训课程进一步划分为3个小组,行政组负责培训课程的所有行政工作,包括在公司内部网上发出培训计划、提供学员名单、发结业证书等。

顾客服务组的主要工作是提供住宿、饮食、礼品等，由1个人负责。另外，行政部还有1名司机，2名清洁工。

二、员工的培训计划与过程

每年年初，根据市场部的需求预测及课程发展部的课程安排，公司会制订全年的培训计划，内容包括课程名称、时间、费用和名额等。爱立信中国公司有一个Intranet网，行政部把这一年的培训计划放在Intranet网上，全公司的每一个员工都可以上网查询。各分公司及各个部门根据自己的预算及员工培训计划安排全年的培训计划。每年每个员工和部门经理有一至两次的“个人发展计划”谈话，部门经理根据员工的个人要求和本部门的情况安排员工的培训计划，所以说爱立信公司员工个人能力的培养，50%的责任在公司，50%的责任在员工自己。爱立信培训中心一旦发出新的培训计划，员工就可以根据与经理一起讨论的培训安排去培训中心报名。

爱立信培训中心收到员工报名表后，行政部根据课程安排给员工发一份邀请函，其内容包括课程名称、时间、地址、费用及有关规划，包括最迟在课程开始前一个月内允许取消课程等，否则，即使你没来上课，也会收取费用。

爱立信培训中心放在Intranet网上的培训计划每月更新一次，更新的主要内容有：通知员工哪个课程已经报满，哪个课程还有席位，又增加哪些新课，等等，所以爱立信的员工每月月初都十分关注更新的培训计划，以安排自己的时间，力争在一年内完成自己的培训计划。

爱立信培训中心规定，理论课最少人数不低于16人，最多人数不超过24人，实验操作课最少人数不低于6人，最多不超过8人。控制人数既可防止课程赔本，又可保证教学质量。在课程开始前一个月，如果发现有的课程报名人数还不够，行政组将在Intranet网上发布培训公告，请大家尽快报名，一般会收到很好的效果。

培训课程结束后，行政部根据考勤和考试情况给学员颁发爱立信专用证书，一般规定出勤率90%以上才有资格领到证书。

课堂讨论：试从多角度总结爱立信中国的培训机制从哪些方面体现了以人为本。

（五）创新性原则

当前多元化的市场竞争要求企业的培训与开发计划拟订工作要做到有所创新、有所突破。人力资源工作者应根据企业现状及发展目标，系统制订各部门、岗位的培训与开发发展计划。要根据每个人的职业生涯设计为每个人制订个性化的培训计划，搭建个性化发展的空间，为员工提供充分的培训机会。

企业在进行培训与开发计划拟订的过程中，应充分考虑尽快建立学习型组织，除了持续有效地开展各类培训外，更主要的是要贯穿培训与开发计划拟订以人为本、提高员工素质的培训思路，建立一个能够充分激发员工活力的人才培训机制，通过各种手段在企业内部建立起员工自发学习的组织氛围，帮助员工建立起"终身学习"的观念，培养员工自我提高的能力，通过员工自身价值的提升，促使人力资源增值，企业才能在各方面有所突破，保持高速稳定发展。

本章小结

在进行企业员工培训与开发计划拟订之前，我们需要首先了解培训与开发计划拟订的具体内容，应全面了解培训目的、培训负责人和培训讲师、培训对象、培训时间、期限、培训内容、培训场所以及培训方法。在此基础上，才能够拟订出科学合理的培训与开发计划。本章进一步说明了企业员工培训与开发计划的种类，依照培训时间长短不同可分为长期计划、中期计划和短期计划，其中重点提到了年度计划和课程计划。不同的培训与开发计划类型以及针对性各有不同，企业可依照自身的实际情况选择培训与开发计划的种类。此外，企业员工培训与开发计划的拟订应做到有据可循。本章强调了培训与开发计划应依据企业发展阶段、企业发展战略、企业人员状况以及企业投资收益等具体情况进行拟订，同时应遵循差异化、实用性以及收益最大化原则。只有把握好培训与开发计划拟订的依据和原则，才能做出科学合理的培训与开发计划。

重要概念

员工培训与开发计划、员工培训与开发计划种类、员工培训与开发原则

复习思考题

1. 员工培训与开发计划拟订的六要素是什么？其具体内容有哪些？
2. 在拟订员工培训与开发计划时需要遵循的一般性原则有哪些？
3. 员工培训与开发计划拟订的依据有哪些？
4. 员工培训与开发计划可分为几种？这几种分类有何不同？

应用案例

恒伟公司的员工培训计划[①]

恒伟股份有限公司是国内知名的大型家电生产厂家,其代表产品恒伟微波炉除在国内市场上占有很大份额以外,还远销到欧洲、非洲、东南亚等地。公司进行股份制改造后,现有人员3 400人左右。自公司股票公开上市以后,公司的发展非常迅速。1997年年底,公司与中国科技大学商学院合作,对组织结构进行了重新设计,从各个管理岗位上精简下来200多人,使得机构更加富有效率。1998年,公司又与中国科技大学商学院合作,研究公司下一步人员培训该如何做的问题,其目的是将公司建成学习型组织,将公司的发展建立在人员素质的普遍提高之上。目前国内微波炉行业的竞争已经白热化,几家大型微波炉厂家竞相角逐。如何在未来获得竞争优势,是每个微波炉厂家都面临的课题。恒伟在进行ISO9001认证前后已进行了多年的培训,并对部分管理人员进行了MBA的课程培训,但公司总感到已有的培训效果不理想,培训总是缺乏主动性,常常跟着业务变化及公司大的决策变动而变化,计划性较差,随时性和变动性很大。而且公司也感到将来竞争优势的取得要依靠人员素质的大幅度提高,同时在公司的经营与发展中也遇到了一些现实的问题,希望能够通过培训加以解决。有鉴于此,公司决定开展为期三年的公司全员大培训。

一、公司已有培训体系与人员结构

(一)公司的三级培训体系

- 一级培训。

内容:具有共性的培训。

具体任务:①新员工进厂培训;②整个公司计划进行的培训(a);③二、三级培训做不了的培训;④关键岗位培训(b)。

组织者:公司的人力资源部。

培训量:大。

师资:由人力资源部统一任命,比较规范。

- 二级培训。

内容:对本部门或本分厂所涉及的专业技术进行培训,包括岗前、岗中、岗后培训。

具体任务:①本部门系统的人员工艺、技术培训;②公司下达的培训任务;

---

① http://wenku.baidu.com/view/caad2028bd64783e09122b15.html.

③职工的岗前培训。

组织者:各部门、各分厂。

培训量:中。

师资:师资选择没有很规范,稳定性较差。

- 三级培训。

内容:重点是针对作业工人进行的培训。

具体任务:①一般人员的上岗培训;②公司下达的培训任务。

组织者:各部门、各分厂。

培训量:小。

师资:师带徒,规范性就更弱。

种类:各级培训都有基础培训与提高性培训,并进行不同形式的考试与考核。有些培训在公司内部做不了的或者国家规定必须到指定机构进行培训的,则由公司派出学习与培训。

教材:部分是公司自己编写的,部分是采用外部的。公司自编教材更新速度不够快,而采用外部的教材,则因各个教师的取向而定,相互之间差异性比较大。

注:(a):如公司 1997 年年底进行的管理人员的微机培训、领导干部讲座等。

(b):主要是指一些特殊工种的培训,包括锅炉房人员、配电房人员、污水处理站人员、焊工、叉车司机、电梯开启人员等。

对公司已有的培训体系有以下说明:

(1)培训计划的制订。每年年底由各部门、各分厂及车间分别上报自己下一年度的培训计划,由人力资源部汇总,并根据公司整个培训的资源与发展需要而进行一定的调整,从而制订出下一年度的培训计划。但在执行培训计划时,还会根据公司业务经营的需要而进行适时的调整与改变。

(2)公司还与安徽大学合作,建立恒伟经济学院与恒伟未来学院,该学院每年都要为公司进行人员培训,尤其是对中高层管理人员的培训。

(二)恒伟公司人员分布

- 公司决策层 9 人(公司一级领导)。
- 公司中层管理人员 132 人(公司各职能部门管理骨干与管理人员)。
- 车间主任 26 人(各车间的正副主任)。
- 车间班组长 99 人(各车间的正副班组长)。
- 车间管理人员 27 人(车间里的事务性管理人员)。
- 科技人员 114 人(研究所的研究人员与车间的技术员)。
- 销售人员 340 人(销售公司的人员及内勤 50、外勤 290)。

- 售后服务人员 91 人(维修人员及内勤 50、外勤 41)。
- 一线生产工人 2 395 人(生产线的工人)。
- 重要辅助技能岗位 242 人(锅炉、计量、焊工、叉车司机、污水处理等)。

合计:3 475 人。

二、公司已进行的培训

在过去几年中,恒伟已进行的主要培训有四类。

第一,围绕 ISO 9001 的实施与达标认证,公司对全体人员进行了有关质量保证与质量管理体系的培训,并针对每个岗位的要求进行了技能培训。而且因为 ISO 9001 要求培训的持续性,以保证体系的不断提高与完善,所以公司每年都为实施 ISO 9001 而进行了较多的培训。

第二,新员工进厂培训。每年新分进来的大学生与从外单位调进来的人员,都要接受进厂培训,时间大约为两个星期,内容包括恒伟文化、恒伟精神、恒伟概况、微波炉基本知识、规章制度等。然后是到各个岗位上进行实习培训。实习培训由实习单位组织进行,这种培训直接为新进人员上岗工作服务,通常与其将从事的工作密切相关,大部分人员的实习岗位就是将来工作的岗位。

第三,公司 1997 年年初抽调了几十名中层管理人员进行 MBA 课程培训,这一培训是由人力资源部组织与管理的。

第四,配合公司管理中引入电脑的举措,在公司的管理层进行了普遍的电脑培训。

三、公司已有培训存在与面临的问题

公司已进行的培训存在和面临着一些问题,主要有如下几个。

第一,公司因政府安排而兼并了安徽塑料二厂,其 800 多名职工也就进了恒伟,恒伟将他们安排到各个部门与车间。由于这些职工过去在塑料二厂的有效工作时间每天不到 4 小时,而进入恒伟后每天要正正规规地工作 8 小时,这样他们就有些不适应。公司中部分车间管理人员在管理方法上又比较简单,造成部分新进入的职工思想产生波动,同时对原公司职工的思想也产生了冲击。此外公司又在昆明兼并了一家企业,开出了一条生产线,这样在本部之外又有了一个生产地点。公司打算对这些新进入公司的人员进行系统而有效的培训,以使这些人员完全融入恒伟的文化之中。

第二,公司的生产工艺设计与规定都很完备,但工艺方面的问题还是时有发生,给企业带来较大损失。公司的生产是流水线作业,工艺已经成熟,对每个职工的作业要求不是太高,关键是工艺的贯彻和工作责任心问题。而在一线工人的调查会上,有的工人认为自己的工作很忙、很累,有的工人认为业余文娱活动太少,有的工人认为他们的积极性与主动性还没有完全发挥出来。

此外,一线职工中正式工对车间管理人员将他们与临时工一样看待有想法。临时工都是农民,没有什么技术,主要就是体力好,而正式工有一定的技术,要正式工与临时工一样干体力活他们认为不是很妥当。公司希望利用培训与教育来解决这些问题。

第三,中层管理人员工作繁忙,经过上次组织结构的重构,每个部门的人员大大精简了,提高了办事效率,但同时也使每个人的工作量增加了,各个岗位都是“一个萝卜一个坑”。这对于他们进行培训来说是一个难题,即培训与提高没有时间进行。例如,公司在 1997 年年初抽调了几十名中层管理人员进行 MBA 课程培训,因为他们都是各部门的骨干,所以很多人常常没有时间参加,效果自然也就不理想。公司对管理人员进行培训还面临一些其他困难:部门之间的工作职责与人员的专业都不一样,放在一起培训,缺乏培训的针对性;单独培训又因每个部门的人员较少而造成培训成本太高。这是对中层人员进行培训所遇到的另一个难题。

第四,销售人员常年在外且分散于全国各地,一部分是由公司其他部门与岗位转过去的,这些人对公司的文化有一定的认同感。另一部分人则是进入公司后直接进入销售岗位的。这部分人大多是大学毕业后进入企业的,也有的是从别的企业或公司转过来的。他们进入公司以后,一般只接受一个月的业务培训与恒伟文化的教育,就被派往全国各地。他们对恒伟还没有深入的体验与认识,对恒伟文化的认同还比较淡,再加上常年在外,基本上很少回来,因而缺少对恒伟本部深入了解与感受的机会。销售人员工作地点非常分散,一个省常常只有七八个销售员,每个人要管很大一片地方,很难抽身回来接受公司的培训;而他们在市场上又会遇到许多问题,如竞争对手新的竞争举措、经销商的变化、银行改制等,他们需要学习新的知识与技能,但公司又不能将他们拉回来集中培训。这就使一些问题反复出现而得不到解决,如有的问题在同一个地方反复出现,有的问题在此地解决了,在彼地又出现。另外,一些老的销售员在外面时间一长,养成了一些不好的工作习惯,还有些销售员则有一些思想问题,觉得自己付出很多,公司却没有给他充分的回报。这些问题没有及时得到解决,不仅影响了老的销售员的工作,而且对新的销售员也产生了不好的影响。

第五,技术人员分为两部分,一部分在技术研究与开发部,另一部分则分布在车间里,是车间的技术员。研究与开发部的技术人员重在研究与开发,而车间技术人员重在解决车间里的技术问题,两类人员还会相互流动。对这两类人员的培训该不该有所区别呢?此外还有新、老技术员培训的差异问题:老的技术人员中很多已经接受过培训,但需要提高;新进来的技术人员则需要从基础的东西开始进行培训。

在过去的培训方法中,有的是请国内的专家来交流,但效果不理想;有的是派人员到外面培训或者到国外学习,但人员又不能太多。这就使得技术人员下一步的培训困难较大。

第六,公司的一线职工有正式工与临时工。临时工的聘用季节性较强,他们大都原是农民,流动性较大,培训了很长时间,弄得不好他们走了,前面的培训也都白费了。所以现在的办法是对他们进行很短的进厂培训,然后放到车间由车间进行岗位技能培训和上岗学习。实际情况往往是公司培训了一批农民工,其中一些已经成为熟练工,但他们的稳定性较差,流走以后,对公司造成了一定的损失。这是下一步培训所必须解决的问题。

第七,对成批进来的人员可以集中培训,但对分散的、零星进来的人员却不能对他们进行及时培训,只能等人员凑到一定数量以后再集中进行进厂培训。这会产生有些人进厂以后很长时间对企业都不甚了解的情况。由于过去的培训系统性不强,效果不理想,计划常常因情况变化而变化,没有形成一个培训方面的有效制度,激励与监督机制也没有建立起来,培训往往有走过场的味道,培训完了就完了,没有看到效果。到底怎样培训才能收到理想的效果,一直是困扰公司的难题。

问题:

1. 各部门人员的培训内容将怎样体现出三年培训的层次性与针对性?
2. 如何激励各类员工参与培训的积极性和提升培训效果?

第七章

员工培训与开发计划实施

★ 课前提示 ★

计划再完美,没有落实到行动上也是一场空。所以,企业在员工培训与开发计划拟订完成之后,就进入实施阶段了。本章将介绍员工培训与开发的实施者、培训与开发实施过程中应注意的问题和提高实施的有效性。

第一节　员工培训与开发的实施者

一、实施培训与开发计划的意义

(一)确保计划实现

“纸上得来终觉浅,绝知此事要躬行。”计划制订得再完美,也一定要付诸实施才会产生作用。培训的整个过程包含了培训需求分析、培训目标制定、培训计划拟定、培训实施和培训评估五个环节。这五个环节环环相扣,缺少任何一个环节都将导致培训管理活动的失败。其中,培训实施环节是重要的一环。培训的实施可以使员工对于自身知识、技能、观念、思维、心态进行调整和更新,以适应岗位需要,提升自身胜任力。

☞ 案例链接　杜邦公司的成功培训①

作为化工界老大的杜邦公司在很多方面都独具特色。其中,公司为每一位员工提供独特的培训尤为突出。因而杜邦的“人员流动率”一直保持在很低的水平,在杜邦总部连续工作30年以上的员工随处可见,这在“人才流动成灾”的美国是十分难得的。

杜邦公司拥有一套系统的培训体系。虽然公司的培训协调员只有几个人,但他们却把培训工作开展得有声有色。每年,他们会根据杜邦公司员工的素质、各部门的业务发展需求等拟出一份培训大纲。上面清楚地列出该年度培训课程的题目、培训内容、培训教员、授课时间及地点等。并在年底前将大纲分发给杜邦各业务主管。根据员工的工作范围,结合员工的需求,参照培训大纲为每个员工制订一份培训计划,员工会按此计划参加培训。

杜邦公司还给员工提供平等的、多元化的培训机会。每位员工都有机会接受像公司概况、商务英语写作、有效的办公室工作等内容的基本培训。公司还一直很重视对员工的潜能开发,会根据员工不同的教育背景、工作经验、职位需求提供不同的培训。培训范围从前台接待员的“电话英语”到高级管理人员的“危机处理”。此外,如果员工认为社会上的某些课程会对自己的工作有所帮助,就可以向主管提出,公司就会合理地安排人员进行培训。

为了保证员工的整体素质,提高员工参加培训的积极性,杜邦公司实行了特殊教员制。公司的培训教员一部分是公司从社会上聘请的专业培训公司的教师或大学的教授、技术专家等,而更多的则是杜邦公司内部的资深员工。在杜邦公司,任何一位有业务或技术专长的员工,小到普通职员,大到资深经理都可作为知识教师给员工们讲授相关的业务知识。

课堂讨论:如果没有培训的实施,杜邦公司的培训体系还能如此有效吗?

(二)实施本身是一个检验

培训的实施,不仅对于培训需求分析、目标制定以及培训计划拟订是一个前后衔接的必要组成,而且也可以反映出实施过程中存在的问题。因此,只有实施了培训,才能暴露出整个培训系统中存在的不足。

① http://wenku.baidu.com/view/8ce7d4d6c1c708a1284a4487.html.

☞ 案例链接 RB 制造公司的糟糕培训[①]

RB 制造公司是一家位于华中某省的皮鞋制造公司,拥有近 400 名工人。大约在一年前,公司因产品有过多的缺陷而失去了两个较大的客户。RB 公司领导研究了这个问题之后,一致认为:公司的基本工程技术方面还是很可靠的,问题出在生产线上的工人身上,质量检查员以及管理部门疏忽大意、缺乏质量管理意识。于是公司决定通过开设一套质量管理课程来解决这个问题。

质量管理课程的授课时间被安排在工作时间之后,每周五晚上 7:00 ~ 9:00,历时 10 周,公司不付给来听课的员工额外的薪水,员工可以自愿听课,但是公司的主管表示,如果一名员工积极地参加培训,那么这个事实将被记录到他的个人档案里,以后在涉及加薪或提职时,公司将予以考虑。

课程由质量监控部门的李工程师主讲。课程主要包括各种讲座,有时还会放映有关质量管理的录像片,并进行一些专题讲座,内容包括质量管理的必要性、影响质量的客观条件、质量检验标准、检查的程序和方法、抽样检查以及程序控制等。公司所有对此感兴趣的员工,包括监管人员,都可以去听课。

课程刚开始时,听课人数平均 60 人左右。在课程快要结束时,听课人数已经下降到 30 人左右。而且,因为课程安排在周五的晚上,所以听课的人员都显得心不在焉,有一部分离家远的人员课听到一半就提前回家了。

在总结这一课程培训的时候,人力资源部经理评论说:"李工程师的课讲得不错,内容充实,知识系统,而且他很幽默,使得培训引人入胜。听课人数的减少并不是他的过错。"

课堂讨论:

1. 你认为这次培训在组织和管理上有哪些不合理的地方?

2. 如果你是 RB 公司的人力资源部经理,你会怎样安排这个培训项目?

(三)员工受益的过程

在员工的整个职业生涯中,培训对于员工来说,是一个自我提升和成长的重要部分。如果培训仅仅停留在计划拟订阶段,对于员工来说没有任何意义。因此,培训必须付诸实施才能使员工真正受益。成功的企业一般都拥有一个完善的培训体系,好的培训对员工会产生极大的吸引力,满足员工的需要,有效降低员工离职率。

① http://wenku.baidu.com/view/e3f82b8dcc22bcd126ff0c11.html.

☞ 案例链接　联邦快递特色培训①

每一位进入联邦快递的员工都会发现：培训是生活和工作中不可缺少的一部分——你的笑容、仪表、举止，说话的轻重缓急都会得到专门的训练。另外，道德操行方面，公司也有一整套培训测评。

受训员工被要求递送一件客人急需的物品，途中目睹了"车祸"（事先设计的）。先去送物品，还是先把受伤者送往医院？如果简单地选择了前者而置受伤者于不顾，你可能会"不及格"甚至"下课"。如果你妥善处理了受伤者，又想别的办法把物品及时送到客户手中，你就可能得"满分"——这是联邦快递人力资源主管告诉我们的一个关于培训的小故事。

培训是没有贵贱的。即使最普通的员工，每年都能得到 2 500 美元去读书，每个速递员在递送第一件物品前，都要接受 40 个小时的"刚性"培训。

联邦快递亚太区副总裁陈嘉良先生说，速递行业的饭不好吃——全球快递业的前 15 名已有 13 个进驻中国，中国邮政手里还捏着"特快专递"这张王牌，中国递送业的开放之门还半开半掩。市场竞争如此白热化，而联邦快递却能业绩骄人，成为"领跑者"，靠的就是"人性化服务"。

服务人性化，靠的就是人和其心智。而这些很大程度上是能通过培训得到的。

联邦快递公司在中国的本土化程度相当高，在中国 600 名员工中，外籍人员不足 10 人。陈先生感慨，在服务化程度不算太高的中国，让中国员工真正懂得"服务"还真不是件容易事。为此，公司花费了大量的培训成本。

陈先生用他的香港普通话很认真地强调："服务是重要的，但人性少不了，而且，人性是服务的定语。"

培训前，员工没有归属感，感觉是"铁打的营盘，流水的兵"，没有人把公司看作"家"：下班时，不记得关灯、关空调，办公室的电话随便打，办公用品随便用，因为在他们看来，那是"公家"的。

培训后，员工把个人的命运与公司的发展紧密联系起来，办公室成了另一个"家"，既然是"家"，过日子就得算计，能省的省，该节约的就节约。"对员工进行培训非常重要，但是与工作联系不是非常紧密的脱产培训并不一定是提高工作效率最有效的方式。"

课堂讨论：试想如果没有如此完善的培训，联邦快递如何在日益激烈的行业竞争中保持领先呢？

① http://wenku.baidu.com/view/8e847fa9d1f34693daef3e6b.html.

二、培训与开发实施者的职责

培训计划完成后，要保证培训出效果，就要进行现场实施。这是人们很容易忽视的一个阶段，总以为有了讲师、受训人员，培训就可以自然而然地进行了。这种观念往往导致出现问题不能及时处理、培训效果欠佳甚至培训失败。作为培训组织者来说，培训现场是培训实施过程中的一个重要环节，在这个环节培训组织者需要扮演好三种角色，即培训主持、讲师助手和受训人员服务者，即协调好讲师、受训人员以及会场氛围这三个方面，如此才能保证培训顺利进行。

（一）培训主持

培训组织者应该全程跟踪培训，这毋庸置疑。他需要做的工作有以下三项。

1. 发言主持。作为主持人，开场要做相关的介绍，包括讲师背景、培训议程、纪律宣告、饮食安排等；要宣告培训中的各类安排，如休息时间、培训注意事项、培训之外的生活安排等；结束时要做好终场致辞，如感谢人员参加，感谢讲师培训，布置培训后续工作。

2. 把握培训主题。要随时注意培训的内容，不能偏离主题。培训中经常出现讲师讲到兴奋处，天南地北一阵乱侃，或者受训人员讨论偏题甚至出现企业避讳的话题，这时作为会议主持人要及时出场纠偏，把他们拉回正题。

3. 培训内容调整。对受训人员的反馈做跟踪了解，及时调整培训内容、讲师、时间或课时安排。如果受训人员对培训效果特别满意，并且培训完后依然兴趣不减，就需要适当延长培训时间或者临时追加一些活动，可以在课后开展座谈研讨会，以使讲课效果达到最好。如果反馈回来的信息很不满意，就要采取补救措施，如改换培训形式、缩短培训时间、切换培训主题甚至更换培训师等。如果都不能奏效，就要果断取消培训，把它作为教训记录在案。

（二）讲师助手

企业培训师通常也可称为讲师。培训组织者要担任讲师的助手这一角色，协助讲师把培训做好。其要做的工作主要有三项。

1. 培训事务配合。讲师有许多事务性工作，如讲义问卷的发放回收、培训器材调试准备、人员分组、协助同级分析等，都需要培训组织者来配合完成。

2. 培训内容配合。当出现冷场时，需要培训组织者采取带头参与活动、复述讲师要点、适当提问等形式与讲师互动，帮助讲师把课堂气氛搞好。必要的时候，可以事先安排几个积极发言的，在适当时刻派上用场，使培训不至停顿、呆滞，保证课堂的受训者积极参与思考、吸收与消化所学的内容。

3. 特殊情况的处理。如果讲师在培训中出现特别情况，如培训中出现对立、骚动甚至尴尬而下不来台时，培训组织者就要站出来进行调节，通过转变培训方式、与受训人员沟通、相互研讨交流等方式，帮助讲师克服这类困难。

（三）受训人员服务者

作为培训的主体，受训人员的服务工作一定要放在核心地位，这样才会提高满意度，使培训达到预期效果。

1. 听取受训人员意见。培训组织者要积极听取受训人员的意见，与受训人员互动，最后汇总他们的意见，如讲师培训的优缺点、培训节奏的快慢、培训内容的深浅、培训形式的认可度、培训疑难解答等。要把这些意见及时反馈给讲师，并与讲师协调改进，争取让受训人员满意。

2. 观察受训人员反映。培训组织者不仅要听取受训人员意见，还要眼观六路、耳听八方，察看受训人员的表现。例如，如果是以课堂授课形式出现的传播新知识的培训，倘若发现受训人员对培训内容无动于衷、哈欠连天、交头接耳，甚至是不断离场等，这时就要主动询问原因，让讲师及时调整课程内容或形式。

3. 培训后勤服务。后勤服务必不可少，如人员饮食安排、现场录像拍照、现场环境清洁、突发事件处理等，这些都需要培训组织者安排解决。

组织者要安排培训场所（不管在内部或外部）、受训人员住宿（如果需要的话）和所有的设备和设施，如活动挂图、记号笔、投影机等。还要确保教材的复印件可供给每个受训者。这些都是看似不起眼的细微处，而常常出错的就是这些方面。最好的做法是假定会出差错，对后勤安排要进行二次确认，特别是当我们使用酒店或其他一些外部的地点进行培训时，要作出应急的备选方案。

☞ 案例链接　奇瑞公司的传统培训方式①

奇瑞汽车股份有限公司（简称"奇瑞公司"）是中国新兴的大型国有股份制企业，现有两个轿车厂、两个发动机厂、一个变速箱厂和汽车工程研究院、规划设计院等生产、研发单位，目前拥有员工2万多人。奇瑞产品更新及后续产品开发异常丰富，对高精尖专业技术人才的需求量越来越大，企业内部人员的培训也变得至关重要。

奇瑞公司的企业培训采用的是传统的培训方式，即在固定时间，有组织、有安排地进行集中授课，教学方式多以讲授式教学为主。奇瑞对员工参与培训的次数要求一般是每周不能低于两次，但超过50%的员工每周只参加一次培训，可见员工参与企业培训的积极性并不是很高。

① 案例来源：《非正式学习在企业培训中的应用——以奇瑞汽车股份有限公司的企业培训为例》。

通过调查分析发现，员工对培训内容安排和教师的教学还是比较满意的，但是对培训后的效果反映不佳，培训未能很好地满足员工的需求。企业培训往往把参训者看作是被动接受者，认为他们缺少某种东西，把培训看作是弥补缺陷，而不是挖掘潜力、发挥优势。通过调查还发现，员工对教师的教学水平褒贬不一，反映出很多职业培训师缺乏一定的教学技能，导致培训最终成为一种低效的、负面的强化。

课堂讨论：试分析奇瑞公司员工参加培训的积极性不高的主要原因以及培训组织者应当如何做出调整。

第二节　员工培训与开发实施的要素

事实上，员工培训与开发在实施过程中，为了控制好每一个环节，使活动顺利达成预期目标，首先必须了解影响培训实施顺利开展的各项因素。

一、员工培训与开发实施的影响因素

（一）人力资源战略

人力资源战略是企业整体战略的一部分，培训中要把握人力资源战略这条主线，才能使培训符合企业的发展思路，更好地发挥培训的作用。培训人员需要对企业的人力资源战略有整体认识：企业人力资源战略的核心是什么；有哪些关键的政策和程序；企业的胜任力管理和绩效管理模式是怎样的。从整个企业的角度来思考，一切培训行动都必须和人力资源战略相匹配。同时，如果能够推行员工个人发展规划，那么才会取得预期效果。

（二）企业文化

企业文化，或称组织文化，是一个组织由其价值观、信念、仪式、符号、处事方式等组成的特有的文化形象。企业文化在企业成长过程中起着至关重要的作用，有人把它比喻为企业的灵魂。一个成功的企业一定拥有自己独特的企业文化。因此我们在实施培训计划时，一定要结合企业文化来实施讲课内容、拓展练习、游戏等，从而使员工对于组织文化有更深的了解，能够更好地融入企业文化、投入工作。

（三）需求分析

正如前文所述，培训需求分析就是采用科学的方法得到关于谁需要培训、

为什么需要培训、哪个岗位需要培训等信息的过程。可以说它是指导整个培训计划的方向标,是使培训工作准确、及时和有效进行的重要保证。

此外,需求分析还能够获得关于组织内部培训环境和氛围的真实数据。在执行需求分析的过程中,信息和回馈是最重要的。这里所说的信息,包含培训的历史、取得的结果、组织的目标,以及所需要的行为或绩效改变等。

(四)培训目标

培训目标的确定能够帮助受训者理解培训的意义所在,从而调动受训者参加培训的积极性;能够使培训结果的评价有一个标准,组织层面和个人层面的培训成效都将更容易衡量;能够引导培训过程的实施,使培训目标与企业目标契合。

(五)培训原则

纪律是约束一个组织能够按照组织整体利益来发展的一个关键要素,它的存在可以有效地避免个体为获得自身利益最大化而做出有悖于集体利益的事情。培训原则是培训实施过程中的纪律,它能够保证培训的顺利进行。只有确定企业培训的原则,才能更好地组织和实施企业的培训。

应该说,各个企业的培训原则不尽相同,即使是同一个企业每次培训的原则也有可能会有区别。有关培训原则的内容参看前文的分析,在此不再赘述。

(六)过程管理

在设定了培训目标并制定了培训原则之后,对于整个培训过程的管理就显得尤为重要。我们可以将过程管理比喻为监控机器运行的监督者,没有它,机器也能正常运行,然而一旦出现问题,所付出的成本会比拥有监督者时更大。一个成功的培训往往都有着严格的过程管理,它涉及培训过程的方方面面,既包括对培训时间、场地、设备、讲师和参训人员的管理,也包括对住宿、休息等方面的管理。

二、员工培训与开发实施的构成要素

(一)关键人员分析

培训活动会涉及很多部门、层级的人员,我们需要把这些人员一一进行分析,把握他们在整个培训过程中的影响与作用。这些人员环环相扣,培训组织者的任务就是保证每一环节的疏通,唯有这样才能保证培训的顺利实施与目标的达成。哪一部门的哪个人主导着整个培训的实施?谁掌控着组织内部的战略或营运决策权?他是否支持培训的实施?企业高层是否重视人力资源部的工作?哪一管理层对人力资源或员工有关的行动直接进行管理?高层管理者将培训视为企业的成本还是人力资本的投资?他们的期望是什么?各层级的人员对于培训是积极的还是消极的？诸如此类的问题不一而足。

当我们把所有培训涉及的人员都分析清楚以后，这些问题的答案自然就能够得到了。

纵观企业的员工培训与开发实践活动，可以证明，要想成功和有效地实施一项培训计划也是极其不易的。根据一些企业的成功培训经历，可以总结出以下几个关键要素。

1. 员工。毫无疑问，在培训方案的实施中，员工本身是最关键的，他们是培训的核心群体。保证员工有一个积极的心态是培训组织者需要做的一项基础性工作，我们需要让员工充分地认识到培训对于员工的职业生涯的作用，还要关注员工更容易接受什么样的培训方式、参加培训的动机、最适合学习的情境是什么；员工自身的目标与期望，以及对企业发展的期望。做好沟通协调工作，使员工的个人发展规划能够与培训目标一致，课程内容与结构能够符合员工的特点与兴趣。这些都有助于增进员工对于企业的了解与信任，降低培训的不确定性。

有些卓越的企业将培训工作做得独树一帜。他们认为必须改变心智模式，在职能模式下拥有服务心态，让培训以更能为员工和企业接受的方式，迅速担当起员工发展和企业发展的重任。他们给予培训部更大的行政职能，培训部不必等待高层领导的命令来安排培训，而是自己根据培训需求制订培训方案。培训部俨然成了一个独立经营的培训公司，培训对象成为他们的“客户”，而培训对象正是整个企业的员工。他们以一种类似销售的模式来研究“客户”需要，从而设计产品——培训课程，来满足“客户”需求。这种模式获得了极大的成功，它使培训的作用得以充分地发挥，大大提高了培训的效益。

以“客户”为中心，培训部各成员一改以往漫不经心的工作态度，虚心接受“客户”建议，这种工作态度也消除了参训部门成员的负面情绪，推动了培训工作的持续改善和创新，使企业全体员工都在培训中获得了一种全新的工作体验。

2. 培训讲师。培训讲师是培训的实施者，是决定培训效果的关键，培训讲师的选择关系着培训的成败。到底应该选择什么样的讲师来负责培训课程的讲授和实施？一般情况下，企业总是偏好找那些规模大、在业界口碑良好的培训机构。但以下的标准也许更重要：培训师的素质、培训前期工作的程序和执行力、培训的层次、培训机构和企业自身文化的契合度、使用的教材和教学大纲，以及最重要的，培训机构和雇主间的沟通能力。一名优秀的培训讲师应该追求卓越，具有良好的道德品质，能够严格自我约束，具有专业的学术素养，可以将自己的专业知识完美地呈现在培训课程当中。现实中，确实有一些培训机构不一定有这样的讲师，因为该培训机构会把精力更多地投入到宣传上，讲师的培训能力也许并不强。

当然,在某些情况下,培训讲师也可以在内部选拔,寻找那些表现优秀、对内部情况非常了解,同时又善于教学的员工或经理。不过,对于他们的教学技巧和使用的教材应该给予更多的关注,因为毕竟他们并不是专业培训人员。在很多成功的企业中,优秀的经理人往往有着成为优秀培训师的潜力,适当地在企业内部挖掘也许会有意外的收获。

3. 高层领导。培训工作的展开,需要获得高层领导的认可与支持,可以说高层领导的决策很大程度上影响着培训在企业当中的地位和受重视程度。如果高层领导能够全力支持培训固然很理想,但很多情况下,高层只是将培训作为一项成本或者于员工有利而对企业无益的项目。这种情况之下,作为培训组织者就应该通过培训活动的有效实施,使高层领导能够认识到培训对于企业发展的重要性。一旦高层领导能够认同培训,那么培训工作的进行就更要格外用心,因为培训的实际效果才能进一步打动领导,彻底改变培训在他们心中的印象。

4. 培训经理。培训经理是培训工作的总工程师,他们是代表企业来对员工的培训工作总体负责的一个岗位。对于企业战略、愿景的把握是培训经理的一门必修课,也是最重要的。此外,他必须有能力把培训的时间、金钱和其他资源进行有效的组合与配置,并且对于个人、团队乃至组织整体的学习周期有深刻认识。这些知识通常也是在长期的内、外部沟通和互动中获得的。培训经理需要参与制定长期、中期和短期(或临时)培训计划,并且能够协调各部门的关系,保持与各部门的紧密联系,确保能够及时获知员工的培训需求,使培训可以顺利进行。

5. 直线经理。应该说,员工参加培训的积极性如何首先取决于员工自身,而直线经理对丁本部门的员工培训情况也有着直接的影响。有的受训员工就反映过这种情况:在他参加培训期间,他的直线经理总是给他安排各种工作,使他没有时间也无法集中精力参加培训。这当然是一种负面的影响。如果直线经理能够对参加培训的员工给予支持,那么会产生正面的影响。例如,对培训表现优秀的员工给予一定的奖励或者口头褒奖,对员工培训之后的表现进行观察监督和绩效考评等。培训组织者的任务就是要做好直线经理的思想工作,使各直线经理能够认识到培训的重要性以及给本部门所带来的好处,并愿意对受训员工的培训给予支持。

(二)目标与成效

1. 考评。考评是衡量培训效果的一个重要手段。考评不一定要在培训结束后才进行,也可以在培训项目实施前或培训中进行。保证考评的及时性很重要。很多企业每年只考评一次,不能保证考评的及时性,很难衡量培训对员工的绩效是否产生了直接的影响。较好的做法是在培训过程中随时进行考评，并采用客观的、与培训内容紧密联系的考评指标。另外，在培训结束后定期、多次进行考评也是可行的做法。无论如何，培训的成效必须被衡量，因为这有助于显示培训工作创造了哪些附加价值。考评所应关注的是员工在培训活动中遇到了哪些困难，哪些因素正在影响最终的培训有效性。在培训考评中，关键的问题有：考评工作由谁来负责；所要考评的内容、关键的指标有哪些；如何把培训内容转化为实际行为；采用什么考评方法。一定要将考评工作落实责任，严格执行。如果只是走过场，那么培训的内容将很难应用于实际工作当中。

2. 关注培训成效。不论培训的效果在理论上如何有效，在决策层的眼里，如果利润没有增加、企业收入没有上升、顾客不能满意，那么培训不仅没有效果，还将增加企业的成本，一旦企业财政紧张，首先要削减的就是培训预算。因此，培训部门组织的培训活动必须以绩效为导向来制订和实施培训计划。企业管理者并不关注培训的具体过程如何，他们只想看到培训是否对员工绩效的提升产生了积极的影响。然而，从培训的实施到看见培训在工作中的效果，这个时期要么极其漫长，要么极其复杂，而且很可能时而有效时而无效。也就是说，有时培训活动所带来的成效是逐渐显现的，无法立竿见影。从培训课程到工作岗位上的改变，涉及的因素有：清晰的目标设定、教练法、培训干预、培训模式、互动与回馈、导师制，以及充分的合作等。同时，管理者的管理风格以及企业文化对于内部学习风气和学习环境的建立，都有着无可比拟的作用。只有在良好的企业文化和环境下，培训所得的知识和技能才能真正转化为组织的附加价值。例如，在一个鼓励创新行为的企业中，鼓励员工尝试将从培训中学到的知识和能力运用到岗位工作中，这会使培训的成效加倍扩大。

3. 长期的效益。事实上，培训长期效益的获得受很多因素影响。

首先要考虑员工的因素。他们是外在激励还是内在激励的？这对于培训成果的应用以及长期效益的提升有很大影响。对于员工从培训中习得的内容，应该有后期的追踪和支持，以确保培训效果的延续。随时注意培训内容和组织目标、个人目标的联结，以及培训内容、工作流程与组织内部知识管理之间的关系。知识永远必须和实际工作程序相关，否则无法发挥作用。

其次是高层管理者的因素。如果高层领导期望短期内培训出成效，那么长期的培训效果还没达到时，高层管理者可能就不再对培训活动给予持续性支持，会导致培训后续工作的中断。

最后，就是后续持续的考察监督。培训人员需要建立有效的知识管理系统，这对于培训效果的追踪、应用和考评有很大的益处。

（三）培训方法与激励

在培训的实施过程中，激发受训人员的学习兴趣才能使培训内容更好地被受训者消化吸收,从而提高员工绩效。因此,培训方法在培训计划实施过程中起着重要的作用,可简单的将其归纳为三种类型。第一种是传统的培训方法,包括讲座法、视听法、师带徒式的培训方法等。这类培训方法形式单一,难以激发员工的兴趣。第二种是互动式的培训方法,包括案例分析法、管理游戏法、角色扮演法、拓展训练等。这类培训方法能够有效地调动员工的积极性,提升培训效果。现在的企业多是采取互动式培训方法与传统培训方法相结合的培训方式,效果显著。第三种是新技术培训方法,包括计算机辅助培训、互联网培训、虚拟现实培训等。随着现代科学技术的发展,新技术培训方法能够降低培训成本,使学习过程动态化、形象化、灵活化、实时化。

在培训实施过程中,激励也起着重要作用,它是激发受训人员的学习冲动和学习欲望而采取的措施,可以使受训人员认识到培训的重要性和必要性。

1. 激励的作用。它主要表现在以下方面。

(1)有利于增强培训效果。我们常说:"态度决定一切。"同样的道理,培训的效果取决于讲师、受训人员的能力,还取决于受训人员的学习动机。在能力一定的情况下,学习动机越是强烈,培训所达到的效果就越显著。而适当的激励能够使员工产生积极性,并利用这种积极性调控自己的学习行为,主动参与学习过程,最终收到培训的预期效果。

(2)有利于培训的持续开展。如果企业只是单方面培训,员工没有学习欲望,那么长期的培训对于员工只是走走形式,对企业来说也不过是徒增成本。而激励能够点燃员工的学习欲望,使员工对学习充满热情。员工能够对企业的培训充满热情,那么培训就有生机和活力,培训就能够持续性地开展下去。

(3)有利于培育员工终身学习的习惯。对于员工的个人发展而言,激励可以不断引起员工的学习欲望,促使员工不停顿地追求新知识、增强能力、定量个性特质、转变观念、扩展思维、调整心态,以适应职业发展、知识技术更新和社会进步的需要,最终形成终身学习的习惯。

(4)有利于构建学习型企业。对于企业,有效的激励在不断激发员工潜在的学习和适应能力的同时,也使企业内部逐渐建立起一种持续学习、进步、不断创新的文化氛围,从而能够为企业文化的塑造创造良好的环境,使企业培训从个人学习向企业学习发展。

2. 激励方法。具体而言,激励方法有以下几种。

(1)正面激励。这又分为以下三方面。

• 目标激励。目标激励就是通过一定的目标作为诱因刺激人们的需要,激发人们实现目标的欲望。在员工的职业发展过程中,企业通过设置职业发展目标,由初级到高级,逐级而上,使企业内部形成一个明确的职业发展路径。企业对每一级别的职业发展目标都详细标明了需要的学历、技能知识、工作经历及待遇。这样,员工参照自己目前的情况,就会自发接受各种教育、进行培训,从而达到预期岗位要求。员工清楚地知道自己努力的方向在哪里,差距有多少,以及达到岗位要求之后会有多少回报,就会积极主动地学习,不断提升。在这里需要注意的有三点:一是要保证职业发展目标设置得清晰、明确;二是要确保能够有效地衡量员工的相关知识、能力、技能等;三是要保证实施过程中的公平与公正。

• 经济激励。在企业中,经济激励是常用的一种手段。人们的生活条件有限,也许经济激励对于他们来说更加实惠和有效。经济激励的制定需要有明确的标准,要避免发生只是为了经济激励而参加培训的情况发生,否则培训依然会流于形式。合理利用岗位技能工资、升职增资、津贴等经济激励方式,会产生良好的培训效果。

• 发展激励。除了以上两种激励方式外,还可以使用发展激励这种形式。现如今,企业中员工的工作观与以往有所不同。在他们的观念里,工作不仅仅是一个赚钱养家的方式,更多的是为个人的发展提供一个平台。如果一个企业能够为员工提供充分的发展空间,让员工能够在自身能力范围内自由发挥,实现个人理想与人生价值,那么他们也会因此受到激励。相比经济激励,他们更看重的是企业能否给自己提供发展的机会。员工的个人发展需要培训,而培训会促进发展。培训与发展的互动作用就是激励。将员工的个人发展与企业的培训结合起来,以此激发员工的培训积极性,可能会达到意想不到的效果。

(2)负面激励。适当地应用负面激励可以促进培训的有效展开。在培训当中,对于因为自身原因没有完成培训计划或培训效果达不到目标要求,综合素质不符合岗位任职资格要求的员工,企业可以采取降职降级、转岗待岗、下岗等负强化措施,促使他们重视培训,努力学习。当然,这些规则一定要根据实际情况来制定。用得恰当不仅能使行为主体本人吸取教训而改变自己的行为,而且消极强化产生的警示作用同样可以成为培训的动力。

第三节 员工培训与开发实施中存在的问题与有效性

一、培训计划实施中存在的问题

培训过程中存在很多问题,其中有些问题严重制约着培训的进行或成效。当前我国的企业员工在培训中存在的问题突出地表现在培训理念落后、培训执行欠佳、培训效率低下等方面。

(一)培训理念不明

1. 高层领导对培训存在的误区。这些误区主要有以下几种。

(1)培训是一项费用的产生。很多企业的高层都把市场运营作为第一要务,在广告上投入大量的资金,希望能起到立竿见影的效果,而在培训上只投入很少的资金或者根本不进行培训。在他们眼中,培训是一种成本。因而他们遵循市场价值规律,就理所当然地尽量压低“成本”。殊不知,这个“成本”是一项最具价值的投资。广告的投入再多也只能在短期内对企业运营起到一定的作用,而优秀的培训往往能够使企业业绩增长长久地持续下去,成为企业发展的动力。

海尔首席执行官张瑞敏曾经在媒体上说过:“在组织内不论是元老还是年轻人,真正对员工关怀不是表现在小恩小惠上,而是让他们有竞争力。”①员工具有了竞争力,组织就有了竞争力。在今天竞争激烈的市场环境中,还有什么方式能比培训更好地提高企业竞争力的呢?员工的竞争力来源于培训,他们通过学习能够不断地提升自身的素质、知识和技能,更好地适应岗位要求,为企业创造更多的利润。

有这样一个例子,一家公用电气公司,为经理及主管人员设计了一个应用行为管理培训项目。在追踪评估中,为了计算项目收益,采用行动项目和经营效益检测两种方法,结果得到第一年的项目收益是 1 077 750 美元,总的全载实施成本为 215 500 美元。这样,该培训项目的收益/成本比率为:

$$BCR = 1\ 077\ 750:215\ 500 = 5:1$$

该项目中每投资 1 美元就有 5 美元的收益。

(2)效益好无须培训。有的企业认为企业效益好时不需要培训。要知道今天的效益好,并不能保证明天的效益好。据统计,世界 500 强的企业平均寿命为 30 年左右,美国新企业 80% 在第二年就宣布倒闭。因而在企业经济效益好时,适当加强培训恰恰是为了保持企业可持续发展的长远之计。许多能够历经数十年而依然蓬勃发展的知名企业,正是由于在企业效益良好时能够保持对培训的持续关注。而导致许多 500 强企业倒闭的因素很多,其中很重要的一点就是没有在企业效益好的时候持续地进行培训,使得企业文化衰落。

(3)效益差时无钱培训。有的企业一旦经济效益出现滑坡,就因资金不足而尽量减少培训或者干脆不培训。其实这种做法还是根源于高层管理者将培训作为单纯的费用发生来看,而没有认清效益差的时候培训是最好的“投资”。在效益差的时候员工的态度、情绪会不同程度地受到影响,而这又会对企业的

① http://www.maigoo.com/maigoocms/2010/0806/41773.html.

效益产生负面影响。如果企业因为效益差就不进行培训,就会形成一个死循环,如此下去企业最终一定会走向终结。在2008年金融危机时期,某些企业并没有执行裁员计划,而是组织员工展开培训。树立了"越危机、越培训"的竞争理念。

(4)不需要"决策层"培训。相当一部分的企业领导认为:培训是为普通员工或者中层管理者而设的,高层管理人员本身的素质就很高了,不需要培训。然而,很多问题往往由此而生。应该说,当前很多高层管理人员都是从学徒一步步提升上来的,他们具有很强的实际工作经验。然而,企业也必须认清,一些高层管理人员的学历和管理水平并不是很高。据统计,我国民营企业上层管理人员中有64%是本科及以上学历,36%是大专以下学历,而这其中大部分的文凭是通过成人教育或远程函授取得的。在信息和市场高度发达的今天,很多高层管理者对于现代的企业制度和市场经济的运行规律不甚了解,不懂先进的现代企业管理方法和知识,这对于企业的发展极其不利。如果不能通过培训提高他们的素质和能力,将会严重制约企业的进一步发展。

(5)培训会使员工流失。很多的企业管理者都有着这样的担心:我辛辛苦苦培训员工,他们能力变强了,就整天想着跳槽,"为他人作嫁衣",企业投入的培训费用将付之东流。他们更担心的是员工跳槽到竞争对手的企业。所以,很多企业选择了尽量减少培训或者干脆不培训。

然而,事物总是有着两面性,培训虽然存在员工流失风险,但是同时也是吸引高素质员工的一种手段。而对于员工流失,只要方法得当,还是可以有效地避免这种情况发生。很多企业的培训仅限于周期较短且更具实用性的营销技巧培训,并没有安排相当的企业价值观培训与文化培训。这样,员工就没有对企业建立起价值的认同和文化的共鸣,可以说员工没有真正地融入企业文化当中。另外,在培训过程中一定要做好沟通工作,及时了解员工的想法,培养其对企业的归属感。

2. 员工思想观念落后。很多情况下培训中存在的观念落后都是企业高层管理者的问题,而有时候员工自身思想观念的僵化也会导致培训出现问题。有些员工初到企业,不熟悉企业的管理方式与文化,把培训只是当成一项任务来完成,甚至敷衍了事。这是因为新员工缺乏对企业文化的认知和自身的职业发展规划,需要培训组织者多花时间与新员工进行沟通,使新员工尽快地适应岗位,融入企业文化,建立对企业的信任与归属感。还有一些影响员工培训积极性的因素从高到低依次是培训实用性不高、内容针对性差、培训形式单调、培训师水平不高、时间安排不合理等。针对这些因素,培训组织者一定要做好本职工作,合理安排培训,使培训具有针对性。

(二)培训执行力不强

1. 企业培训流于形式。随着市场竞争的日益激烈,很多企业认识到人力资源开发的重要性,纷纷在培训上投入大量资金。然而,他们的培训只是跟着别的企业走,别人培训什么,他们就培训什么,培训最终毫无效果,流于形式。实际上,培训要用心去做,要针对自身企业的情况来制订培训计划,一定要深入了解企业,了解培训对象的特质,根据企业现状设计课程,及时调整培训内容。这样才不会使培训只是做表面文章,毫无功效。

2. 培训与企业战略及生产经营结合不紧。培训企业员工的目的是增长知识、提高技能、增强自身核心能力,进而为企业构建核心竞争力打好人才基础。不管是培训专业技术人员、普通员工,还是管理人员,其目的都是为了实现企业的总目标。然而,在实际培训过程中,往往容易出现内容、方式、课程等与企业总目标联系不紧密的情况,使得培训出的人员并不是企业真正需要的,偏离了培训的核心目标。这样的培训一定是失败的。培训内容的设置一定要立足于企业文化,才能培养出对企业信赖、有归属感的员工。

此外,培训工作的开展还应该顾及人力资源工作的其他方面,人员招聘、绩效考评、薪酬管理与培训开发等工作本身就是一个整体,各个环节之间要建立起有机的内在联系才能更好地发挥出每一个环节的作用。

3. 缺乏完善的年度培训计划。一个成功的年度培训计划必须立足于企业的长期战略目标,而这样的计划也会为企业的持续盈利作出巨大的贡献。据统计,40%的企业没有完善的年度培训计划,或者虽有年度培训计划但执行不到位。而在有年度培训计划的60%企业中,能完全按计划去实施的仅有3%~5%,能按培训计划实施到50%的仅占两成。

究其原因,主要有以下几点。

第一,年度培训计划不完整。缺少对企业内、外部环境的整体扫描,使得年度培训计划的制定与企业实际有所偏离,方向没有找准。

第二,年度培训计划目标不切实际。这就要求培训组织者具有实事求是的精神,一定要根据企业能力范围内可以完成的目标来制订计划,切不可追求数据上的好看而制定虚高的目标,否则制订的年度培训计划只能是空中楼阁,遥不可及。

第三,年度培训计划缺少细分。企业的生产、营销、财务、研发等职能部门彼此独立,按照各自职能独自运作。企业不能因为制订年度培训计划须立足于企业战略,就将这些部门的年度培训计划笼统地放在一起来制订,而应该根据各部门的职能目标来分别制订年度培训计划。当然前提一定是各部门职能目标一定要符合企业整体的战略目标。

4. 不能与员工的职业发展相结合。知识经济时代下形成了人力资源的价值观念，员工与企业都意识到了人力资源开发对于自身的重要性。员工在企业中成长，企业因员工的成长而得到发展，由此形成了一种良性循环模式。我们从中看到企业发展的希望，也看到了社会发展的希望。对于企业来说，培训体系的构建对于员工和企业是一件双赢的工作，员工在选择企业时也会格外关注企业对于培训的重视程度。企业在建立培训体系时，一定要将员工的职业发展考虑在内。如果培训体系的建立完全脱离员工的职业发展，就会造成员工培训积极性受挫，甚至会导致员工流失，难以形成双赢的局面。充分认识知识经济时代特征的企业，应该更能理解企业所要搭建的是事业平台，是员工和企业共同发展的平台。

5. 不做培训需求分析。在开展培训工作之前，进行培训需求分析是一个必要的环节，而很多企业都把这个环节忽略了，原因或是不知道要做分析或是不知道怎样做分析，造成培训的主观性和盲目性。培训是一个完整的体系，这一体系始于培训需求分析，经过设计培训目标和计划、实施培训、培训评估、培训跟踪，又反馈至培训需求。不做培训需求分析的培训计划，从起点就偏离了方向，可以说从一开始就决定了培训计划的失败。

6. 培训评估体系不完善。据统计，企业培训能做到柯氏四层级评估的仅有5%，80%的企业培训后仅能做到二级评估。培训课堂的效果固然重要，但是不应忽视培训后的应用和绩效改善。很多企业都是只管培训，却没有相配套的考评和跟踪，这样培训的效果就无法得到有效的保证。培训实施与培训评估是互相关联的两个环节，忽略其中任何一环，都会导致培训的失败。

（三）培训效率不高

1. 培训对象定位不清。培训对象的选择，要建立在员工的培训意愿以及部门岗位需要的基础上。还要避免有些人多次参加，而最需要培训的人却由于种种原因未能参加培训。还要把受训人员根据部门或职能进行分类，以有针对性地设计课程。

2. 培训目标不清晰。有些企业不知为什么做培训，没有明确的培训目标，无目的的培训往往导致后期培训评估工作完全无从下手。正如前文所述，培训的根本目的是为了使企业持续、稳定地保持现有竞争力，并创造新的竞争力，以获得持久的利润。而要实现这个根本目的，就要细化培训内容，设立多个培训目标。这些目标必须是为最终目的服务的。

3. 没有完善的培训计划。培训缺少科学性，何时培训全凭领导心情，随意性太强，造成培训课程体系不完善，甚至有些课程的安排只是为了应对年度培训任务而已。很多培训者认为培训不需要太多科学系统的方法维系，这就造成了培训的体系杂乱无章。例如，在个别民营企业中，企业主做事喜欢独断专行，企业内部缺乏制度化的管理，经营管理非常随意。在培训工作中，往往是随波逐流，其他企业培训什么，该企业就培训什么。这种带有主观性、缺乏针对性的培训，势必导致企业的培训效果非常不理想。

4. 培训讲师匮乏。培训机构多如牛毛，为什么还说培训讲师缺乏呢？其实是真正了解企业需要什么的讲师匮乏。外部讲师对企业不了解，他们的培训常常是一些理论性的知识，无法针对企业的具体情况进行培训，造成课程内容与实际需求脱节。同时，企业又没有储备内部讲师，致使培训无法有效实施。

5. 笼统培训“管理层”。现代企业组织里，管理人员是中坚力量，起着承上启下的衔接沟通作用。管理层需要具备一些共同的素质，如沟通、协调、组织能力等。在针对这些能力进行培训时，可以不加区分地进行。而管理层毕竟与工作层面有所差异，素质差异也是存在的。如果对这些素质依然作“一刀切”式培训，就会造成培训效率低下。如何区分不同层面的管理人员素质的差异性，并设计具有针对性的不同培训内容，是培训组织者需要认真思考的一个问题。

6. 人力资源管理者的素质有待提高。人才缺乏，尤其是优秀的人力资源管理人才缺乏。企业培训工作进行得好坏，很大程度上取决于人力资源管理者的素质和能力。只有人力资源管理者具有较高的素质和能力，企业的培训工作才能有效地展开。一名优秀的人力资源管理者应该具备良好的个人品质、团队精神、专业素质、协调能力、组织策划等能力。成功的培训一定是由优秀的人员策划执行出来的，没有了高素质的人才，成功的培训就无从谈起。而在我国，很多企业的人力资源管理者大多是没有受过专业训练的非专业人员，缺乏现代企业人力资源管理的基本知识，专业素养和能力普遍较低，无法满足企业发展的实际需求。

7. 重视个体却忽视组织。正如前文强调的那样，培训对于员工和企业而言是一项双赢的工作。如果无法很好地协调，就会造成一方收益、一方徒劳无功的结果。而人才结构的不合理会导致员工的个体技能得到了提高、企业的组织能力却无法得到应有提升的困境。培训部门应该避免这种情况的发生。

二、培训实施的有效性

一直以来，培训的有效性都是老板们最关心的问题。培训组织者要说服老板重视培训，光是大谈特谈培训能给员工和企业带来什么好处是没用的，要让老板看到培训可以为企业带来实际利益，才能真正打动他们。

（一）设置培训评估专员

在培训部门设专人，负责管理培训的评估工作，可以使培训评估工作有效地进行。培训评估专员在企业中起着承上启下的作用，他们能更加专业地对有效性评估工作进行整体规划和实施。培训评估专员的工作之一是进行培训评估记录。培训有效性评估,从培训需求分析的时候开始一直持续到培训成果运用到实际工作中,时间跨度比较长,这就需要建立一个长期的评估信息记录。这一记录的建立和使用,有利于企业对管理人员进行培训有效性分析,为有效性评估提供了大量的信息资料,可以提高培训有效性评估的可靠性。培训评估专员通过与受训员工、部门经理、受训人员的同事进行沟通,能及时地了解员工培训之后在工作行为和工作能力上的改变。

(二)培训过程控制

培训过程控制就是在培训需求分析、高层审批、经费管理、培训流程建立、培训实施、培训评估工作等方方面面的工作当中进行全方位把握,以保证培训的可行性和有效性。在培训准备阶段,要求有专人对培训组织者在对各个部门、层级的人员进行组织沟通时所产生的问题及时进行协调,协助解决。培训实施过程是影响培训质量和培训目标最终实现的关键环节。只有通过管理人员在培训实施过程中进行管理,及时发现问题,才能将问题及时解决。

(三)培训评估结果的反馈应用

培训工作可以通过一次次的培训,总结成功与不足,从而不断得到完善。而培训评估的结果是进行总结的重要依据,因此应该采用多种方式,对培训进行评估。可以采用直接与受训员工进行面谈的方式,也可以与受训人员的主管及培训讲师进行面对面沟通。通过评估结果反馈总结培训有效性评估获得的成功和不足之处,可以检查培训是否达到预期效果。分析评估后获得了哪些经验,并将此次的经验教训用于全面把握下一步的工作,有利于提高下一次培训有效性评估的水平和效率。

(四)建立培训制度

培训内容可以每年有所不同,但是培训工作的进行一定要有规律和规则,才能避免培训的盲目性与随意性。员工培训活动实施的制度化关系着企业的长期战略,因此,立足于员工的培训,就是立足于企业发展。具体来说,员工培训活动实施的制度化,就是解决如何将培训规模与培训目的以及员工培训纳入企业用人体制的问题。

本章小结

培训的实施在整个培训体系当中占据举足轻重的地位,一些企业培训体系之所以不能建立起来,很大程度上受制于培训实施的环节。

企业文化、企业战略目标等对于培训工作的进行有着重要的影响,不能忽略这些因素的制约。

培训实施过程中，各个要素之间一定要合理安排协调，根据企业自身及员工的特点来进行。

对于培训的认识存在的一些误区要加以防范。执行力是保证培训效率的重要方面，一定要予以重视。

重要概念

培训实施、培训活动、培训实施构成要素

复习思考题

1. 实施培训与开发在整个培训体系中具有怎样的地位和重要意义？
2. 要使培训顺利实施，需要做好哪些方面的工作？
3. 培训的实施需要考虑哪些因素的影响？
4. 培训中存在哪些误区？
5. 怎样保证培训的有效性？

应用案例

全球唯一执掌过 4 家世界 500 强的企业家宁高宁：好的经理人是选出来的，不是培养出来的①

日前，64 岁的宁高宁正式卸任中国中化董事长，此前，他曾执掌过华润集团、中粮集团，并在掌舵中化集团期间主持了中化集团和中国化工集团的合并，成功打造出全球规模最大的综合类化工集团，是全球唯一执掌过 4 家世界 500 强的企业家。

宁高宁在企业人力资源组织管理方面颇有心得。过去在中国绿公司年会上，他就抛出了一个“好的经理人是选出来的、不是培养出来的”的观点。宁高宁说，“我越来越发现，培养技能、技巧是可以的，真正从思想品德到革命干劲，到能力，到领导力、创新性，持续不断的进步，70% 以上是天生的。你的责任就是把这些人选出来，而不是培养出这些人。”今天，我们就来学习一下宁高宁的演讲原文：

现在管理人的人都不愿意听人力资源管理了。为什么呢？因为讲了一上

① 摘自领导视野公众号，2022 - 09 - 19，发表于北京，有删改。

午的AI,告诉你怎么可以不用人了、怎么减少人的工作、不用人最好。想想也是,用了AI,可以每天加班,还不给加班费,绝对忠诚,从来不跳槽、不犯错误、精确计算、不闹情绪、不闹矛盾,也不搞腐败,多好。

以后就没有人力资源管理了,因为全变成AI了。如果真的有了人工智能,有了机器人以后,人力资源部门怎么管机器人,这也是一个问题。马云喜欢前瞻,不知道他研究过这个问题没有,我今天只能讲最现实的,讲人力资源、组织发展。

这里讲一个美国老板在中国开餐厅、端盘子的故事。有一天,我听女儿说北京开了一个很有名的餐厅,应该去试一下。我去那家餐厅吃饭时,发现一个非常好玩的现象。那是一个美国人开的餐厅,生意火得不得了。大部分服务员是中国人,只有两个穿白衣服的美国人,有一个个子很高,戴领带、白头发,在端盘子。看他这个打扮,我猜他不是一般服务员。

碰巧了,他就真给我端了一个盘子过来,我问了他一句,这个餐厅是什么时候开的?他看我能说两句英语,很高兴。他告诉我说,餐厅开了几天就大获成功,并讲述了他四十年前怎么开餐厅的,怎么到中国来的,现在在上海开了一家,在北京开了一家。我注意到,这个美国人一直在端盘子、擦桌子,在回答我的问题时,他会蹲下来跟我讲话,讲很久。

我当时就想,对于这个餐厅的中国服务员来说,这是美国大老板,他每天和你一起端盘子、一起服务客人,而且见到客人后,可以蹲下来给客户做讲解,这不就是人力资源管理吗?第一,他把自己的定位定得很清楚。第二,员工也很清楚自己该做什么。第三,对客户来讲,我从中可以看出这个餐厅的管理方法,可以想象他们怎么做服务,怎么做质量,怎么做员工管理。

所谓人力资源管理、公司文化就是一把手的文化,就看一把手怎么带动员工。作为一个小老板,能够把客户、员工、自身的定位理得这么顺很难得。他跟我说,开餐厅最关键的是食材,他强调了好几遍食材都是进口的,芝士、土豆、玉米、鱼都是进口的。这个外国人来中国只有三个月的时间,但他对进口食品很敏感,他知道该向客户推广什么东西。

我对食材也很敏感,因为过去我在中粮做过食品材料。而这段时间材料科学引起了广泛讨论(中兴通讯事件)。中兴的事情让我们产生反思:反思组织系统、所有制系统、自由产权的保护、体制系统、民族性的问题、专利保护的问题、科研的问题、税收的问题。中国的人力资源政策和这些都有联系。

这和人力资源组织有什么联系?今天谈人力资源组织管理,我不能展开讲很多理论性的东西,我把自己的一些观察和大家分享。

第一,我再次强调,人的组织是要有精神的、有境界的、有格局的。任何组织都是这样,餐馆也是一样,要有精神才能持久。甭管是国有企业、民营企业,还是一个餐馆,一定要有精神,精神因素确实是由领导人的格局、境界带来的。

第二,所有的组织结构都是柔性的,非正式组织一定要形成。不要组织结构画完了,确定总部几个部门,谁管谁,怎么汇报,就结束了。一定要形成自身柔性的组织,这个柔性组织本身就是目标,因为它与文化紧密联系。柔性组织能够产生灵活性和效率,越官僚越是直角,越起不到作用。

第三,好的经理人是选出来的,不是培养出来的。我越来越发现,培养技能、技巧是可以的,而思想品德、革命干劲、能力、领导力、创新性,70%以上都是天生的。你的责任就是把这些人选出来,而不是培养出这些人。

第四,要创新就要改变整个组织。我在几个国有企业工作过,国有企业老想创新做这个、创新做那个,最后会发现,想在局部做创新几乎是不可能的,局部创新非常难,产品创新也很难,要创新就得改变整个组织、整个流程、整个文化。好多人一说到要创新,就要到创新部去开会,一说到要搞研发,就要到研发部去开会,最后什么都做不来。

第五,人才内部培养应该是主战略,所谓内部培养就是内部提拔。有几次外部的人进来,内部的人出去,都给公司带来很大的震动。内部培养还应该是公司的主要途径。

第六,公司的制度是人创造出来的,制度是拿来服务人的,而许多企业的制度反过来改造了人。人遵循了这个制度以后,变成了制度人,这就变成一个恶性循环。怎么用优秀的人不断改变制度,这是人力资源管理的核心要素。

第七,给奋斗中的经理人多一点时间。我们往往太急,感觉不太好就换掉,再来一个人,又做两年,又不满意,又换掉了。结果新换的这个人,他做的两年跟之前做的是一样的,也没有多大进步。所以给他们一点包容,一点时间,让他去表现。谢谢!

问题:

1. 你是否认同宁高宁“好的经理人是选出来的、不是培养出来的”这一观点?请做具体分析。

2. 依据宁高宁的观点,企业所需的人才是自己培养为主还是从外部引进为主?试分析企业文化对培训与开发实施的影响。

第八章

员工培训与开发评估、反馈

★ 课前提示 ★

培训实施完成后，培训并没有就此结束。必须对培训效果进行评估，收集受训人员的反馈，对培训工作的整个过程进行诊断，以利于今后培训的进行。本章将重点介绍各种评估模型和评估中的问题与解决途径。

第一节　员工培训与开发评估的重要性

培训与开发(后简称为“培训”)是人力资源管理的重要手段和重要组成部分，它不仅可以为组织创造价值，而且可以为组织获得竞争优势，更有助于企业迎接各种新的挑战和调整。所有的企业都谈培训，都开始关心、注重培训。但是培训是有了，那么培训后呢？培训后的效果如何？很多时候企业都认为不错，可同样一个错误还是在反复出现。因此，进行培训效果的评估是十分必要的。

培训评估的实施有利于提高企业培训的水平。下面将会根据培训评估的相关理论，分析培训评估的内容及方法，进而分析企业培训评估的重要性。

一、培训评估的定义与分类

(一)培训评估的定义

美国的爱尔文·戈尔茨坦是培训领域的领袖人物。他提出，培训评估就是系统地收集必要的描述性和判断性信息，以帮助作出选择，使用和修正培训项目的决策。① 培训的有效性评估就是收集用于决定培训是否有效的结果信息的过程。结果信息指的是企业和员工个人从培训中获得的实际收益。对企业来说，收益意味着效益的增加及顾客满意度的增加等；对员工个人来说，收益意味着学到各种新的知识、技能，以及个性特质的完善，从而提高自身价值。

可以定义培训评估为，依据培训需求和目标，运用科学的理论、方法和程序，从培训实际中收集数据，以评价和计算培训的价值和质量的过程。

培训评估并不是独立进行的，它与企业的培训计划、培训过程、培训结果形成了一个全面的系统。培训有效性评估贯穿于企业培训的全过程，在培训结束后，对培训效果进行评估，并反馈评估结果，为下一轮培训计划的制订提供信息。

因此，培训评估是一个必须全面筹划的系统的过程。培训评估要综合考虑最主要的问题，如表 8－1 所示。

表 8－1　评估需要考虑的问题内容表

序号	评估需要考虑的问题内容
1	评估的目的是什么？
2	时间和工作负荷上考虑是否值得进行评估？
3	重点对培训的哪些方面进行评估？
4	谁主持和参与评估？
5	如何获得、收集、分析评估的数据和意见？
6	以什么方式呈报评估结果？
7	如何根据培训评估来调整新的培训方案？

（二）培训评估的分类

1. 按照培训评估切入的时间，可以把培训评估分为以下几类。

（1）培训前评估。培训前评估是在培训前对受训者的知识、能力、个性特质等进行考察，以作为培训者拟订培训计划的根据。具体包括：对培训需求进行整体评估，培训对象的知识、技能等的评估，培训对象的工作成效及行为评估，培训计划评估。培训前评估能够保证培训项目组织合理、运行顺利，保证受训者对培训项目的满意度。

（2）培训中评估。培训中评估是指在培训实施过程中进行的评估。培训中评估能够控制培训实施的有效程度。该评估包括培训组织准备工作评估、受训

① 爱尔文・戈尔茨坦，凯文・伏特. 组织中的培训[M]. 常玉轩，译. 北京：清华大学出版社，2002.

者参与培训情况的评估、培训内容和形式的评估、培训工作者的评估、培训进度和中期效果的评估、培训环境和培训设施应用的评估。

(3)培训后评估。培训后评估是对培训的最终效果进行评价,是培训评估中最为重要的部分。目的在于使企业管理者能够明确培训项目选择的优劣,了解培训预期目标的实现程度,为今后培训计划的拟订与实施等提供有益的帮助。这类评估主要在培训活动结束时进行,又可分为即时效果评估、中期效果评估和长期效果评估。

即时效果评估一般在培训刚结束时,通过即时评估评判培训目标的达成情况、受训者反应、培训者的工作绩效等。

中期评估用来判断受训者在培训中所学的知识、技能等在工作中是否得到应用,即受训者、同事及其上级领导是否认为他的行为、技能、态度等因培训而发生了可喜的变化。

长期评估主要用来评估培训对受训者、组织的长期影响。这种评估在操作上通常较为困难,除非培训从一开始就同组织的运作相联系。评估内容多为受训者是否对组织确实做出贡献,培训对组织带来的变化到底有多大,等等。

2. 按照培训评估的层次,可以把它分为以下几类。

(1)反应层面评估——受训人员对培训满意度的评估,就是考察受训人员对整个培训的结果反应如何。主要从两方面来判定:对培训讲师的满意度和对培训组织者的满意度。

(2)学习层面评估——受训人员对培训内容掌握程度的评估,就是了解受训人员对培训课程的学习、掌握吸收状况。

(3)行为层面评估——对培训前后受训人员的行为变化的评估。主要评估受训人员通过培训在行为层面的变化情况。

(4)结果层面评估——培训对个人与组织绩效影响的评估。该层面的评估是指考察培训的最终结果,主要评估培训对个人绩效的影响,以及评估培训是否有助于企业业绩的提高,组织的效益是否因为培训而得以改善。

3. 按照评估的方式,可以将其分为两类。

(1)非正式评估。非正式评估是主观性的,一般是用"感觉"进行评判,而不是用事实和数字来加以证明。它的优点是不会给培训对象造成太大的压力,可以更真实准确地反映出培训对象的态度变化,而且方便易行,几乎不需要耗费额外的人力和物力。

(2)正式评估。正式评估一般是以详细的评估方案、测试工具和评判标准为依托,尽可能排除主观因素的影响,从而使评估更具可信度。它的优点是用数据说话,使评估结论更有说服力;将评估报告以书面形式呈现出来,便于与最初的计划比较核对。

4. 按照评估的目的,可以把培训评估分为以下几类。

(1)建设性评估。建设性评估指以改进培训项目为目的,而不是以是否保留培训项目为目的的评估。通常是一种非正式的主观性的评估,可以帮助受训者明白自己的进步,从而使其产生某种满足感和成就感。

在进行建设性评估时,需要保证评估不能过分频繁,也不能让受训者有一种他们一直在进行简单乏味和重复学习的感觉;否则,建设性评估就无法发挥其激励作用,其他优势也会随之而丧失殆尽。由此引申出评估频率的问题,即“两次连续评估之间究竟间隔多长时间才是适当的”。关于评估的适当频率,并无一个统一的标准,只能根据每个培训项目的具体情况而定。

(2)总结性评估。总结性评估是指在培训结束时,对受训者的学习效果和培训项目本身的有效性作出评价而进行的评估。它经常是正式的、客观的、终局性的。这类评估只能用于决定培训项目的“存亡”,而不能作为项目改进的依据;只能用来决定是否给受训者某种资格,而无法评价受训者学习中的进步。

因为,若想通过总结性评估而使受训者获得改进,就有可能引发这样一个问题:评估者是否能全面评估受训者所学习的所有内容。对于一个短期的培训这个问题可能不难解决,但对一个长期的培训而言,这个问题就会变得十分复杂。为了解决这个问题,评估者们不得不定期地对受训者进行相隔不太长的阶段性测试。

进行总结性评估时必须注意,培训目标和预期培训效果必须自始至终是清晰的。这不仅仅针对培训者,对受训者也同样,可以在培训前预先以书面文件或座谈会的形式,使受训者准确地了解培训目的。

二、培训评估的内容及方法

(一)培训评估的内容

培训评估的内容具体包含了五个方面。

1. 受训人员的满意度。这是用来衡量受训人员对具体培训课程讲师与培训组织的满意度,可以在培训期间或课程结束时,通过问卷调查、面谈观察、综合座谈等形式进行评估了解。

2. 受训人员学到了什么。衡量受训人员对培训内容、技巧、概念的吸收与掌握程度,在培训期间或课程结束后,通过提问法、笔试法、口试法、模拟练习与演示、角色扮演、演讲、心得报告等形式进行评估了解。

3. 受训人员在工作中是否运用了所学到的知识。可以通过衡量受训人员在培训后的行为改变是否由培训所致而得到结论。可以在培训结束三个月或半年后,通过对参加培训的员工进行绩效考评,采取问卷调查、行为观察、访谈法、管理能力评鉴、平衡记分卡法、目标管理法和 KPI 提取法进行评估了解。

4. 培训给企业带来的影响。即衡量培训是否增加了企业利润,使企业的生产经营有所提高。可以在培训结束半年、一年后通过个人与组织绩效指标、生产率、缺勤率、离职率、成本效益分析、产品质量、士气等资料进行分析,采取客户市场调查、360 度满意度调查等方法进行评估了解。

5. 企业培训收益的确定。培训收益是企业从培训项目中所获得的价值,具体的衡量指标包括劳动生产率的提高、产品质量的改进、产品销售量的增加、成本的降低、事故的减少、利润的增长、服务质量的提高等。

通常有三种方法可以确定培训收益:运用技术、研究及实践证实与特定培训计划有关的收益;在企业大规模投入资源之前,通过试验性培训,评价一小部分受训者所获得的收益;对成功的工作者的观察,可以帮助企业确定成功的与不成功的工作者的绩效差别。

(二)培训评估的方法

通常,企业采取的培训评估的方法很多,大致上可以分为以下几种。

1. 问卷调查法。问卷调查法是以受训人员为调查对象发放问卷调查表,对培训组织、课程教材、培训形式、培训教师等内容展开调查。调查问卷主要适用于反应层面的评估。通常可以分为三种。

一是封闭问卷。即对所有的评估项目都规定了固定的标准,比如优、良、中、差这几个等级,受训人员只需要在相应的等级上打钩即可,最后由培训组织者对数据进行统计,以确定培训效果的一种方法。它简单易行,适用于低层次人员的培训评估,如操作人员。

二是开放性问卷。为了获取更多、更全面的评估意见,可以让受训者自己填写意见,如本次培训的课程教材有哪些不足、本次培训形式和结构上如何改进、本次培训教师有哪些优点或不足等。它适用于层次较高的人员培训评估,可以通过问卷了解到这些受训人员对培训的更深层次的想法和意见。

三是综合性问卷。这种问卷大部分被设计成可供选择内容,小部分是开放性问题,集中了上述两种问卷的优点,适用性强,因而获得普遍推广。

2. 现场考试法。现场考试法是指在培训中或培训结束后进行的理论、操作考试或测试,它在学习层面的评估应用最为广泛。第一,理论知识培训一般是采用课堂教学的方式进行的,因此,笔试是考察受训人员是否掌握这些理论知识的最直接方法,应用也最为广泛。第二,技能操作培训要求提高受训者的技能水平,如电工、钳工,这样的培训评估通常以现场技能操练或者工作模拟为主。通过这些方法,受训人员对培训内容就有了更深刻的体验,对自身的不足也会更加了解。

3. 观察法。通过观察受训人员的行为变化,可以了解培训效果和受训者行为上的改变。观察法主要适用于反应或行为层面的培训评估。

一是培训的组织实施者在培训中直接观察,如果受训人员在培训过程中迟到早退、交头接耳、反应冷淡,这场培训效果肯定不会很好;如果受训人员聚精会神,中途离场少,意犹未尽,那基本上说明培训还是比较成功的。其优点是方便易行,成本消耗小,效果明显。

二是受训人员的上司在培训后三个月左右,通过观察受训人员的工作能力变化来评估培训的效果。这种观察尤其适用于行为层面的评估,但缺点是要耗费大量的人力、物力和时间,条件不成熟的企业运用起来较为困难。

4.面谈法。面谈法是通过与受训人员、受训人员的上司、同事或客户直接面谈来评估培训效果。这种方法可以适用于反应和行为层面的培训评估。

第一种,与受训人员的直接面谈法。一般是在培训中进行,通过课间与受训人员的直接交谈,及时对培训效果进行正确合理的判断,以便了解培训是否达到了原定的进度和目标。

第二种,与受训人员的上司、同事或客户面谈法。通常是培训结束后三个月或半年进行,通过与其上司、同事或客户的面谈,如果发现受训人员在理论知识、工作态度和工作能力等方面都有所进步,就说明培训是有效的;反之,受训人员通过培训在工作上没有任何改变,或只是学到一些价值不大的东西,那么培训就是无效的。

5.考评法。考评法主要是通过提前设立目标或者绩效考评来评估培训的效果。主要由受训人员的上司在培训后半年或一年进行。它比较适用于结果层面的培训评估,主要分为两种。

一是目标比较法。它指培训组织部门在实施培训前就制定好目标,培训后一段时间,对这些目标的实现情况在培训实施前后进行比较。如可对操作人员预先制定次品率下降10%的目标,如果这个目标实现了,就可以说明培训是有积极效果的,反之则效果不佳。

二是绩效考评法。它是指设立一些绩效考评指标来衡量培训的效果,如事故率、生产率、质量优良率以及企业对客户的服务等,通过对这些组织指标的分析,并与开展培训前的数据进行对照,企业就能够了解培训带来的收益。

三、培训评估的意义

正如前文所述,培训评估是企业根据既定的质量标准对培训教育活动及其效果进行的价值判断。培训评估是培训工作中不可缺少的环节,虽然处于整个培训管理链的最末端,却是系统中重要的反馈内容,所产生的信息将对整个系统运行的改善发生重要的作用。

(一)培训评估的目的

培训的目的是解决、预防工作中的问题,或为即将到来的新任务做准备;评估的目的在于培训是否达到了预期的效果。具体包括以下几方面。

1. 正确判断培训效果。对于培训组织者来说,通过评估可以正确了解某一培训项目是否达到原定的目标和要求。

2. 评估培训项目的优点和缺点。通过评估能够总结工作中成功的亮点,对发生失误的地方进行纠正,及时掌握培训管理活动的优缺点,正确认识工作的实际情况。

3. 比较培训项目的成本与利润。评估培训项目的支出和收入的效益如何,将使有限的资金得到更加合理的配置。

4. 从中发现新的培训需要。有时候,评估所提供的信息可以帮助潜在受训者确定他们是否应该参加将来的某种培训。

5. 客观评价培训者的工作。对培训效果的检测评估,有助于培训人员进行自我检查,从而不断提高培训的质量。

6. 收集资料为管理层的决策提供参考。从培训评估中收集的资料可以为管理层提供信息,而且管理层对培训结果的重视往往也会引起企业其他人员对培训管理的重视,从而促进对培训管理的投入和培养对此工作的积极性。

(二)培训评估的意义

1. 导向与激励作用。评估将引导评估对象趋向理想目标,起到定标导航作用,促使整个培训过程趋于优化。评估将激发评估对象的内在动力,调动其潜能,增进其管理活动的积极性和创造性。

2. 测量企业培训的投资回报率,为管理者的决策提供数据支持。投资回报率指的是将培训结果的货币价值以及培训项目的成本用百分比的形式表示。通过计算投资回报率,可以向组织证实所提供的培训项目的收益,而且还可以证实培训不是一种纯粹的费用支出,而是一种投资,可以为企业带来预期回报。

通过这一评估,倘若收益明显,不仅可以让高层管理者认识到培训的重要性,也可借此体现人力资源部门或培训部门在组织中的重要作用。人力资源部门和培训部门不仅仅是行政管理部门,同时更是一个创收的运营部门。管理者(主要是领导者)对培训结果的重视,往往也会引起企业其他人员对培训结果的重视,从而提高员工对培训的热情与关注。

3. 对受训人员的情况进行摸底,为下一次培训奠定基础。了解哪些参与者从培训项目中收获最大,哪些参与者收获最小,从而可以确定将来参加培训的人选,为下一次培训的开展奠定基础。企业培训评估反映了受训人员对所学内容的掌握程度,在培训中学到的知识技能有效地运用到工作中去的实践程度,以及参与者在接受培训后其工作行为发生了哪些良性的、可观察到的变化,这种变化越大,就说明培训的效果越好。同时,培训评估还反映出了企业经营绩效的改进程度。提高企业的整体绩效是开展培训的重要目的。一般来说,工作行为的改变将带来个人工作绩效的变化。例如,企业为员工提供安全教育培训,受训者安全意识和安全技能提高后,以及不安全行为改变后,相应的工作绩效方面的体现就是违章减少、安全事故降低等。运用评估所获得的有关培训的全部信息,可以对培训的计划、组织、施教、考评等所有环节作出鉴定,从而为培训的项目、方案、方法、时机、实施者等对象和手段的比较和遴选奠定基础,使新一轮的培训更加有效。

4. 提高培训教师的素质,优化培训机制。培训师在培训活动中处于主导地位,在一定程度上决定着培训的效果。因此,对培训教师进行评估,不但有利于促进培训、教学过程的优化和培训师素质的不断完善与提高,而且会促进企业培训机制的不断优化,提高培训质量。一般来说,培训的效果反映了培训师的水平和对待培训的态度。对培训效果的检测评估,有助于培训者进行自我检查,进一步端正态度,从而不断提高培训质量。

5. 确定企业培训项目的优缺点。通过企业培训的有效评估,收集受训人员的情绪、注意力、赞成或不满等对培训效果作出的评价,将他们对培训内容、培训教师、教学方法、材料、设施、培训管理等的建议及时反馈到人力资源管理部门,可以及时发现培训项目的优缺点,并及时进行调整。因此,要使培训有效,首先重要的是受训人员对培训要有积极的反应。如果通过培训评估发现大多数受训人员是喜欢该培训项目的,则说明培训的内容是受训人员所能接受的。否则,受训人员将没有积极的动机与主动的学习态度来参加培训,对企业再有用的培训内容也难以成为受训人员的知识或技能,更难以转化为员工有效的实际行动。同时,评估对培训管理政策、培训模式和采用的培训技术及培训实施过程不断进行检验,使培训管理者从培训评估中吸取有价值的经验教训。成功的经验将被沿袭和推广,失败的教训则提醒培训管理者不再掉进同一个陷阱。

通过评估可以测算出某一培训项目的收益与成本比率,使企业对培训的效益有一个清楚的定量认识,帮助企业进行决策。例如,定量数据可以帮助企业比较不同培训项目所产生的收益,从而选择最优项目。如果某一培训项目被评估为效果不佳,企业就可以及时调整培训项目,使培训费用得以充分利用。培训效果评估能帮助人们对特定培训项目的必要性作出科学的评价,从而决定这一特定的培训项目是继续下去还是终止。

只有进行了有效的企业培训评估,才能及时发现培训过程中存在的问题并及时进行反馈和修正;只有进行了有效的企业培训评估,才能及时了解到员工所遇到的问题并及时解决和完善;只有进行了有效的企业培训评估,才能随时掌握企业人力资源管理环节中的信息,为企业人力资源管理提供有效的决策信息。因此，培训评估作为培训活动的最后工作，应予以重视，不容忽视。

☞ **案例链接**

某大型企业一直以来饱受高离职率的困扰，很多高素质员工不断跳槽。经过分析，决策层认为是由公司不能积极地对待员工造成的。企业就此实施了导向培训，经统计：

新员工主动辞职率降低了69%，由此产生的收益达8.52亿元人民币；学习掌握专业知识、技能的时间由6个月减少为5个月，由此产生的收益达4.89亿元人民币。两者合计收益为13.41亿元人民币。

发生的成本为培训、教学人员和组织者的工资及材料消耗，共计1.71亿元人民币。

可得成本收益率为13.41:1.71＝8:1。

课堂讨论：请讨论一下该企业采用了哪种培训评估方法并讨论该方法的优劣。

第二节　员工培训与开发评估模型

目前在理论界，比较成熟的评估模型主要体现在对培训效果上的评估上。

企业培训效果评估是指对企业和受训者从培训当中获得的收益情况进行培训前后的对比，以衡量培训是否有效的过程。培训效果评估通常也通过不同的测量工具评价培训目标的达成度，并据此判断培训的有效性以作为未来举办类似培训活动时的参考。其目的是为了便于企业在选择、调整各种培训活动以及判断价值的时候作出更明智的抉择。

一、模型的种类

培训效果评估产生于20世纪50年代，经过半个多世纪的发展，经历了从定性评估到定量评估的分层级评估、分阶段评估等阶段。

（一）分层级评估模式

分层级评估模式比较有代表性的理论主要有柯克帕特里克的四层次企业培训评估模型、考夫曼（Kaufman）的五层次评估模型、菲力普斯（Phillips）的五层级投资回报率（ROI，return on investment）模型、汉姆布林（Hamblin）模型。

1. 柯克帕特里克模型[①]。目前,国内外运用最为广泛的培训评估模型就是柯克帕特里克四层级培训评估模型。由国际著名学者威斯康星大学教授唐纳德·L. 柯克帕特里克于 1959 年提出,至今该模型仍是培训评估从业人员经常使用的经典培训评估模型。柯克帕特里克从评估的深度和广度将培训效果分为四个递进的层次:反应、学习、行为和结果,并回答了四个问题(如表 8-2 所示)。

表 8-2 柯克帕特里克四层级评估模型表

评估层次	问题设置	衡量方法
反应层	• 受训者是否对培训感到满意? • 对培训人员和设施有什么意见? • 课程对受训者有作用吗?	问卷法、访谈法
学习层	• 受训者从培训项目中学习到了什么?	笔试法、实操法、工作模拟法
行为层	• 通过培训,受训者的行为是否发生了变化?	观察法、360 度调查法
结果层	• 受训者行为的变化是否对企业产生了积极的影响?	目标比较法、绩效考评法

(1)反应层。反应层是第一层级评估,属于培训效果评估中的最低层级,表达了受训者对培训项目的看法,即在课程刚结束的时候,了解受训人员对培训项目的主观感觉和满意程度。这一层级需要评估几个方面:培训材料、培训师、培训设施、培训方法、培训场地、报名程序等。

为了观察受训人员的反应,可以设置这样一些问题:受训者是否喜欢培训课程;对受训者是否有用;对培训讲师及培训设施有何意见;对于课堂反应是否积极。采用衡量的方法有:问卷、填写评估调查表、对受训人员进行访谈。也可以在每位讲师的教学内容完成后,及时地发放调查问卷来评估课程。调查问卷评估项目要尽量地简单、实用,切忌烦琐、费时、单调,否则会使受训人员反感,而且也会大大降低问卷的可信度。培训部门可以把了解到的情况及时与全体受训人员进行沟通,征询大家的意见、建议,制定出改进措施,并征得他们的认可。

受训人员对授课教师反应的评估,可从讲师的授课态度、授课内容、教学方式、受训人员理解和接受程度、学习兴趣以及改进的建议等几个方面设计评估表。评估尺度可用好、较好、一般、较差、差 5 类量表法进行评分,评估受训人员对培训项目的反应。每隔一定阶段或是某一培训环节完成后,培训部门就可以据此了解受训人员对培训项目的反应情况。

受训人员对培训设施的意见评估。培训设施对于培训效果有间接的影响,培训组织者必须对受训人员的意见给予重视,如对图书馆、电脑、教室、实验室

---

① 唐纳德·L. 柯克帕特里克,詹姆斯·D. 柯克帕特里克. 如何做好培训评估:柯氏四级评估法[M]. 3 版. 北京:机械工业出版社,2007.

的满意程度等。

此层面的评估的最大优点是易于进行，是最基本、最普遍的评估方式。局限性则是容易以偏概全、主观性强。例如：因为对讲师有好感而给课程高分，或因为对某个因素不满而全盘否定课程。

表8－3为某公司的培训评估表。

表8－3　某公司培训效果评估表

课程内容：＿＿＿＿＿＿＿＿　**培训师姓名：**＿＿＿＿＿＿＿＿

培训日期：＿＿＿＿＿＿＿＿　**培训地点：**＿＿＿＿＿＿＿＿

请就下面每一项进行评价，并在相对应的分数上打"√"：

◆ **课程内容**	**很差**	**差**	**一般**	**满意**	**很满意**
1 课程适合我的工作和个人发展需要	1□	2 □	3□	4□	5□
2 课程内容深度适中、易于理解	1□	2 □	3□	4□	5□
3 课程内容切合实际、便于应用	1□	2 □	3□	4□	5□
◆ **培训师**	**很差**	**差**	**一般**	**满意**	**很满意**
4 培训师的仪表标准、个人形象	1□	2 □	3□	4□	5□
5 培训师有充分的准备	1□	2 □	3□	4□	5□
6 培训师表达清楚、态度友善	1□	2 □	3□	4□	5□
7 培训师对培训内容有独特精辟见解	1□	2 □	3□	4□	5□
8 培训师课堂气氛和吸引力	1□	2 □	3□	4□	5□
◆ **培训方式**	**很差**	**差**	**一般**	**满意**	**很满意**
9 培训方式生动多样、鼓励参与	1□	2 □	3□	4□	5□
◆ **培训总体**	**很差**	**差**	**一般**	**满意**	**很满意**
10 课程时间安排以及时长	1□	2 □	3□	4□	5□

◆ **参加此次培训的收获有（可多选）：**

A. 获得了适用的新知识。

B. 理顺了过去工作中的一些模糊概念。

C. 获得了可以在工作上应用的一些有效的技巧或技术。

D. 帮助自己客观地观察自己以及自己的工作，以及对过去的工作进行总结与思考。

E. 其他（请填写）：

◆ **对本人工作上的帮助程度：** A. 较小　B.普通　C.有效　D.非常有效

◆ **整体上，您对这次课程的满意程度是：** A. 不满　B .一般　C.满意　D.非常满意

您给予这次培训的总评分是（以10分计）：＿＿＿＿＿

◆ **其他建议或培训需求：**

资料来源：百度文库，https://wenku. baidu. com/view/6590eff94631690d6c85ec3a87c2402890558522. html? 58 = incomel - wk_app_search_ctr_search.

(2)学习层。对于培训内容,受训人员掌握的情况如何,由这一层来进行评估。主要涉及受训人员对培训的能力、态度与技能方面的了解与吸收程度等,检验受训人员的学习成果。常用的方法有:评估调查表填写、笔试成绩、绩效考评及案例研究知识层面的评估。对于技能类的培训,就要考察受训人员有没有真正掌握这些技能;对于知识类的培训,就要考察受训人员对培训知识的理解、记忆程度;如果是态度教育,就要通过考察受训人员在平时工作中表现出来的工作态度来测量受训人员对培训内容的接受程度。

在培训期间,培训组织者要向受训人员发放学习手册,要求受训人员对培训内容进行记录并将自己的体会心得记录下来;还要求受训人员在培训结束后,对整个培训所学内容进行系统的反思、梳理,思考如何能够将培训内容应用于工作中,以获得实质性的提高,并使培训得到应用。培训部门要定期地对培训的结果进行应用层面的评估,可以向受训人员发放一个实际应用的记录册,能及时掌握受训人员在工作中是否能够将培训内容进行应用。总的来说,第二个层级的评估是测量受训人员在走出培训地点时的收获。

该评估方式主要有两大优点:一是对受训人员有一定的压力,能使受训人员更认真地学习;二是该方式对培训讲师也有压力,能使他们更负责、更精心地准备课程和讲课。相对应的,学习评估存在的局限性主要表现在以下两个方面:一是评估所带来的压力可能使报名不踊跃;二是评估所采用的测试方法的可靠度和可信度可能不大,测试方法的难度可能不合适,对工作行为转变来说可能也并非是最好的参考。

(3)行为层。行为评估是测量在培训项目中所学习的技能和知识的转化程度,以衡量受训人员的工作行为有没有得到改善。这一层次主要通过观察、主管评价、客户评价、同事评价等方式来评估。该评估方式主要的优点,一是可以直接反映培训的效果,二是可以使高层领导和直接主管容易见到培训效果,使他们更支持培训。行为评估具有十分重要的意义,它涉及的人员有培训和开发人员、区域讲师或地方经理;评估的目标涉及培训的应用领域,包括重要的在岗活动。同时,行为评估的实施也具有一定的难度。一是实施时间的问题。由于行为评估往往是在培训结束的几周或几个月之后进行,需要一定的条件,因此不具备相应条件,很难做出准确的评估。二是员工配合的问题。由于需要占用相关人员较多时间,他们可能会不太乐于配合工作。三是问卷设计的问题。问卷在评估方面的项目设计非常重要,却比较难做,很难保证问卷的全面性和有效性。四是不相关因素的干扰问题。员工的表现因人而异,多因多果,因此难以剔除不相关因素的干扰,从而使评估结果的有效性降低。

进入第三层级的评估,事情就会变得复杂起来。受训人员多大程度上能将所学用于改变自己的行为?在多长的时间内,行为实现了怎样的改变?这些结果应该由谁来管控？现实中，真正应该在此层级担任评估主体的是直线经理。他们要通过恰当的方法，管理受训人员应用培训所学的幅度、深度和进度，也只有依靠直线经理的管理，受训人员改变行为的能力才能转化为实实在在的行为改变，最终带来企业预期的绩效改善。

实际上，一些企业培训评估最终的结果不甚了了，主要的问题就出在第三个层级：部门主管在这个阶段中没有履行自己的职责，导致员工尽管具备改变行为进而改善绩效的能力，却因为不能形成习惯并带来长期、有意识的行为改变，最终期望的绩效改善就落了空。

(4)结果层。结果评估为第四层级评估。评估由于培训项目引起的业务结果的变化情况，最为常用的方法是对投资净收益的确定。这一阶段，评估已经上升到组织层面。它着眼于培训之后企业业绩的改善情况，也通过对质量、数量、安全、销售额、成本、利润、投资回报率等企业或受训人员上司关注的并且可量度的指标进行考查，与培训前进行对照，判断培训成果的转化情况。评估人员包括受训人员自己、主管、区域培训协调员或者外部的评估人员。结果评估的优点在于可以打消高层主管投资于培训的疑惑，可以指导培训课程计划，把有限的培训经费用到能为企业创造经济效益的课程上来。其局限性则包括：首先，需要较长的时间，因为培训成果的转化不是一朝一夕就能够完成的。其次，评估的技术要求高，对评估者的要求也就相对较高，企业现有的培训管理者可能无法驾驭，评估技术不完善。再次，必须取得管理层的合作，否则就无法拿到相关的数据，通常这也是存在一定困难的。最后，即使企业有条件将非培训导致的绩效结果与之剥离，这种剥离也是极为复杂的。

柯克帕特里克四层级评估模型是从内在价值与外在价值两个方面对培训效果加以评估，以帮助培训评估人员确定整个培训项目中受训者对培训实施的满意程度、对培训项目所传授内容的掌握程度、行为的改变程度以及对企业绩效的影响程度。但此模型也有明显的缺陷，即评估的内容尚不够全面，一些很重要的评估内容尚未体现：一是对培训工作本身所需资源没有进行评估。实施培训工作是需要耗费资源的，企业的人力、财力、物力以及时间能否足够有效地支持培训工作的顺利实施是一项重要的评估内容，的确需要加以充分考虑。二是对培训项目的投资回报率没有进行评估，也就是说，缺乏应有的“定量分析”。三是没有对培训项目的实施最终会给企业外部带来的影响展开评估。随着企业的不断发展，人们的视野也在不断扩展，不仅逐步重视培训项目在企业内部的作用，而且开始考虑培训项目所带来的企业的变化对周边环境的影响以及对社会的价值。

2. 考夫曼的五层级评估模型①。考夫曼的评估模型是对柯克帕特里克的四层级模型的扩展。他认为培训能否成功,培训前的各种资源的获得至关重要,因而应该在模型中加上这一层级的评估。他认为,培训所产生的效果不仅仅对本组织有益,它最终会作用于组织所处的环境,而环境的改善又反过来会给组织带来效益。因而他加上了第五个层级,即评估社会和客户的反应。各层级评估具体如下。

(1)第一级评估。它包括两项内容:一是关于培训项目所需资源的可能性评估,分析企业的各项人力、物力和财力能否保证培训的成功;二是反应内容的评估,包括培训的方法、手段和程序的接受情况和效用情况。

(2)第二级评估,即掌握评估,了解受训人员对所培训的知识和技能的掌握情况。

(3)第三级评估,即应用评估,评估个人和团队在受训后工作中的表现情况,以及对所培训知识和技能运用的情况。

(4)第四级评估,组织效益评估,主要评估由培训所带来的行为变化而产生的组织结果,以及培训对于组织的贡献和回报情况。

(5)第五级评估,社会效益评估,评估培训项目对于企业外部主体的影响,包括客户、供货商等相关主体的获益情况。

考夫曼的评估模型中,既有对培训项目的评估,也有对培训效果的评估,综合了两个方面。另外,扩展了培训收益计量的范围,不单单是企业,还应该评估相关得益者的收益。

3. 菲力普斯的五层级投资回报率模型②。针对普遍受到关注的投资回报率问题,菲利普斯(J. Philips)提出了五层级投资回报率评估模型。五层级投资回报率模型最大的特点与贡献就是在柯克帕特里克的四层级评估模型的基础上,十分明确地增加了第五层级评估——投资回报率(ROI,return on investment)的评估。此模型前四层级和柯克帕特里克的模型基本相同,根本的区别在于第五层级。它的第五层级评估内容是投资回报率,工作的重点是将培训项目所带来的货币价值与其成本进行比较,从而增强了柯克帕特里克模型中对结果层的评估,突出了培训中的经济价值。

为寻找减少成本并取得更好效益的方法,菲力普斯提出了五层级投资回报率模型。其具体内容包括以下几项。

(1)第一级评估,反应评估,主要评估受训人员对培训计划实施过程的培训满意程度。

---

① http://wenku.baidu.com/view/de5ae519964bcf84b9d57b1d.html.

② http://wenku.baidu.com/view/af8ca8c75fbfc77da269b166.html.

(2)第二层级评估,学习评估。它指利用测试、技能实践、角色表演、情景模拟、小组评估和其他评估工具,检验受训人员在培训中所学的内容,评估受训人员知识、技能和观念的变化。

(3)第三层级评估,在工作中的应用评估,用各种后续跟踪手段来确定受训人员是否将学到的东西应用到了工作实践中。

(4)第四层级评估,业务结果的评估。评估受训人员利用所培训的知识产生的实际结果,包括产量、质量、废品率、成本节约、人员流动等各种结果指标。

(5)第五层级评估,计算投资回报率。将培训产生的结果进行货币价值的转换,计算培训产生的经济效益,以及培训所花费的成本,进行成本效益分析。投资回报率和投资净回报率的计算公式如下:

$$投资回报率=\frac{培训项目收益}{培训项目成本}\times 100\%$$

$$投资净回报率=\frac{培训项目收益-培训项目成本}{培训项目成本}\times 100\%$$

培训成本包括直接成本和间接成本。直接成本包括:培训师、咨询人员和项目设计人员的工资福利;培训使用的材料和设施费用;设备或教室的租金或购买费用,以及交通费用。间接成本包括:受训者的工资和福利;一般的办公用品;设施、设备及相关的维护费用;与培训没有直接关系的培训部管理人员、行政人员和服务人员工资,以及因培训所发生的其他机会成本等。

例如,马格纳沃可斯(Magnavox)电子公司为电子及机械装配工提供了为期18周的基础培训,培训效果非常好,仅在生产率和质量上,就获得了年收益321 600美元,培训总成本为38 233美元,所以投资净回报率为:

$$\mathrm{ROI}(\%)=[(321\ 600-38\ 233)/38\ 233]\times 100=741\%$$

表明马格纳沃可斯公司每1美元的投资除去垫付的成本外,还可获得7.4美元的收益。

该模型用量化的观念评估了培训所带来的培训收益。它的局限性也是存在的,那就是培训所带来的一些收益和所发生的成本因无法量化而被排除在计量之外,如因培训受训者在工作中体会到了快乐与幸福,或因各种原因而产生压力和不适。这使得采用计算方法不能正确地作出全方位的评估。

4.汉姆布林(Hamblin)模型①。该模型由汉姆布林于1974年提出。他认为,培训效果评估应该增加两个方面:一是对行为产生的结果进行成本效益分析;二是要评估培训结果对企业战略目标的影响。汉姆布林模型与柯克帕特里克的四层次模型基本相似,他将培训评估划分为五个层级,具体如下。

(1)反应评估。主要了解受训人员对培训相关要素的看法,包括培训内容、

① http://wenku.baidu.com/view/af8ca8c75fbfc77da269b166.html.

方式、培训师的教学水平等,通常在培训过程中、培训结束后一段时间内进行,受训人员对一系列因素的反应都被考虑在内。

(2)学习效果评估。主要了解培训对于受训人员的影响,在培训之前和之后进行测评,评价受训人员的知识、技能和态度的变化。

(3)工作行为评估。确认由培训项目导致的受训人员在工作中行为表现的变化,在培训项目之前和之后进行。

(4)执行评估。量化培训项目给受训人员所在的部门、组织带来的影响,多数情况下,采用成本—收益分析法评估。

(5)组织目标评估。评估培训项目对组织赢利能力和对抗危机能力的影响,检验培训结果和企业战略目标的一致性,以评价企业培训是否达到了预定的效果。

汉姆布林模型的重要贡献在于提出评估培训对企业战略目标的影响。建立了企业培训评估与企业战略发展之间的关系,也会反过来促进培训部门在进行培训项目设计时,多问几个为什么,会不会对企业的发展有利,能不能帮助企业实现经营目标,提高培训设计的针对性和战略一致性。

(二)柯氏改良模型①

学者乔治·阿利格(George Alliger)和伊丽莎白·贾尼可(Elizabeth Janak)针对柯氏模型在实践应用中出现的一些不足,提出了培训是一个完整连续的过程,“培训效果的评估不应该只是作为一个提高组织绩效的方法,它还是一个完整培训过程中重要的部分”。根据这些,学者约翰·托普利斯(John Toplis)、大卫·沃利斯(Dave Wallis)和温迪·方丹(Wendy Fountain)在1993年提出了改良模型。

柯氏改良模型的主要优点在于把培训效果评估看作是培训的一个重要部分,没有把评估和培训分割开,可以有效地把培训计划和培训内容以及培训评估结合起来,使培训评估对培训计划有指导作用,使培训计划更加适合员工以及企业的培训需求。它的不足之处在于评估内容太多,容易给评估带来障碍,使各个层级的评估结果不易准确地得出。

(三)分阶段评估模型

分阶段评估模型有CSE评估模式、CIRO评估方法、CIPP模型等。其中CIPP模型是代表模型,其他的模型多数基于这个模型,本书将对这个模型做重点介绍。

1. CIPP模型②。CIPP(C, Context Evaluation; I, Input Evaluation; P, Process

---

① http://wenku.baidu.com/view/de5ae519964bcf84b9d57b1d.html.

② http://baike.baidu.com/view/1944489.htm.

Evaluation;P,Product Evaluation)评价模式,亦称决策导向或改良导向评价模式。它认为评价就是为管理者做决策提供信息服务的过程。

CIPP 模型与 CIRO 相似,这种方法认为评估必须从情境、投入、过程和成果四个方面进行。

与柯克帕特里克的研究对象不同,丹尼尔·斯塔弗尔比(Daniel Stufflebe)将培训项目本身作为一个对象进行分析。根据项目组织过程的规律,提出了关于培训效果评估的 CIPP 模型。他认为,培训效果的评估包括四个方面:情境评估、输入评估、过程评估和成果评估。它是 1965 年美国通过初等及中等教育法案(America's Elementary and Secondary Education Act,ESEA),联邦政府要求所有州接受该法案时所采用的评估方法;也是最早应用于教育的评估,后来逐渐推广应用到其他项目的效果评估。其各项评估的具体内容如下。

(1)情境评估(context evaluation),主要用来确定培训的目标。对环境进行描述和分析,发现机会与需求,并对特殊的问题进行诊断,包括政策背景、环境背景以及需求背景的评估。

(2)输入评估(input evaluation),其目的主要用来决定何种资源可用来实现目标,包括工作计划、所需设备、经费预算和人力资源等,对各类资源进行分析,确定资源配置使用的策略。

(3)过程评估(process evaluation),主要为实施培训项目的负责人提供信息反馈,包括可能存在的问题、潜在的失败因素等,有助于对培训计划进行修改和调整。

(4)成果评估(product evaluation),主要对培训的结果进行衡量,并与培训的目标之间进行比较分析,找出原因,为以后的培训提供参考依据。

从这四个方面的分类看,斯塔弗尔比的 CIPP 评估模型实质上更应该是对培训项目的评估,而不仅仅是培训效果的评估。其目的不单纯是对培训效果的评价,还用来指导培训的优化设计。该模型后来得到更广泛应用的事实也证明了这一点。

2. CIRO 评估法[①]。CIRO(C,Context Evaluation;I,Input Evaluation;R,Reaction Evaluation;O,Output Evaluation)评估方法由沃尔(Warr. P)、伯德(Bird. M)和雷克汉姆(Rackham. N)三位专家提出。它描述了四种基本的评估级别,即背景评估、投入评估、反应评估、产出评估。这四种评估级别分别对应于培训需求分析、培训资源和培训方法确定、受训者对培训的反应、培训结果收集四个阶段,它实际主张培训效果评估贯穿于整个培训工作流程,应与培训工作同步开展。

---

① http://baike.baidu.com/view/1543803.html.

该模型具体包括四类评估内容。

(1)背景评估,即审查培训项目运行背景的基本条件,确定培训的需求、培训最终要克服的问题、在中间阶段组织行为的变化、即期目标及其完成程度。

(2)投入评估,即获取和使用可能的培训资源来确定培训方法。

(3)反应评估,即评估受训人员在培训项目中和培训项目后的态度。

(4)产出评估,即主要针对以下四项内容进行评估。

- 确定培训目标;
- 策划、准备培训技术;
- 使用培训技术;
- 审查培训结果。

3. CSE 评估模式。CSE(center for the study of evaluation)评估模式是美国洛杉矶加州大学评价研究中心的阿尔金(Alkin)教授提出的。该评估模式的特点是针对整个培训过程分阶段进行评估,因而不受时间、条件限制,也较容易操作。与其他评估模式相比,它的优势主要体现在阶段性、综合性与全程评估相结合上。因其将整个培训的发生、发展过程分为阶段进行评估,从而有效地获取培训过程中各阶段、各环节的可靠信息,不断控制、调整和改进培训工作。

二、培训层级评估的操作方法

根据以上的评估模型,如果单独就层级的评估操作方法来说,每一个层级关注的焦点不同,评估结果都有一定的局限性。结合 1970 年沃尔、伯德、雷克汉姆几位专家提出的背景评估、投入评估、反应评估和产出评估四类评估模型,在实际操作中,能得出较完整的层次评估。

(一)反应层级

反应层级评估通常以设计问卷调查表的形式进行,也是现在企业通常采用的评估形式。通常企业的反应评估内容主要分为培训行政安排、讲师和自我评估三个方面,详细内容如下。

1. 培训组织情况,通知时间、环境与设施、课程及教材、住宿安排、工作人员服务等。

2. 讲师情况,能力、语气语调、控场能力等。

3. 自我评估,投入状况、积极性、学习内容等。

采用问卷方式进行培训评估,问卷分两种:知识与态度问卷与行为表现问卷,分别在培训前与培训后,由受训人员及其主管共同填写。

(1)知识与态度问卷(nowledge & attitude question,简称 KA 问卷)。KA 问卷是对受训人员培训前后的知识与态度进行调查的问卷,由讲师根据课程内容设计，一般为 40～50 个问题，每个课程单元对应约 5 个问题，问题一般采用如下结构：

● 针对知识的问卷：我＋清楚/了解/明白/知道＋问题内容。

● 针对态度的问卷：我＋认为/觉得＋问题内容。如："我认为只要下定决心，没有办不到的事"。

KA 问卷在培训前由受训人员填写，由培训部门收集后汇总交于讲师，作为对受训人员学前了解与评量的依据。培训结束后，受训人员须再次填写相同内容的 KA 问卷。

（2）行为表现问卷（behavior performance question，简称 BP 问卷）。BP 问卷是对受训人员培训前后的行为表现进行调查的问卷。主要分为两种：一种是由受训人员填写的 Behavior Performance Question for Self，简称 BP－S 问卷；另一种是由受训人员直属主管填写的 Behavior Performance Question for Boss，简称 BP－B问卷。问卷亦由讲师根据课程内容设计，一般为 40～50 个问题，每个课程单元对应约 5 个问题，一般采用如下结构：

● 我＋会/能够/做得到＋问题内容。

培训部门负责人需要将受训人员培训前后填写的 KA 问卷及 BP－S 问卷与 BP－B 问卷的分数按课程单元对问题进行汇总，一般将一个单元内的 5 个问题汇总成总分，而后按以下方式进行比较：

● 对受训人员培训前后填写的 KA 问卷中相同单元的汇总得分进行两两比较。

● 将受训人员培训前填写的 KA 问卷与培训前填写的 BP－S 问卷中各单元的汇总得分进行交叉比较。

● 将受训人员培训前填写的 BP－S 问卷与培训后 3 个月填写的 BP－S 问卷中相同单元的汇总得分进行两两比较。

● 将受训人员直属主管在培训前填写的 BP－B 问卷与培训后 3 个月填写的 BP－B 问卷中相同单元的汇总得分进行两两比较。

根据比较结果，以量化的方式衡量出受训人员的知识、态度及行为表现在培训前后的不同程度，可以切实衡量出培训后受训人员的行为表现能否得到提升。

例如：受训人员在培训前的 BP－S 问卷中对"我能够作好成功地授权"的评分为 5 分，在培训后的 BP－S 问卷中对这一项的评分为 8 分；其直属主管在培训前的BP－B问卷中对"他能够做好成功地授权"这一项的评分为 3 分，在培训 3 个月之后填写的BP－B问卷中对这一项的评分为 4 分。可以看出，虽然该受训人员对培训后行为的改善自我感觉良好，但从其直属主管的评价来看，其实该员工的授权能力并没有得到显著提升，这就会引起培训管理人员的注意，并进一步证实培训效果究竟达到了什么程度。

此外，还可以依据以上比较问卷中各单元的总评分数绘制折线图，通过图形直观地进行比较。

例如，通过培训，受训人员在沟通与协调及组织管理的原则等方面的知识与态度获得了较大提升，但培训对受训人员在管理基本认知、计划与执行等领域的帮助不大。

注意，BP－S 问卷和 BP－B 问卷可以和绩效管理有机结合，问卷中的内容均可参考绩效考评中的内容，由负责考评的主管与被考评人共同确定，如个人知识、态度、能力与表现方面的提升目标，并可结合课程内容制定。

以上培训效果评估方式具有系统、准确、量化、直观等优点，但需要参加培训的受训人员及其直属主管密切配合。同时，由于问卷需要由对课程最熟悉的讲师编写，还需参考企业培训需求调查与绩效管理方面的详细资料，因此耗时较长，工作量较大。

（二）学习层级

学习层级的评估，主要考核受训人员掌握了多少知识和技能，通常通过书面考试、撰写学习心得报告、行为改善方案等进行。具体操作中，有如下的方法。

1. 在反应层级评估基础上，增加学习内容测试和问答题，要求运用所学的知识进行解答。这可以分为基础知识点和情景模拟问答。

2. 在实际过程中，特别是 OTJ 内容，学习层级的评估是进行现场操作，在操作过程中注重关键知识点的掌握。

受训者也可以在一些专业性岗位的课程学习后，要求按照学习的内容和时间提出自己的改善方案，并交给直接上级负责监督执行。

（三）行为层级

行为层级的评估是一个需要时间的过程。通常此类评估通过前后对照、360 度调查和绩效考评方式进行。一般时间大约是 3～6 个月，甚至一年以后进行。考虑到公平性，行为层级的评估需要其他人的介入，一般评估人员包括受训人员、同事、下属和上司。操作的基本步骤是，在培训结束之时，要求受训人员制订一份有量化改进的实践计划，列明现在的情况和需要改进的方面。然后，制定跟踪评估调查问卷，并约定在培训结束 3～4 个月的时间里对受训人员进行跟踪调查。然后，培训师、受训人员与受训人员上司讨论实践详细计划，并由直接上级备份。在约定的评估时间内，培训师需要进一步与受训人员的直接上级接触并进行评估交流。在达到约定的时间后，受训人员本人和其直接上级进行评估。有的时候，培训师也参加到评估之中。

值得注意的是，在实际的操作中，有时直接上级的评估会存在一定的偏差，因此，在进行行为层级的评估时，可以邀请同事进行间接调查。一般情况下，最后评定的量化结果按照上级评估:自评:同事（含培训师）为40:30:30的权重比例得出行为改变量化指标。

（四）结果层级

结果层级的评估是培训评估最大的难点。因为对企业经营结果产生影响的不仅仅是培训活动，还有许多其他因素都会影响企业的经营结果。在操作过程中，即便运用一些量化的方法进行结果层级的评估，这些量化的评估方法也只可以提供借鉴，而不能绝对地起到"1+1=2"这样的直观评估效果。结果层级的评估除了讨论最多的前后测与对照组法外，也可以将国内外通用的一些培训成本—收益分析法作为补充和参考。

培训的投资回报计算法，计算前需要确定成本和收益。培训收益一般按照同行业顾客服务同类培训课程平均教学水平的平均投资回报率计算作为参考。

例如，一个企业的某项培训，根据上面成本计算总计为19 340.95元，每个受训者的成本为115.12元，培训收益为92 836.56元，那么，投资回报率就为4.8（92 836.56÷19 340.95），即每在计划中投入1元就会带来大约5元的收入。

第三节 员工培训与开发评估中的问题与解决

正如前文所述，培训评估是依据组织目标和需求，运用科学的理论、方法和程序从培训实施中收集数据从而确定培训的价值、质量的过程。培训评估作为培训总体流程中的主流程之一，既是培训管理的重点工作，也是培训管理系统中最容易被忽视的一个环节。培训评估不仅仅是在培训结束时进行，更应该伴随整个培训过程，甚至延伸到培训结束后的若干时期。

一、培训评估原则

（一）定性与定量评估相结合的原则

为了避免单纯定性评估的主观性，克服单纯定量分析的机械性，培训管理人员必须坚持定性和定量评估相结合的原则。进行培训评估时，在第一阶段先进行定量分析，将培训成果分解为多项评估要素，再给每项要素分派数值，最后计算出培训成果的得分。定量评估是定性评估的基础和依据；定性评估是培训评估的第二阶段，这个阶段要对培训成果的整体水平作出判断，确定培训成果的等级。

(二)价值取向一致原则

通常,培训评估活动都渗透着价值取向。如果培训评估人员之间不能达成一致,那么培训评估的目标也就难以达成。这就要求评估人员时刻不忘培训目的和评估的基本要求。许多企业只做表面文章,把全员参与、气氛热烈、投资量大、教员名气等作为培训成功的标准,这样的培训对于员工职业素养的提高很难产生实质性的效果。

(三)方案与评估目标一致原则

培训目标是培训方案中的核心部分,一定要牢记评估方案是为评估目标服务的。培训评估人员在评估之前,对设计的评估方案要仔细检查,要有助于实际管理者决策。培训评估的方案一定要依据评估目标来设计,在培训评估方案的实施过程中也要时刻关联着评估目标。

(四)可靠性原则

培训评估的结果应该具有较高的信度和效度,才能为今后的培训提供建设性的意见。这要求培训评估人员严格按照培训标准进行评估,对评估过程中的所有环节都应保证评估的客观性和真实性。评估人员要具备评估工作的专业素养,习惯于用批判的眼光观察事物。

(五)科学性原则

正确的培训评估是一个复杂的过程,这是因为培训的效果具有多因素、多变量、界限模糊等特点,要对其进行科学的定量分析是比较困难的。坚持评估标准的科学性就是要努力做到合理分解评估项目与要素,合理确定各项评估指标的权重,合理确定各等级评估要素的分值,使评估标准准确可测。

(六)评估的测验性和诊断性原则

一般来说,培训评估的过程,首先是确定评估的目的,然后根据特定的目的来进行评估目标的具体分析,再通过测验或观察收集有关评估对象的资料,最后根据相互关联的评估标准对资料进行科学的解释,做出客观地评估,并以此为基础对今后的工作采取切实可行的改进措施。这个过程包含着诊断,也就是说,诊断贯穿于评估的全过程,评估的过程也是诊断的过程。

(七)连续性原则

连续性原则是指评估应该是长期的、连续的。只有这样,评估才能真正发挥作用,给予管理者、受训者、教师以持续的动力和压力。评估如果是“一次性”的,其建设性远远不如破坏性。人们可从“一次性”中感觉领导的不重视和形式主义,从而产生一系列的消极行为,把原先辛辛苦苦追求的培训效果糟蹋殆尽。

(八)客观性原则

客观性原则是指评估人员在进行检测评估时,一定要坚持实事求是的态度,排斥主观臆断,真实地反映出培训的客观效果。这条原则是最重要的原则,因为评估的实质是对所实施的培训或培训的效果进行科学的判断。这种判断如果是客观的、实事求是的,对培训活动的价值判断才有可能符合实际,从而推动培训计划的有效开展和组织目标的实现。

二、培训评估中的问题与解决

培训需求评估着眼于培训实施前,它所进行的评估是为了判断培训要不要进行及怎样进行;培训效果评估的前提是培训已经实施,它所进行的工作是为了考察培训是否达到了预期的目标与效果。培训项目设计是否合理?培训效果如何?企业的核心竞争力有无提升?用什么方法测量培训带给受训者和企业的变化?如何克服这些与培训评估相关联的工作难点,建立科学的培训评估系统,是企业员工培训体系建设的关键。

(一)培训评估中的问题

1. 培训评估投入过少。这里的投入,既包括资金,也包括时间、人力等资源。很多企业对培训的实施投入了大量的精力和财力,却在培训评估上投入的很有限。这是因为不少企业没有意识到培训评估的重要性,即使已经认识到了培训评估具有一定的作用,对它的投入仍然不足。企业培训评估资金时间和人力投入缺乏,使得人力资源部只能在培训课程结束后,采用考试法或者演练法草草进行评估,这样的评估效果会大打折扣。更多企业将目光放在了销售部,在培训上吝于投入资金。须知培训对于一个企业的员工来说是最重要的提升自身专业素质、技能的途径。如果企业忽略了培训,那么员工的职业能力提升会受到严重影响。销售工作脱离了高素质的员工,只能是无源之水、无本之木。

2. 培训评估工作不够深入。培训部门通常只对培训课程中涉及的培训态度、培训知识等进行评估,并没有深入地对员工工作行为、工作态度的改变以及为企业带来的效益进行评估。一些企业的培训评估只是一种培训效果评估,且评估流程尚不完整,这是造成现行培训评估机制存在问题的最主要原因。此外,培训评估还仅停留在培训结束后对培训效果进行评估的阶段。这种事后评估虽然有助于完善今后的培训项目,或者预测培训项目的前景,但无法发现当前培训存在的不足,不能对当前的培训项目进行及时修正,也就无法提高当前培训项目的效果。

3. 缺乏对培训效果的量化分析。一直以来,培训效果的量化分析是困扰人力资源经理的一个难题。在对培训效果进行评估时,影响培训后的企业或员工业绩的不仅仅有培训的贡献,还有其他因素,诸如市场的波动、管理层关注引起对员工的激励、奖励体系的改善等的影响。对于哪些收益是由培训带来的,哪些收益是其他要素带来的等问题,缺少科学的分解方法。如果能够把培训之外的因素准确剥离出去,就可以通过培训前后的业绩变化来量化培训效果了。

4. 评估缺乏整体性。这表现为三个方面。一是评估顺序错误。如一些企业的评估没有从第一层级——反应层开始,而是直接进行第二层级——学习层级的评估。二是评估形式化。倘若不进行严格意义上的考试就不能算真正意义上的评估,反映不出培训的真实学习效果。三是缺乏高层级评估。多数的培训评估仅仅对培训课程中所授予的知识和技能进行考评,没有深刻认识到受训者的工作行为和工作态度的改变,工作绩效的改善,能力的提高,思维、观念和心态的改善给企业带来的效益,以及受训者在培训之后的自身职业生涯的影响和改变,评估工作只停留在初级的层次上。

5. 科学评估方法的缺位。如何开展培训评估工作,是很多人力资源管理者面临的难题。对于培训评估,无法管理成型的、系统的、完善的评估体系,也缺乏科学的评估方法,这使得很多企业在进行培训评估时很难作出准确的评估。

6. 缺少一个平衡点。培训评估工作是企业高层管理者、培训管理者、培训师和员工"四方"共同关注的"焦点"。由于"四方"对培训评估过程和目的的认识存在差异,培训评估很难把握在一个平衡点上,从而给培训评估工作带来了一定的难度。其中,企业高层管理者把员工培训工作当成一项重要的人力资源投资行为,希望通过培训评估获得"投资回报"的正面信息;培训管理者作为员工培训的管理人员和培训执行者,希望每项培训活动都能达到预期设计的培训效果,满足企业和员工的期望;培训师希望通过评估获得受训员工的认可,使自己的价值得到体现;员工则希望通过培训获取自己需要的知识和技能,满足自身发展的需要。

7. 不存在客观评估的环境。评估的结果可能是积极的,也可能是消极的,还可能是中性的。消极的结果可能会对培训项目的设计者、执行者或是培训主管部门产生不利影响,也可能对受训者本人产生不良影响。各部门只有做好接受批评的准备,并以乐观的心态看待批评和评估问题,评估结果才能真正发挥其效用。企业的环境应该鼓励员工能够客观地进行评估,而不是受到各种因素的影响而作出虚假的评估。

8. 评估工作走过场。培训评估工作一般由内部培训部门组织实施,由于培训部门既是培训的管理部门又是培训评估部门,在评估自己组织的培训项目的效果时,往往对其中的一些消极因素隐而不报,加之企业高层管理者对员工培训效果的高期望值,从而使培训评估工作缺乏客观性和公正性,容易"走过场",导致培训效果不真实。由于具体从事培训评估的工作人员与被评估方之间的"同事"关系,受评估人员的自身职业素质和传统文化的影响,以及社会背景、个人情感等其他错综复杂的因素的作用,评估也可能失去客观性和真实性。

9. 中长期评估工作薄弱。因培训项目和培训内容的不同,可能会选择在不同的时间段进行评估。需要在实践工作中检验的中期评估和长期评估工作难度大、困难多，也会由于时间拉得过长而无法确定业绩的提升是否与培训相关，这对培训评估工作提出了很高的挑战，并使培训管理部门很难操作。

10. 不重视评估结果的反馈。培训效果评估并不仅仅是为了证明培训方案的好坏，而是为改进培训方案提供依据，促使优秀的、适当的培训开发方案的产生并最终实现企业价值增值。一个完整的人力资源培训过程，始终不可缺少有效的评估反馈。没有培训反馈，培训评估也就失去了意义。对于一个想要谋求进步发展的企业，在其人力资源培训与开发的策略中建立完整的评估反馈系统是必需的。

（二）提高培训评估有效性的对策

培训评估是一个长期、持续的“检验”和“纠偏”过程，它不仅对培训项目和培训效果要进行客观评价，而且让培训管理者对培训工作进行全程“诊断”，为持续改进培训管理工作提供宝贵的信息，使培训资源得到更广泛的推广和共享，最终提高企业的人力资源质量，增强企业的核心竞争能力。为了创造性地做好培训评估工作，克服培训评估过程中常见的误区及工作难点，建立卓有成效的培训评估系统，应采取以下几方面的对策。

1. 建立科学的培训评估制度。培训评估制度应包括培训考核评估制度和培训跟踪制度。其中，培训考核评估制度规范培训过程和培训效果的检验评价工作；培训跟踪制度则是对培训成果在实际工作中的转化和应用进行规范。科学的管理制度是培训评估工作的基础，只有制定符合企业实际的培训评估制度，才能保障培训评估系统正常运行。

完善的培训评估制度可以全面地检验培训效果及其影响因素。通过培训评估体系，可以对教材内容、培训方案、培训方式方法等因素进行评估，以保证培训目标的实现。培训评估制度的建立对于讲师自身素质和授课水平的提高也有着重要的作用，受训人员对课程的打分可以对培训有一个直观的评价，使讲师能够看到自身存在的问题和欠缺，督促讲师不断改善讲课方式、提高讲课水平。培训评估制度为培训组织者提供了一个发现自身存在的不足与缺陷的机会，这是今后培训工作开展的宝贵经验。同时，培训评估制度也使得受训人员能够及时向企业表达自己的愿望和建议，为企业和员工之间架起了沟通的“桥梁”，这大大提高了受训人员参加培训的积极性，促进了培训效果的提升。

2. 寻求高层管理者的积极支持。高层管理者的参与和支持是培训评估工作取得成效的关键。仅有科学的评估制度还远远不够，如果得不到高层领导强有力的支持，就很难客观公正地开展培训评估工作，评估结果也将会失去应用的“价值”和“机会”。因此，培训管理者必须积极争取高层管理者的大力支持，保证培训评估系统高效运行。

3. 培育高素质的培训评估人员。培训评估工作人员的职业素质也是影响培训评估结果的重要因素。培训管理部门应该把对高素质的培训评估人员队伍的打造作为培训资源建设的一项重要工作任务,高标准选拔培训评估工作者,并对其进行专业技能、职业道德等基本素质的强化培训,使其具备专业培训评估人员的综合素质,为有效开展培训评估工作提供人力保障。

4. 重视全程评估工作。正如前文所述,一个完整的培训评估包括三个阶段,即培训前的评估、培训中的评估和培训后的评估。企业应该分段做好培训评估工作,特别是培训后的评估工作,为改善和提高培训质量提供决策支持。

(1)培训前的评估。培训前的评估主要针对培训的前期管理工作,属于"预评估"。它评估的重点内容为培训需求调查和分析、培训计划、培训目标、单项培训项目实施方案、培训资源建设等。培训前的评估工作由企业培训领导机构或聘请第三方组织实施,一般采用结构评估的方式进行。

(2)培训中的评估。培训中的评估在培训实施过程中进行,属于"现场评估"。它评估的重点内容为培训组织的准备工作、培训内容和形式、受训员工的反应、培训进度和现场效果、培训师和现场培训工作者、培训环境等。培训中的评估由培训管理部门组织实施,一般采用问卷调查和现场体验两种方式进行。

(3)培训后的评估。培训后的评估工作是培训评估的重点,在培训结束后进行,属于"结果评估"。它评估的重点内容为培训效果情况、培训效益情况、培训目标达成情况、培训项目、培训组织、培训工作者的工作绩效等。培训后的评估分为即时评估、中期评估和长期评估。其中,即时评估是常用的培训方式,主要评估受训员工在培训刚结束时对知识、技能的掌握情况;中期评估是一个时间较长的评估,主要评估受训员工在实际工作中的应用情况;长期评估时间跨度长,主要检验培训对员工及组织的长期影响。

培训后的评估一般采取定性和定量两种方法,企业应根据培训项目和培训内容的实际情况灵活确定。

5. 重点做好培训效果评估。培训效果是培训评估的核心内容,也是检验培训成功与否的关键,应该高度重视此项工作。培训效果评估是一个依据企业目标和需求,运用科学的理论、方法和程序,从培训结果中收集数据,以确定培训项目的优势、价值和质量的过程。做好培训效果评估便能确定培训是否成功地达成了既定目标;明确培训过程中各项工作的运作情况;衡量各种培训方式是否清楚有效;确定培训项目是否能够真的解决问题;比较培训项目的成本与利润并确定培训的后续效果等。

6. 做好培训成果的转化和应用工作。培训成果的有效转化,是产生培训效益的关键。企业应该建立培训成果转化和应用机制,具体做法是:首先营造一个高层支持的转化环境,然后由培训管理部门和员工所在部门根据企业实际情况编制转化计划,指导受训员工将培训内容与实际工作有机结合,在提高员工个人工作绩效的基础上提高组织绩效,让培训效益在员工的实际工作中和企业的长远经营发展中真正体现出来。

本章小结

培训评估是对整个培训过程进行评价并反馈的过程,通过培训评估可以掌握受训人员对培训的评价以及培训对企业业绩是否产生了正面的效应,也可以发现培训过程中需要改进的部分。

培训评估方法的选取在培训评估过程中有重要的影响,必须予以重视。

本章列举的几个培训模型各有优势与不足,应该根据企业状况决定选取哪个模型来进行评估。

重要概念

培训评估、培训评估模型、层级

复习思考题

1. 什么是培训评估?
2. 培训评估的内容和方法有哪些?
3. 培训评估是必要的吗? 怎样理解培训评估在培训体系中的地位?
4. 培训评估中的弊端有哪些? 应该如何应对?

应用案例

麦当劳:全职业生涯培训①

成立于1955年的麦当劳已是当今快餐业的巨无霸。麦当劳简直成了快餐或汉堡包的代名词,受到世界各地人们的欢迎。目前,麦当劳在世界150个国家和地区设有超过2.8万家连锁餐厅,每天为世界各地的人提供超过4 000万个美味又超值的麦当劳汉堡,以每3小时就增加一个店面的惊人速度,持续地扩展。

麦当劳的创始人雷·克罗克创造了令全世界震惊的麦当劳奇迹,而他历经

① http://wenku.baidu.com/view/01e247f9770bf78a652954cd.html.

艰难的创业史本身也是一个奇迹,雷·克罗克的名字也成了麦当劳的同义语,令世人钦佩不已、感慨万千。雷·克罗克于1902年10月5日出生于芝加哥一个中低收入的家庭。1954年,雷·克罗克在洛杉矶以东50千米的圣伯纳狄诺市遇见了当地一家快餐厅的老板——麦当劳兄弟麦克和迪克。两个闪耀着夺目灯光的拱门下如水的人流惊呆了雷·克罗克。麦当劳兄弟的汉堡包餐厅效率至上,服务快捷,没有浪费,干净整齐,不用碗盘,只需付上15美分,便可买到一份已经配好标准调味料的标准汉堡包。便宜、简单,质量不变。价廉却又有利可图!雷·克罗克眼睛发亮了,私下喃喃自语:这样的生意应该发展到世界各地去。

雷·克罗克在麦当劳兄弟的餐厅里待了三天,决心购买麦当劳餐厅的经销权。到1960年,雷·克罗克以270万美元的代价从麦当劳兄弟手中把餐厅的商标、版权、模式、金色拱门和麦当劳名称统统"据为已有"。此时,在全美麦当劳快餐厅已达228家。麦当劳功成名就、羽翼丰满后,便开始进军国外市场。

您一定会惊讶,一个麦当劳餐厅经理的诞生,需花费至少数十万元的投资和接受超过450小时的训练。因为在麦当劳,强调全职业规划培训,也就是"全职业培训"。在麦当劳,从计时员工开始到高阶主管,结合他们的职业生涯规划,都有不同的培训计划,通过各区域的训练中心以及汉堡大学进行阶梯式的培训,使得麦当劳的员工能够持续不断地学习、成长。由此不难发现,麦当劳非常重视员工的成长与职业生涯规划,在培训上有巨大的投资也是情理之中的事了。

麦当劳的计时员工分为服务员、训练员、员工组长与接待员几部分,这些人都是计时的,麦当劳为什么要培育他们,要给他们这么多的训练?除了传递全球一致的产品与服务以外,更重要的是使得麦当劳的员工能够持续不断地学习、成长,成为国际型企业的优秀员工。

以经理这个职位为例,在麦当劳,经理不只是从计时员工晋升,也有直接从实习经理培育而成的。当麦当劳在招募实习经理这个职级的时候,会考查其是否具有成为餐厅经理的潜能。在餐厅经理培育的一连串的训练计划方面,就是要训练实习经理可以做到餐厅经理。此训练的内容包括:怎么样去经营一个楼面,最基本的餐厅的运作,如何使顾客的经验非常顺畅,管理订货、排班,如何做一个餐厅的领导,怎么样建立团队,企业经营,等等。

在成为经理前的主管就要接受不同阶段的培训。中层主管的职责和餐厅经理有所不同,着重在两个方面,一个是顾问的技巧,另一个是部门的领导。除了训练、营运,还有很多其他专业职能的训练。

麦当劳的高层主管,在汉堡大学也要接受一系列的训练课程。通常对于从基层到中阶主管的发展已经有某种程度的掌握的员工,才能做到高阶主管。麦当劳的高阶主管训练有三个方面:全球讨论会、外部发展讨论会及执行辅导。

麦当劳的管理人员95%要从员工做起。每年麦当劳北京公司要花1 200万元用于培训员工,包括日常培训或去美国上汉堡大学。麦当劳在中国有3个培训中心,培训中心的老师全都是公司有经验的营运人员。餐厅部经理以上人员要到汉堡大学学习,北京50家连锁店已有100多人在汉堡大学学习过。不单去美国、日本、新加坡,一些比较好的、他们没有去过的城市也要去。

一旦员工加入管理组,麦当劳就会给他建立一套结合国内外资源的训练计划。除了在麦当劳训练中心接受营运及管理方面的教育外,当他晋升至餐厅经理时,还能到汉堡大学(Hamburger University)深造,接受更专业、更全面的训练。

在麦当劳,无论职位高低,对员工的训练永远是现在进行式,员工的成长也因而持续不断!在迈向个人成功之路上,员工将亲身参与麦当劳独特而完整的训练课程,体验成为麦当劳经理人的特殊荣耀!

在麦当劳,培训就是要让员工得到尽快发展。很多企业的人才结构就像金字塔,越上去越小;麦当劳的人才体系则像棵圣诞树——如果员工能力足够大,就会让他升一层,成为一个分枝,再上去又成一个分枝,员工永远有升迁的机会,因为麦当劳是连锁经营。

这种全职业培训也使麦当劳公司的人才流失率很低,部门经理以上层次的人才基本上没有流失。麦当劳认为要想留住人才,薪酬福利很重要,但发展机会更加重要。企业在对员工进行培训时,一定要与他的发展相结合,应当计划一下他未来的一年、二年内可能到达什么位置,让员工看到发展的前景是很重要的。

在麦当劳的企业里,有超过75%的餐厅经理,50%以上的中高阶主管,以及1/3以上的加盟经营者,是从计时员工开始的。“麦当劳的训练魔法”一直令外界好奇:究竟麦当劳是如何进行人员培训的呢。

对于如何看待员工的培训和发展的问题,麦当劳创始人雷·克罗克先生说了两句话,第一句是:“If we're going to go to anywhere, we've got to have some talent. And going to put my money into talent.”意思是:不管我们走到哪里,我们都应该带上我们的智慧,并且不断地进行智慧投资。所以,早在1976年,麦当劳的创始人就已经决定要在人员的发展上做出很大的投资。另一句话是:“Cash, you can get; talent, you have to develop.”这句话的意思是:钱,你可以赚到;但是,对于智慧,必须花心思去培养。

在麦当劳,已认定了培训训练带来的利益和价值。

第一,麦当劳相信,只有最好训练、最高生产力的麦当劳团队,才能够在顾客满意与员工满意上达成企业目标。

第二,麦当劳强调在正确的时间提供正确的训练。因为训练的价值在于对员工生产力的大幅提升,同时由于麦当劳的训练也提供给加盟经营者,而加盟经营者在麦当劳的系统里占有很大的部分,所以这对加盟经营者的生产力也有很大的帮助。

第三,有效率地运用训练投资,对于麦当劳的股票投资人,也会产生一定的效益,这也是麦当劳对投资人一个很重要的责任。

第四,透过良好的训练,就能将麦当劳的标准、价值、信息以及想要做的改变一一达成,这对整个系统的永续经营相当重要。因此,麦当劳的"愿景之屋"把"人"当作一个很重要的资产。

和其他企业不同的是,麦当劳的培训训练是发生在真实的工作里面的,而不只是一个课程。它强调对员工意见的重视,主动地执行训练计划,并且把培训和员工的职业生涯规划结合在一起。在麦当劳香港汉堡大学的课程中,有一堂课叫作"与成功有约",目的是让高阶主管有机会分享成功经验,同时也帮助未来经营领导者的成长与锻炼。

最后一个就是"衡量"。在企业的培训训练里面,衡量培训训练的结果与企业的成果有没有结合是一个关键。所以麦当劳有很好的培训训练需求分析,针对需要去设计,同时必须要评估训练的成果,评估是否能够达到组织所需要的效果。

企业的价值观会影响培训训练的成效。在麦当劳的员工培训训练结构中,有两个重要的部分:一个是职业生涯学习过程;另一个是优秀的麦当劳培训训练中心,也就是全球麦当劳的员工学习发展中心,包括汉堡大学。

麦当劳最主要的价值观,就是"以人为本"。一种快速餐饮服务,在训练过程中如何把麦当劳"以人为本"的价值,带入每个人每一次的用餐经验?人在传递服务的过程里,如果有一些互动、有一些关怀、有一些感受,会得到更好的结果,而这也就是麦当劳"以人为本"落实在每一天的实际工作中的体现。

延伸麦当劳最主要的价值观"以人为本",在人员的发展上,就是要"传授一生受用的价值观与技能"。在麦当劳里实现自我梦想的过程中,每一个学习者在每一个不同的经验里会学到一生受用的价值观和技能。

麦当劳很努力去完成"反应、知识、行为、绩效"4个层次的评估。

第一个层次,反应。这就是在上课结束后,大家对于课程的反应是什么。评估表就是收集反应的一种评估方法,可以借由大家的反应调整以符合学员的需求。

第二个层次,就是讲师的评估。每一位老师的引导技巧都会影响学员的学习,所以在每一次课程结束后,都会针对老师的讲解技巧来做评估。

在知识方面,汉堡大学也有考试。上课前会有入学考试,课程进行中也会有考试,主要想测试大家透过这些方式,究竟保留了多少知识,以了解训练的内容是否符合组织所要实现的目标。

除此之外,汉堡大学非常重视学生的参与,会把学生的参与度量化为一个评估方法。因为通过学员的学习或者与大家的互动分享,培训者可以知道他的知识程度,并且在每天的课程中去做调整,以符合学生的学习需求。

第三个层次是“行为”。在课程中学到的东西,能不能在回到工作岗位以后改变受训者的行为,达到更好的绩效?为了解决这个问题,麦当劳有一个双向的调查,上课前会先针对学生的职能做一些评估,再请他的老板或直属主管做一个评估,然后经过3个月训练再做一次评估;因为学生必须回去应用他所学的,所以培训者会把职能行为前后的改变做一个比较,来衡量训练的成果。

这个部分在企业对员工的培训训练方面非常重要,这也是现在一般企业比较少做到的,因为它所花的成本较大,而且分析起来也比较困难。但汉堡大学仍在很努力地推动这个部分。

第四个层次,就是“绩效”方面。课后行动计划的执行成果和绩效有一定的关系,每一次上完课,学生都必须设定出他的行动计划,回去之后必须执行,执行之后会由他的主管来为他做鉴定,以确保训练与绩效能真正结合。

问题:

1. 麦当劳公司的员工培训评估体系,更倾向于是哪种评估模式中的模型?

2. 在反应层面,重点评估的是什么?在绩效层面,只评估受训者的绩效是否全面?

第九章

员工培训与开发管理的方法与技术

★ 课前提示 ★

随着管理意识的提升和现代技术的运用，员工培训与开发管理的方法得到了不断的丰富和发展。

第一节 以传统技术为媒介的培训与开发方法及其选择

一、在职培训的方法及其选择

（一）师徒制和导师制培训

师徒制培训即师父带领徒弟进行学习、工作、生活，使学徒更好、更快地融入工作当中的一种培训方法，是最传统、历史最为悠久的培训方式之一。师徒制培训通常运用于需要手工技艺的职业的新员工培训中，如理发师、电工、木匠、水管工等。师徒制的培训期限根据所需技艺水平的高低有所不同，如摄影师、室内设计师，该类人员采用师徒制培训方式的期限较短，只需两到三年；泥瓦工、厨师等人员的师徒培训期限稍长，需要三到四年；而雕刻师等人员的师徒培训期限更长，需要七到八年。另外，师徒制培训期限还受培训环境的影响，如培训的技术条件。在拥有良好的培训技术环境的情况下，师徒制培训期限会缩短。

师徒制培训方式在早期的运用中没有系统的培训形式和程序，一般而言，就是根据具体需要,由一名经验丰富、技能熟练的老员工带领一名或多名新员工,通过口头传授、示范演示、操作指导等方式让新员工在规定的时间内适应工作环境、掌握工作技能,实现从学徒到熟练工的转变,尽快融入企业的日常工作。随着师徒制的广泛运用,这种培训方式已经成为企业新员工培训的正式形式,也形成了正式的程序。

当前,一些企业将师徒制这种培训方法改名为导师制,本质上导师制是一种师徒制的变形。其培训的优势和局限性仍然如上文所述。例如,华为公司的导师制的具体做法,就是部门领导为每一位新员工指派一位资深员工作为导师,为其答疑解惑,在工作生活等方面进行帮助和指导,包括对公司周围居住环境的介绍,以及帮助他们克服刚接手工作时可能出现的困难等。当然,一些公司在员工培训上的导师制已经在形式上、内容上以及培训有效性的评估上,特别是对导师选拔和导师制培训方法的制度建设上,都有所创新。

1. 培训程序。师徒制培训的程序一般可归纳为以下几个步骤:第一,师父的口头传授;第二,师父的示范演示;第三,师父的操作指导和徒弟的练习;第四,师父为徒弟解决知识以及实践中的各种问题。

2. 培训优点。师徒制培训方式作为一种最传统的培训方式,存在以下几个优点。

(1)师父带徒弟的培训内容以及过程都与未来的具体工作有着直接的联系,新员工通过培训可以直接掌握未来工作所需要的知识与技术,目标明确,带教效果好,员工可以在师父的帮助下尽快适应工作岗位。

(2)师徒制培训方式最特殊的地方是强调“师”与“徒”之间的互动与交流,这种关系不同于其他培训者与受训者之间的关系。古语说“一日为师,终身为父”,师父与徒弟之间的关系远超过工作上的指导与合作的关系,师父对徒弟的教育与指导还涉及徒弟的情感、价值观等生活中的其他方面。故良好的师徒情感,能够让新员工减轻培训所带来的压力、缓解进入新环境时的紧张与不安,尽快适应新工作。同时,师父也可在与徒弟的相处中及时了解新员工的工作与心理情况,及时调整培训计划,优化培训效果。

3. 培训的局限性。师徒制培训的优点中也隐含着局限性。

(1)内容过于具体,灵活性弱。从培训的内容和过程来说,师徒制培训中所传授的知识、技能甚至培训的过程都是具体的、狭窄的,甚至是机械性的,新员工所掌握的是师父手把手传授的每一个细节。故新员工会产生思维定式,对于与指定工作岗位类似或者稍做变动的其他工作的适应能力就会变弱。

(2)技能过于单一,适应面窄。每个企业中即使相同的工作岗位对员工的技能、经验、知识的要求也是不同且不断变化的。一旦技术或环境发生了变化,员工原有的技能和经验可能就毫无用武之地,甚至影响新知识和新技术的学习和掌握。

(3)“师”与“徒”之间存在着客观的利益矛盾与冲突。古语说“教出徒弟，饿死师父”，有时候徒弟掌握了知识与技能后可能就成长为师父的竞争对手，对师父的工作利益产生威胁。很多师父都有这样的顾虑。故自古以来，很多师父在传授徒弟技艺时往往有所保留，如此不仅会对徒弟的工作产生负面的影响，对于公司不能充分发挥人力资源也是重大损失。

为保证师徒制的培训效果，企业可以在管理上加强调整。首先，对于技术的局限性，企业可以调整培训目标，开拓员工思维，鼓励员工技能创新。在员工遇到技术变动障碍时积极与其沟通，帮助其解决问题。其次，对于“师徒矛盾”，企业可加强对徒弟的思想教育，树立尊师重道、谦虚好学的学风。另外加强对师父的利益弥补，如通过绩效评价对其指导工作给予充分的重视和奖励。

（二）教练式培训

“教练”是人们非常熟悉的称呼，人们一般理解为运动员们的教练，或者是如篮球、跳水、游泳、射击、田径等各项体育运动领域中的教练员队伍。其实教练式培训是指通过方向性和策略性的有效问题，激发受训者发掘自己的潜能，让受训者大量的体验或演练，分享收获与困惑并向外探求更多的可能性，使员工自我修正和成长的培训方法。“教练”已经成为一种独特的培训手段，丰富了词义本身的内涵。

1. 培训特点。教练式培训与师徒制培训存在几个方面的共同点。一方面，从培训的形式上来讲，教练也会采用口头传授、示范演示、帮助解决问题等方式来训练学员；另一方面，教练与学员之间的沟通与互动有时也超过指定工作本身。故人们往往把“教练式培训”与“师徒制培训”混淆在一起，尤其在一些体育运动中，甚至将教练式培训与师徒制培训画上等号。然而，从培训的理念、内容和方式上看，教练式培训与师徒制培训是两种不同的培训方法。

(1)培训的方式不同。不同于师徒制培训的是教练更多地使用交谈、倾听、反馈、询问等方式而不是以自我为中心的讲授、训导来进行培训。教练过程中有更多的情感交流，教练通过情感沟通帮助受训者认识到行为的心理原因，通过建设性的意见和结果导向性的询问与交谈，引导受训者找到问题并解决问题，从而锻炼受训者的自我纠正与自我成长能力。

(2)培训双方的角色、地位不同。不同于师徒制培训的是，教练与受训者之间的关系是平等的，没有地位层级的概念，教练不必比受训者更高明。一般的培训和学习都是由在生活或专业领域里经验丰富或技能高超的人来传授和指导受训者，两者是师生关系。师生是一种层级关系；而教练的任务是鼓励受训者自己找到问题的答案。

(3)思维引导的方式不同。不同于师徒制培训的是教练主要是激发或发展受训者自己的价值观,而非通过单一的途径对受训者灌输组织的价值观或标准。故教练式培训是以持久的行为改进为导向的一个民主合作的互动过程,更注重对受训者心理的把握和引导。

2. 培训优点。教练式培训存在一定的优点,主要有如下两个。

(1)教练式培训是一种具有运动心理学和教育学基础的培训方式,能够引导受训者从心理上战胜阻碍行为改进的任何困难,克服自我限制的想法,自发地找到新的成长和发展机会。

(2)教练式培训能够为受训者提供一个安全、富有营养的环境,使受训者能够在持续的反馈和学习中实现行为的持久变化,将所学的内容转化为行为的改善,提高受训者的自主性和灵活性。

3. 培训局限性。教练式培训也存在一定的局限性,主要有如下两个。

(1)对受训者要求高,难以控制培训效果。教练式培训是一个民主合作的过程,教练通过建议、提问等方式激发和引导受训者发现问题、解决问题,受训者的自主性较高。故教练式的培训对受训者的自主学习能力、领悟能力、心理能力等综合素质的要求较高,培训的效果难以掌控。

(2)受训者易受教练影响。教练注重通过心理影响和指导来激发受训者的心理动机,实现培训目标。故受训者在培训中所形成的价值观、目标与愿景将深受教练个人的影响,如果教练偏离方向,则培训目标也极易偏离方向。

为克服教练式培训的局限性,企业可以挑选综合潜力较高的员工参与培训,同时加强与教练的沟通和培训管理。

(三)工作轮换制

工作轮换又可称为轮岗,是指在一定的时间内安排员工在计划范围的不同岗位上工作,使员工获得不同岗位的工作经验,尽快熟悉各部门的工作程序,培养员工人脉,锻炼各种技能,为未来承担更重要、更高层级的工作做好准备。

1. 工作轮换的特点。工作轮换不同于工作调动,其区别体现在以下方面。

(1)从本质上来说,工作轮换是一种培训手段,而工作调动是一种人员配置方式。

(2)从不同岗位工作的时间上来说,工作轮换在不同的岗位上停留的时间较短,而工作调动要求稳定,一旦调动完毕,就需要在某一岗位上长期工作。

(3)从工作转变的跨度来讲,一般而言,工作轮换会在多个岗位或部门间进行,而工作调动通常不会在多个岗位间变动。

(4)从动机上看,工作调动是从一个岗位转换到另一个更合适的岗位,且以岗位为中心,工作轮换则是为了锻炼工作者,以人为中心,帮助人提升技能和丰富知识。

2. 工作轮换的优点。工作轮换作为一种培训方式,无论对组织还是员工都有着明显的优点。

(1)在员工方面,首先,通过不同岗位和部门的工作实践,员工能够锻炼各种工作技能,提升自己的职业能力,包括人际交往能力,为以后的工作扫除障碍。其次,通过在各岗位和部门的工作,员工能够了解整个组织的运作和发展情况,了解自己的工作在实现组织目标中的作用和意义,从而提升员工的团体意识,形成或修正职业价值观,最终改善工作绩效。最后,不同岗位和部门的工作实践可以让员工充分了解自己的职业兴趣、职业能力和职业追求,了解自己的优、劣势,从而找到适合自己的工作岗位,为自己的职业发展规划提供有利的参考。

(2)在组织方面,首先,通过岗位轮换,组织充分了解了员工的职业能力、职业兴趣、职业价值观、绩效表现等,这为内部人力资源配置提供了依据。其次,岗位轮换培养了管理人员的综合素质和人际交往能力,有利于培养出一批杰出的管理人才。岗位轮换提高了员工的工作能力,使组织人力资源存量增值。也有助于打破部门之间的界限,增进企业或团队内部的沟通与交流,从而提升了组织的竞争力。

3. 工作轮换的缺陷。工作轮换作为员工培训的一种手段,在实施中也存在着一定的缺陷。

(1)受训者需要在短时间内实现在不同岗位上的轮换,很难学会各种不同的工作技能,因而在不同岗位上的绩效或许达不到理想状态,从而影响整体工作的开展。

(2)受训者工作轮换后的工作安排或者晋升计划一旦泄露,即如果各部门了解受训者的"身份",那么轮岗部门同事间的关系因为工作利益的考虑将会变得很微妙,从而使得信息沟通失真,出现不对称的情况,必然无法达到原本的培训目标。

对于工作轮换可能存在的问题,我们可以从以下几方面来调整或避免。首先,应该制订科学的培训计划,在对各岗位工作要求和受训者能力具有一定了解的情况下,科学确定受训者在各个岗位上工作的时间和强度。其次,要建立各种信息反馈渠道,保证信息反馈的全面、真实。另外,重视各部门主管在这一培训方式中所扮演角色的重要性,让他们参与到培训计划中来,鼓励他们积极配合培训计划的执行。

(四)以经历为中心的行动学习

以经历为中心的行动学习强调实际行动的重要性,认为实际的工作行为能够引发持续的学习和进步。以经历为中心的行动学习能够发展关键胜任能力。

以经历为中心的行动学习可分为以下几类。

1. 行动学习。行动学习又称“干中学”，是指提供给学员或学员团队一个工作中实际面临的问题，让受训者根据情况制定相应的解决方案并执行。行动学习不同于纯粹的工作经历。首先，行动学习中面临的问题必须是与培训内容相关的有待解决的问题，必然要通过培训者的精心挑选。其次，行动学习作为一种培训手段，无论是方案的制订还是执行，都需要以实践为依据。

行动学习有两种实施形式。一种是作为独立的培训方式，专门给学员或学员团队提供实际问题，让受训者在行动中通过观察和思考提出合理的解决方案，积累工作经验，提升相应的工作技能。另一种方式是作为某个培训项目的一部分，经过之前的讲授、讨论之后，受训者充分了解了相关的知识和技能，然后通过行动学习将所学知识和技能转化为实际的工作能力。

行动学习的特性在于培训中受训者被“授之以渔”，而不是“授之以鱼”。研究表明，行动学习具有以下几大优势。首先，行动学习能够将受训者所学的知识和技能与实际操作相结合，提高培训的实际运用效果。其次，行动学习给学员提供了一个利用所学方法和技能解决实际问题的机会，从而大大激发了学员的学习热情。最后，受训者在行动学习中得到的管理层的支持和指导让其感受到企业对员工意见的重视和支持，提高了员工积极参与公司事务的积极性，增强了员工的责任感。

行动学习在执行中存在一定的困难，首先，从培训实施的条件来讲，行动学习中要解决的问题必须是实际存在的与培训内容相关的问题，短时间内很难符合培训的要求。另外，由于行动学习为实战型学习，执行过程中需要投入大量的人力、物力、财力和时间，成本较高。其次，从培训的风险性来看，行动学习不仅需要制订方案，还需要执行方案。方案的执行效果直接影响问题的解决，以及工作环节的运行，若实施不当，会产生负面的效果。

对于行动学习中存在的问题，首先，应尽量选择与培训内容相关且便于成本控制的项目，在计划实施之前做好完整的准备，提供各种紧急处理预案。其次，在方案执行的过程中，加强对受训者的监督和指导，尽量避免产生负面的效果。

2. 挑战性工作的委派和突破性学习。挑战性工作的委派和突破性学习是指委派给员工具有挑战性的工作，使员工在工作中实现工作技能的短时间突破。这种培训方式一般用于管理人员的培训。将受训者安排在比较困难的岗位上，在基本没有准备的情况下开展工作，中间会出现很多突发性的问题。这就要求受训者具有极大的职业潜能和强烈的发展动机，能够投入大量的时间和精力，将压力化为工作动力。

挑战性工作的委派和突破性的学习在对管理人员的培训中拥有一定的优势。首先，挑战性的工作能够激发管理人员的挑战欲望，提升其工作的热情，实现工作技能在短时间内的突破。其次,突破性的学习能够开拓管理者的思维,提高其学习能力和创新能力。再次,挑战性的工作能够给管理者提供一个自主思考和行动的机会,提高其解决问题的能力和在未来工作中的自信心。最后,挑战性的工作环境能够锻炼管理者的抗压能力和应变能力,提高其心理素质。

挑战性的工作和突破性的学习需要在充满挑战性的工作环境中进行,这给培训的实施带来了多方面的困难和压力。首先,在工作转变的适应性方面,受训者必须在未完全熟悉的情况下开展工作,担当新的责任。其次,在面临的职权和责任问题方面,受训者在完成工作时需要对同事、上级管理者施加影响,然而对这些人又缺乏直接的权利,故受训者在接受工作时需要承担来自职权局限所带来的压力和勇于承担责任。

对于挑战性工作的委派和突破性学习在实施过程中受训者所面临的困难,企业可以通过加强管理层的支持和权限支配来帮助解决。

3. 初级董事会。初级董事会的培训方法是指将培训成员组成一个地位和作用类似于董事会的机构,让这个机构对通常由董事会负责的事务进行讨论并提出建议,如业务结构、人事政策、财务措施等。初级董事会的培训方式致力于将企业中优秀的中级管理人员培养成为企业未来的高层管理人员。

初级董事会的培训方式可以为企业带来如下益处。首先,可以为企业培养未来的高层领导者,为内部人员更替提供良好的人力资源配备。其次,受训者在接受培训过程中所提出的问题和解决方案都与企业实际情况密切相关,能够在一定程度上帮助企业解决实际问题。最后,可以通过培训对受训者的演讲、思维、组织等各方面的能力加以锻炼和作出正确的评价,为未来的职位调动和提升提供参考。

然而,初级董事会的实施存在一定的困难,需要注意以下几个问题。

第一,参与讨论和解决的问题内容和层次。初级董事会的培训目的是需要培训出未来正式董事会的成员,受训者职位提升后将要面临的是作为正式董事会成员需要面临的问题。董事会作为企业的最高领导机构,就是要对企业的任何问题进行全面负责和统筹协调,每个成员都应当具有全局性的观点和视野。故在初级董事会的培训中,应当让受训者接触未来可能面临的一些重大问题,如企业的业务系统、组织结构、营销战略、员工激励、薪酬计划和部门协调等。通过对这些问题的讨论和研究,能够让受训者建立全局性思维,形成高层管理者的胜任素质。

第二,需要提供的相关数据和资料。董事会的成员需要拥有发展的眼光,能够预测和规划企业未来的发展方向。作为企业的最高管理者,必须对企业的历史和现状具有深入的了解,而最能反映企业历史与现状的客观事实就是相关的数据和资料。为受训者尽可能地提供相关数据和资料能够让其尽快了解企业的发展脉络，为企业的未来发展规划提供参考。

第三，正式董事会的全力支持。初级董事会作为一种培训方式，所作出的决策和方案如果没有正式董事会的关注就没有实际的意义。初级董事会成员不能只靠自己的观察、体会和总结来获得进步，正式董事会应当积极参与到培训计划中来，如培训主题的选择、材料的提供和决策的引导等。另外，正式董事会应及时关注培训程序的进行情况，加强与受训者的沟通，提供适当的反馈来实现对培训的指导。企业只有在这几方面上多做努力，才能获得应有的培训效果。

（五）交叉培训

所谓交叉培训，就是一个部门的员工到其他部门培训上岗学习的形式，通过不同部门成员间相互传授各自的任务和职责，使受训者增加对组织其他部门成员角色、任务和岗位信息的了解。使员工在对自己从事的职务操作熟练的基础上，又获得了另外一种职业技能。通俗地讲，是一个部门的人员到另一个部门的工作现场接受培训。

交叉培训与工作轮换不同，工作轮换是在定岗之前先在各部门进行工作，然后根据实际能力和岗位需求最后确定岗位；而交叉培训是在定岗后再到其他的部门进行培训。因为接受培训人的立场不同，两种培训所起到的效果也不同。

交叉培训的内容不是去其他部门学习具体操作，更重要的是了解其他部门的操作流程，并具体观察其实施的过程，从中找出沟通不顺畅的问题所在。培训结束之后部门之间仍要进行必要的沟通，对于发现的问题要及时解决，完善运作机制。这样既可以促进部门之间的协调，更有助于组织整体业绩的提高。所以交叉培训的目的除了要提高员工的素质之外，更重要的是促进部门之间的协调合作。

1. 交叉培训的优点。

（1）有利于员工掌握新的职业技能。交叉培训是在自己从事的职务操作熟练的基础上，又获得另外一种或集中新的职业技能，使受训者在整个企业的其他部门都能获得同事的帮助，能快速解决面临的问题并掌握一项新的技能。

（2）和谐员工关系，提高员工积极性。在交叉培训中企业不同部门之间的员工相互学习交流，上下级的关系也比较随意亲切，不再有上下级之间的隔阂，在工作中大家是平等的关系，从而有利于员工全身心地投入工作。

（3）降低培训成本，提高培训效率。相比其他的培训方式，交叉培训不用专门邀请培训教师，也不用特意安排培训的时间和地点。因为要传授的经验和所要学习的内容都是通过实践获得的，所以受训者能够很快融入新的工作环境。

(4)促进员工职业生涯管理,提升企业文化。受训者通过各个岗位的适应和学习,会找到适合自己兴趣并能够完全驾驭的工作岗位,及早做好自己的职业生涯规划,使人力资源的配置更加合理。此外,在培训中企业可以获得长期的收益,提高员工的归属感,成为企业文化的一部分。

2. 交叉培训的缺点。

(1)适应面窄,不适合专业化职业的运用。交叉培训适用于生产型和服务型团队,对于这些行业运用交叉培训不需要花费太长的时间,其他部门的工作者就可以做培训师,对受训者和培训者的要求都不高。所以不适用于专业化程度较高的知识型团队。

(2)交叉培训的设计与执行不到位,也缺乏相应的评估系统。培训成为员工福利的一部分,大家轮流进行成为惯例,缺乏相应的激励和约束机制。很多企业不重视培训成果的转化,虽然培训出很多人才,但是没有提供发挥其才能的舞台,导致人才的流失。

为了保证交叉培训的作用能够充分发挥,企业应该做好交叉培训前的需求分析,确定哪些职业适合交叉培训,并使受训者明白交叉培训的意义。另外需要制定完整的培训评估系统,确保培训的效果能够发挥出来,使交叉培训制度化和长远化。

二、脱产培训的方法及其选择

(一)讲授法

讲授法是指培训者用语言把知识、技能、文化等培训内容传授给受训者的培训方法,它是最传统和最普及的培训方式。讲授法可以作为一种单一的培训方式,也可以作为其他培训方式的辅助,如在培训前向受训者传递有关培训项目的内容、要求和行为规范等。

1. 优势。讲授法之所以成为最传统、最普及的培训方式,有其独特的优势。

(1)讲授法是最节省时间、最具有规模效应的培训方法。讲授法可以让一名培训师同时面对众多的受训者,每增加一个受训者的边际成本几乎为零。

(2)讲授法对培训场地、设备等硬件条件的要求低,简单的讲授法只需要一个独立的空间、一块黑板和一支粉笔就可以开展。即使目前有各种多媒体技术的辅助运用,相对而言,对场地和设备的要求还是很低。

(3)讲授法的培训过程和进度便于控制。讲授法是以培训师为中心的培训方法,培训内容、培训进度、培训资料、考核方式等都是由培训师来决定的,培训师能及时、全面地了解培训的情况,并根据情况设定培训内容的广度和深度,控制培训的进度与节奏,从而更好地实现培训目标。故讲授法是一种低成本又高效的培训方式。

2. 存在的问题。讲授法也存在着一些问题，主要表现为以下几个方面。

(1)讲授法是一种规模教学，难以实现因材施教。讲授法是由一名培训师采用统一的教学计划对一群受训者实施培训。只有在受训者同质性明显的情况下，教学的规模效应才能取得应有的效果。然而，受训者的同质性只是一个相对性的概念，每个受训者的学习能力和知识水平不可能基本相同，故培训师只能着眼于全局开展培训，对于那些认知能力和技能水平高于或低于平均水平的受训者而言，这样的培训方式不能实现最佳的培训效果。

(2)讲授法是单向式的培训方式，缺乏灵活性。讲授法主要是由培训师向受训者单向传递知识和技能，缺乏互相沟通，受训者只是被动的接收，没有独立思考和主动探索的机会。

(3)讲授法的培训手段单一，缺乏直观体验。讲授法主要以语言为媒介来传递知识和技能，然而有些知识和技能光用语言是无法完全表达的，受训者在没有一定经验的情况下是很难理解和想象的。另外，单纯的语言传授很容易造成听觉的疲劳，使受训者失去学习的兴趣。现代多媒体技术的运用为讲授法培训方式增色不少，但不可否认的是，讲授法的培训在实际观察和体验上看，还是存在着极大的局限性。

为避免讲授法所带来的负面影响，企业在实施讲授法培训时应注意以下几个问题。

第一，合理控制教学规模。讲授法的规模效应受到教学规模的影响，合理的教学规模可以克服规模效益与因材施教的矛盾，发挥最佳的培训效果。企业应当根据现有的教学条件和受训者的自身情况来限定教学班的规模。合理的限制受训者人数可以在精力允许的情况下顾及更广泛的受训者，可以加强培训师与受训者之间的沟通，在一定程度上克服单向沟通的弊端。

第二，丰富教学手段。为克服单一的语言传递式的讲授法所带来的弊端，讲授法可以结合其他的教学手段，如幻灯片、录像、讨论、自主发言等。各种不同教学方式的穿插进行能够使讲授法减轻以往的单一和枯燥感，提高受训者的学习兴致，从而优化培训效果。

第三，配备适合的培训师并给予适当的激励。培训师是讲授法的核心，其自身素质和培训技术水平直接影响到培训的效果，故选择适合的培训师是控制整个培训的关键点。选择培训师往往需要考虑专业技能、职业价值观、个人修养等多个方面的素质。培训师的综合素质越高，对培训的效果越有利。另外，在培训实施的过程中应重视对培训师的激励，适当的激励能够强化培训师的工作动机，提升其工作热情，从而优化培训的效果。

(二)讨论法

讨论法是培训者与受训者以及受训者与受训者之间就某个或某几个问题

进行双向沟通的培训过程。与讲授法不同,讨论法强调各主体之间的平等性,每个受训者包括讨论的主持者都是信息发布与接收的平等主体,都拥有同样的话语权。另外,讨论法与讲授法在功能上具有互补的作用。如果说讲授法是一种接收现存知识的好方式,那么讨论法就是探索新知识、发现新信息、产生新思维的好方法。

1. 类型。根据不同的标准,讨论法可分为不同的类型,具体如下。

(1)根据讨论的目的不同,讨论法可以分为知识接受型、知识应用型和探索研究型三大类。

- 知识接受型的讨论。它主要是通过学员和培训师各多元主体之间围绕某个知识点展开讨论、交流甚至争论,从而使受训者在互动中深刻理解和体会所学到的知识。知识接受型的讨论给受训者提供了一个对所学知识进行提问、质疑,对不同理解进行辩论的机会。受训者在互动中接收了来自不同个体对知识的不同理解,开阔了思维,增长了见识。另外,知识接受型的讨论也增强了受训者学习的主动性和积极性,活跃了课堂气氛,使受训者在互动中加深了对知识的理解。故知识接受型的讨论能够强化和巩固受训者通过听讲所获得的知识,可以说是传统的讲授教学的补充形式。

- 知识应用型的讨论。它是由培训师根据培训目标选择一个或几个需要解决的问题,通过受训者之间的讨论来找到解决问题的方法或方案。培训师所选择的问题可以是真实存在的问题,也可以是经过修改的问题,但必须是与受训者日常工作和培训目标密切相关,且能够激发受训者兴趣或具有挑战意义的问题。受训者在对问题进行实质性地把握后,提出各种可能的方案,然后在讨论中对各种方案进行质疑、分析、评价,最后整合出大家相对一致认可的解决方案和思路。受训者在互动中锻炼了将所学知识运用到实际工作中的能力以及解决问题的能力。

- 探索研究型的讨论。它也可以被称为研讨会。该类型的讨论不在于知识的强化或巩固,也不在于现有知识的实际应用,而在于对现有知识的创新。研讨会一般是由培训师提供某个问题的情况,或者可能只是一些想象,让受训者自己去搜集资料、分析问题,然后在讨论中进一步发现问题,深入研究。研讨会的进行需要受训者事先做好充足的准备,对受训者的研究性思维的要求也比较高。平时常用的头脑风暴就是典型的探索研究型的讨论。所谓头脑风暴,是指参加者可以针对某个问题提出任何可能的想法,成员之间不会评论他人构想的好坏,只需要不断提供各种想法,想法越新奇越好,也可以通过改善他人的想法进行创新,任何想法都可以被接受。

(2)从讨论的形式上来看,讨论法可分为演讲提问型、小组讨论大组交流型和对立交锋型三种类型。

• 演讲提问型的讨论。从本质上来说，它属于讲授法的范畴，是先由演讲者进行演讲，然后由受训者就演讲过程中的思考和感受向演讲者提问，演讲者是答案的提供者，受训者是请教者，而提问的也只是部分受训者，多数受训者还是处于旁听的状态，且提出的问题多数属于临时的想法，问题的质量也不高。故从本质上来看，受训者与演讲者之间的关系如同讲授法中培训师与受训者之间的关系，只是相对于讲授法，演讲提问型的讨论具有更多的互动效果。

• 小组讨论大组交流型的讨论。它是指将受训者分成几个小组，对培训师提出的问题进行小组内部的讨论，然后每个小组派出一名代表参加大组之间的交流。这种讨论方式通常在受训者人数比较多的情况下进行，分组可以为每位受训者提供讨论的机会，提高受训者的参与率。另外，为方便管理，每个小组往往都会设定一名组长。小组讨论大组交流型的讨论方式需要做好准备工作，如先由培训师向受训者交代讨论的内容、目的和要求等，这样才能紧抓主题进行讨论。

• 对立交锋型的讨论。它是指互相持对立观点的受训者之间开展辩论，也就是常见的辩论会。一般是由培训师提供一个有争议性的话题，挑选两个组分别选择相反的立场，然后由两个小组展开辩论。对立交锋型的讨论形式区别于其他一般的讨论形式的关键是双方持相反的观点，强调一方必然否定一方，辩论的目的不在于结果，而在于过程。辩论型的讨论方式需要做大量的准备工作，一方面，必须找到用于证明自身观点的论据，理清论证的思路；另一方面，还要针对对方可能的反驳观点做好辩论准备。

2. 优势。讨论法的优势主要表现在以下几个方面。

(1)讨论法具有良好的培训效果。讨论法能够让受训者在平等主体间的交流中进行思维的碰撞，开拓了受训者的视野。此外，经过讨论得到的一些知识和观点相对比较成熟和科学，有利于受训者对所培训内容的深入体会。

(2)讨论法能够锻炼受训者的综合素质。讨论主要通过语言表达来实现，受训者接受培训后表达能力必然得到锻炼。讨论是与人交流的方式，所以受训者可以在无意中提升自己的沟通能力和人际交往能力。

(3)讨论需要受训者主动参与，故讨论法能够锻炼受训者的自主学习能力。

3. 缺陷。讨论法的缺陷表现在两个方面。

(1)培训进度难以控制。讨论法是由多元主体参加的，一旦开展，就由参加者的讨论主导整个过程，而培训师的控制力就被削弱了，尤其是讨论开展后，受训者有可能偏离主题和重点，或者长时间在关注同一个问题，从而影响整个培训计划的推进。培训师如果不加以及时地引导，就很难保证原先的教学进度。

(2)培训效果难以确定。讨论法对参加者的素质要求较高，参与者的知识积累和经验水平直接影响讨论的质量和层次。另外,参与者的逻辑能力和思维能力也直接影响到培训计划的顺利进行。

为避免负面的影响,在实施讨论法时应注意以下几个问题。首先,准确设定主题。主题的选择是讨论法成功的前提条件,只有能够引起受训者兴趣并与培训目标密切相关的主题才能保证讨论的顺利进行。其次,合理要求受训者。讨论的顺利开展需要受训者做好充分的准备,如果不事先对受训者的准备提出要求,就很可能导致冷场的后果。最后,合理控制进度。主持人应当在明确培训的目标和内容的情况下对受训者进行适当地引导,预防受训者脱离讨论主题或主次不分、浪费时间。

(三)案例教学法

案例教学法是一种特殊的讨论法,由培训师提供具有典型意义的现实事件的材料,让受训者根据自身的知识、技能、思维对材料进行分析,找出案例中所隐含的理论,或者找到解决问题的方法。案例教学法更强调受训者的自主性,需要受训者做好准备,在小组交流中由主讲人首先发言,然后由其他人进行观点补充。

案例教学法提供的案例都是现实存在的事件。一般情况下,对这些事件的分析,可以达到三类培训效果。

首先,受训者能够更好地理解和掌握知识。案例可以将知识难点和重点通过简单生动的方式表达出来,有利于受训者加深印象。一般而言,以理论传授为目的的案例教学法往往要与讲授法等其他培训方式相结合,使受训者在其他方法中学到的知识能够在案例中得到体现。为提高案例教学法的培训效率,这类案例往往根据培训目标进行过修改,里面蕴涵着明显的、指定性非常强的理论要点,一般很容易就能被发现。故分析这种案例往往不需要花太多的时间和精力。

其次,受训者能够提高探索和创新能力。生活中,客观规律无处不在。现象发生改变,本质不一定会变。故为了让受训者能够自主透过现象看本质,找到客观规律,这类案例往往是不经任何修饰、原汁原味地对客观事实的描述。受训者通过对这类案例的分析,探索新规律,发展新思维。

最后,受训者能够提高解决问题的能力。这类案例是现实中存在的、蕴涵需要解决的问题的事件,受训者需要在原有知识、技能的基础上找到解决案例中问题的办法。

案例教学法最初由美国的哈佛大学商学院提出,在培养工商管理硕士中获得了较大的成功。现在,案例教学法的应用范围从管理教育领域扩展到培训领域,并在培训领域展现了独特的优势。

1. 优势。案例教学法的优势有如下几个。

(1)案例教学法具体、丰富、生动,克服了理论学习枯燥、单一、死板的固有弊端,为理论学习提供了良好的氛围,调动了受训者的学习和研究兴趣,优化了培训效果。

(2)案例教学法中的案例都是实际存在的事件,对案例的分析和思考不同于一般学习理论时的纸上谈兵,而是需要考虑现实环境、可行性等实际情况,培养了受训者考虑问题时联系实际、不脱离现实的好习惯。

(3)案例是万千事件中的个例,既反映客观规律,又表现个别特征。这样的特点可以让受训者在学习中冲破固有思维的阻碍,懂得用客观规律来解释个别现象,并能根据个别特点找到最合适的解决方法。

2.缺陷。当然,案例教学法也有其固有的缺点,具体如下。

(1)案例教学法对参与者的要求比较高,受训者和培训师的素质直接决定了培训的质量。案例分析对受训者的理论基础、分析能力、解决问题能力、探索能力、创新能力、思维能力等多方面的素质都有较高的要求,否则,受训者就无法达到案例分析应达到的效果。

(2)案例分析法的组织,从案例挑选或撰写到分析过程中的指点,再到分析完成后的评价,都需要培训师拥有丰富的知识、较强的协调能力、思维能力和引导能力。故并非所有培训团队都能很好地操作案例教学法。

(3)案例教学法不适合理论的系统学习和掌握。案例是众多事件中的个例,为实现创新和解决问题,一个案例可能涉及很多理论和知识,但这些知识之间的逻辑联系可以并不是很大。

(4)案例教学法的综合分析会涉及很多知识点,但可能对每个知识点的研究都不深入。故案例教学法虽然具有较大的优势,但也要选择适合的领域,否则,会产生负面的效果。

对于案例教学法可能存在的问题,可以尝试通过以下几个途径来解决。

一方面,选择合适的案例。案例是案例教学法实施的关键,选择的案例应该兼有理论和实践的研究意义,并能够引起受训者的兴趣。另外,应根据不同的培训目的,选择不同类型的案例。例如,选择简单、生动的案例来说明问题,选择全面、反映客观事实的案例来探索研究,选择带有问题的案例来寻找解决问题的办法。案例可以直接引用,也可以根据培训需要进行修改。

另一方面,做好案例分析计划。在案例分析实施之前,培训师就应该做好充分的准备。首先,撰写案例说明,让受训者能够快速、清楚地理解案例的内容,明确自己的目标和任务。其次,可以为案例提供相应的图像、数据、图表、背景知识等附件,让受训者能更生动、更直观地了解案例。最后,为案例附上需要思考的问题,引导受训者的分析过程。

(四)情景模拟法

情景模拟法是指由培训的组织者为受训者模拟现实工作情况,提供仿真的工作环境、设备和其他条件，让受训者在模拟的情境中完成指定工作的一种培训方法。通过模拟，受训者可以在实际工作的环境下，按照既定的运行程序、操作规则进行训练或演习，形成适合正式工作岗位的知识结构和能力系统。故受训者在接受情景模拟训练时更多地表现为实际行动，其他语言讲解、文字材料、技术设备等只是培训的辅助。

1. 类型。情景模拟法大体上可分为人机模拟和人工模拟两种。

(1)人机模拟。人机模拟用于对设备依赖性比较强或者技术要求水平较高的培训，是人与机器共同组成的模拟活动。根据人与机器之间的关系，可将人机模拟分为两种。

第一种是设备辅助型，是指各种设备在培训中发挥辅助作用，受训者需要通过对设备的使用或操作来完成培训任务，这些设备往往是正式工作中所需要使用的设备。这种培训的实用性和操作性很强，适用于一些技术岗位上的培训。

第二种是人机互动型，是指整个培训过程就是受训者与计算机互动的过程。计算机根据培训目标和实际情况，提供相关信息、条件或要求，受训者根据所获得的信息进行分析和决策，并在计算机提供的虚拟环境中运行，然后由计算机自动作出判断和评价。这种情景模拟法一般用于管理培训中。

(2)人工模拟。人工模拟是指由受训者扮演的各种角色所构成的培训活动。人工模拟适用于对角色定位和角色互动要求比较高的岗位培训。人工模拟由受训者模拟了实际工作背景和人际环境，能够让受训者在完成各自任务的过程中了解实际工作中的角色，理解角色规则与角色行为，掌握与不同角色之间的交往技能。

人工模拟情景培训方法主要有角色扮演法、游戏法和一揽子公文处理法等。

• 角色扮演法。它是指由受训者在模拟的工作环境中扮演一个角色，完成该角色的工作职责，然后由培训师对受训者的表现进行评价和指导。通过角色扮演，受训者可以切实了解所在工作岗位的运行程序、规章制度、技能要求、环境等，并通过培训师的评价和指导迅速掌握工作要点，提高工作绩效。

• 游戏法。它是采用游戏的方式来完成培训任务的一种培训方式，具有寓教于乐的特点。受训学员遵循一定的规则，在游戏中完成各自的任务。这种培训方法将情景模拟用游戏的方式构建出来，为培训提供了愉悦的氛围，使受训者在愉悦中完成培训任务。

• 一揽子公文处理法。它又称文件筐法，是让受训者在模拟的环境中处理既定角色在正式工作中需要处理的大量文件，如报告、电话记录、合同、备忘录等。这些文件往往是杂乱无章的，摆放时也没有明显的逻辑联系和条理性。受训者需要在规定的时间内对这些文件做出判断，哪些要按日常制度处理，哪些需要特殊处理，哪些需要请示上级，哪些需要授权委托，哪些需要优先处理等，然后做出相应的处理。这种培训方式适用于对中高层管理人员的管理能力测试和培训。

2. 优点。情景模拟法的优点主要有两个。

（1）情景模拟为学员提供的是仿真的环境，能够让受训者在培训中切实了解实际工作内容、工作职责、工作程序、技能要求等，与讲授法、讨论法相比，情景模拟法更贴近现实。

（2）情景模拟法一般不在实际的工作岗位上进行，避免了在实际岗位培训时可能产生的风险和成本，减少了对日常工作秩序和效率可能造成的干扰。

3. 缺陷。情景模拟法的缺点也可归纳为两个。

（1）虽然说情景模拟法所提供的工作环境、设备、人员等都是对现实工作的模拟，但是模拟与现实之间必定存在着一定的差距，故受训者在模拟环境中所得到的培训效果可能无法完全适应真正的工作环境。

（2）情景模拟法的实施对场地、设备、道具等要求较高，需要花费较多的人力、物力和财力才能实现高质量的模拟，故与讲授法、讨论法相比，情景模拟法的实施成本较高。

情景模拟法在实施过程中需要注意以下几个问题。第一，情景的仿真效果是情景模拟法实施成败的前提条件，故在实施前要做好充分的准备，比如培训中的道具和设备可以直接从实际工作环境中转移过来。第二，情景模拟法的成本相对较高，在实施之前一定要做好培训计划，如事先完成可行性分析报告、选择投资回报率较高的培训项目来开展等。

（五）行为示范模仿法

行为示范模仿法是向受训者提供某项工作行为的标准样例或示范，由受训者进行模仿来完成培训。

1. 步骤。行为示范模仿法的培训步骤可分为四步。

第一步，展示样例。通过录像、录音等方式向受训者示范某项工作的标准行为方式。

第二步，学员模仿。观看样例后，受训者在模拟的情景中进行模仿。

第三步，强化提高。培训师对受训者的模仿表现进行评价和指导，让受训者在反复练习中接近样例中所展示的标准或正确的行为。

第四步，实际应用。给受训者提供一个实际工作的环境，让受训者在工作中运用培训所学的技能。这种培训方式适用于商务会谈、机械操作、客户服务现场、面试现场等可将标准化行为明确展示出来的培训项目。

2. 优势。行为示范模仿法的优势如下。

(1)通过行为示范模仿法,受训者可以直观感受某项工作的正确或标准的行为方式,这比培训师口头传授、资料阅读等学习方法更加生动和直接。

(2)行为示范模仿法简单、标准、固定,特别适合机械操作方面的培训。

3. 缺陷。行为示范模仿法的缺陷如下。

(1)行为示范模仿法提供的是一个简单、标准、固定和缺少变化的模型,受训者对模型做反复、机械地模仿,演练过程相当枯燥,容易失去学习兴趣。

(2)行为示范模仿法所提供的模型暗示学员在遇到某固定问题时应该采取哪个标准的行为,受训者记住的可能就是一个固定的行为。然而,实际工作中会遇到很多特殊的情况或者不确定性,任何具体的行为方式都不可能普遍有效,故行为示范模仿法所提供的标准行为不一定能帮上受训者。若受训者形成了思维定式,标准行为可能反过来成为阻碍受训者进步的障碍。

针对行为示范模仿法存在的问题,应该在某些具有一定灵活性的培训项目中增加多样性和可变性,如人际交往培训、管理技能培训等。

(六)其他培训方式

除以上几种常见的、成熟的在职培训方式以外,还有一些其他的培训方式,如业余进修、读书交流、参观访问等。这些培训方式的特点是,培训的有效开展主要靠员工自身的努力和实践来实现,企业在其中只起鼓励和引导的作用。

1. 业余进修。业余进修是通过鼓励员工自主到高校等机构进行各种专业技能方面的学习,获得相关证书,以提高员工工作绩效的一种培训方式。一般情况下,员工需要自主协调时间,独立承担费用,企业所付出的培训成本较低。但为了提高员工参加业余进修的主动性和积极性,企业也会为员工提供一定的支持。例如在不影响工作的情况下适当减免员工的工作量,或者在工作时间上给予一定的弹性。再如为参加业余进修的员工提供一定比例的费用报销,或者给参加业余进修后获得相关证书的员工以物质上或精神上的奖励等。

2. 读书交流。企业可以定期或不定期地组织读书活动,让学员在活动中积累业务知识、提高工作技能、丰富兴趣爱好,并形成日常学习交流、知识共享的意识或习惯。企业应鼓励读书活动的开展,可以为员工提供活动场所、设备和相关资料,并根据活动情况给予一定的奖励。当读书活动被广泛接受并成为一种流行或习惯时,企业可以减少对活动的控制,让员工自行组织活动,自发学习交流,使企业向学习型组织发展。

3. 参观访问。参观访问是指企业组织员工到成功的企业或本企业其他部门参观访问,让员工在直观学习和亲身体验中丰富知识、提升技能、改进态度,从而提高工作绩效。企业在参观访问中起到引导的作用,主要是为员工提供一个向优秀者学习的机会,至于效果如何,还主要看员工的学习动机、领悟能力等。

☞ 案例链接 麦当劳:传授受用一生的价值观与技能①

“每个人前面都有个梯子,你不要去想我会不会被别人压下来,你爬你的梯子,你争取你的目标。”

作为快餐行业的领导者,麦当劳的竞争优势来自其独特和强大的培训体系。麦当劳一直把人看作企业最重要的财富,其人事哲学就是尊重和关怀每一位员工,给其创造发展自己的机会。麦当劳对员工的承诺就是:“我们重视你,你的成长和你的贡献。”

一、全职业规划 + 分级培训

麦当劳在人员的发展上,倡导“传授一生受用的价值观与技能”的理念。在人员训练结构上,有两个重要的部分:一个是 Career-long Learning Path;第二个是 McDonald’s Center of Excellence for Training,即全球麦当劳的人员学习发展中心,包括汉堡大学。

在培训方面,麦当劳强调的是员工的全职业规划培训,从计时员工开始到高阶主管,结合他们的职业生涯,都有不同的培训计划。麦当劳的管理人员95%以上是从普通员工做起的。一旦优秀的员工进入管理层,麦当劳又会给他提供更多的训练,使他不仅能够在训练中心接受营运及管理方面的教育,还有机会去汉堡大学进一步深造,接受更高的训练。这种全职业规划培训使麦当劳的高管人员流动率很低,形成了一批稳定的管理队伍。

麦当劳培训的另一个特色是从幼儿园到大学的分级培训。这种分级培训包括幼儿园、小学、中学直到大学的训练课程,而且专业化程度越来越高,所有课程具有一致的目标和阶段的连贯性。整个培训体系中,幼儿园的课程是最基础的课程,主要是让员工学会怎样让客户满意;小学课程则是让受训者学会怎样去做人员管理;到了中学课程,核心就是学会如何控制成本和帮助销售;而到了大学,就是要学会如何带动管理者成长。

以上两种特色的培训机制并不是独立的,而是紧密地联系在一起的。在员工的职业规划培训中贯穿着不同阶段的分级培训,让每一位员工都可以看到一个清晰的职业发展通道,由此产生强大的工作动力,不断地激励其向更高的目标努力。正如在麦当劳流行的一句话那样:“每个人前面有个梯子,你不要去想我会不会被别人压下来,你爬你的梯子,你争取你的目标。”

① http://wenku.baidu.com/view/6b683260f5335a8102d22048.html.

二、“新船员”的第一天

作为餐饮业的巨头,工作在前线的零工每天要接触大量的顾客。通过训练提升零工的素质,可以向顾客更好地提供高质量的商品、服务和环境,这对麦当劳的持续经营非常重要。那么,麦当劳是怎样对零工进行培训的呢?

新员工上班的第一天并不是马上就去学习工作技能,而是要接受麦当劳的企业文化教育。麦当劳通过向新员工灌输麦当劳文化,让员工了解组织的愿景、宗旨、目标以及对员工的期望,消除他们心中的不安,从而更好地投入到新的工作中去。

在麦当劳,服务员都被称作“crew”,即“船员”的意思。这个称呼会让新员工感到这里所有的工作伙伴都在一条船上,既增进了心中的亲切感,又增进了彼此之间的默契。

在新员工初步了解并熟悉麦当劳的文化后,接下来的训练就是让其为能够独立承担工作而做好准备。训练员要按照《麦当劳工作手册》的规定,对新员工进行基本操作训练。

麦当劳的全部管理人员都是从学习普通服务人员的基本操作程序开始的,但与很多企业不同的是,麦当劳的培训并不是脱产培训,而是在第一天就直接走向工作岗位,在工作中接受培训,是一对一的培训,即每一个新员工都有一名老员工带着,边学习边工作,把训练和实际操作更好地结合起来。

每一位麦当劳的工作人员进入公司时,都要接受实际工作的训练,课程主要分为基本课程和高级课程。二者的主要区别在于完成同样的工作其质量的要求是不同的:基本课程是训练新员工达到设定的工作标准;高级课程则是要求新员工怎样能够做到更好、更快,以提高他们的判断力和集中注意力的能力。还有一个课程是营销作业训练课程,分为6个阶段。经理会在整个训练过程中不断地鼓励新员工,而且员工的成绩也会在公告栏中有所公布,这样可以使员工们清楚地看到自己努力的结果和目前所处的水平,以产生更大的学习和工作动力。

三、从零开始的快速晋升制度

吸引人们加入麦当劳的不仅仅是完善的培训体系,还有以培训体系为支撑的快速晋升体制。员工可以清楚地看到他们的职业发展路径,每一位有能力的员工都可以凭借自己的努力得到提升。正所谓从收、付款到炸薯条直到做冰激凌,每个岗位上都会造就出未来的餐厅经理。

在麦当劳,员工的晋升速度是根据自己的实际能力决定的。一位刚参加工作的年轻人完全可以凭借自己的能力在一年半内当上餐厅经理,在两年内当上监督管理员。对那些适应快、能力强的人再配以各个阶段的培训,晋升就是很自然的事了。

在麦当劳晋升发展的过程大致如下。

首先,一个有能力的年轻人要做4~6个月的实习助理。在这个阶段,他以一个普通班组成员的身份投入到公司各基层,要去做像炸薯条、收款、烤生排这样的工作。另外还要做清洁工作,以及服务顾客。这些都是为了以后的工作积累管理经验。在做实习助理期间,他将会有一套4~6个月的培训课程,重点在于基本应用,主要通过开放式、参与式的讨论等方法来培养他们的行为能力。

第二个工作岗位更带有实际负责的性质,即二级助理。在这个时期,他要在每天规定的时间负责餐厅的工作。但是二级助理与实习助理不同,他要承担起一部分的管理工作,比如订货、计划、排班、统计等。在这一阶段,他得将自己的工作做到位并且要有一定的超越,不断地摸索和积累经验。在这期间,二级助理将会参加5~6个月相应的培训课程。

接着在8~14个月后,如果这个年轻人表现出较强的能力和优秀的工作业绩,那么他就有机会再次得到提升,成为一名一级助理,即经理的左膀右臂。此时,他将肩负更多并且更为重要的责任,要在餐厅中独当一面。这时他的管理经验已经相当丰富,为以后承担更重要的职位做好了较为充分的准备。此时,这个一级助理仍需要参加培训,他将接受一套中级管理课程的培训,以使其能够较快地胜任该职位的工作。此后,他还可以凭借自己的能力再次晋升为经理,甚至是质量监督员。这时,他将负责三至四家餐厅的工作,同时,也就有机会去美国接受更高一级的训练,能力再次得到提高。

然而,这并没有结束这个人的晋升路径。在3年以后,监督管理员还有可能晋升为地区顾问,这个职位相当于“麦当劳的外交官”,作为总公司派驻下属企业的代表,往返于总公司与各下属公司之间,传递信息并进行沟通,同时也是总公司标准的捍卫者。他的职责并不仅仅局限于此,还担负着组织培训、提供建议等使命。其实他就相当于总公司在地区的全权代表。到此,并不意味着该员工的职业生涯已经到顶了。如果这个地区顾问还有能力,他依然可以继续被向上提升,甚至是麦当劳总公司的董事长一职。在麦当劳,没有天花板,一切都是有可能的。

当然,一个员工是否能得到提升,主要是看两个方面:第一是看他领导的团队或部门的绩效如何,仅以个人的绩效是不行的,麦当劳更强调的是团队绩效;另一个方面就是看这个团队是否可以找到接替他的人,这样他才可以得到升迁。由此可以看出麦当劳十分重视新人的培养。

四、最佳的人员培训专家——麦当劳汉堡大学

汉堡大学是一个国际培训中心,它培养了一批又一批优秀的人才,其本身就是吸引优秀人才加盟麦当劳的主要因素之一。汉堡大学的培训目标是使在工作中已经获得了丰富管理知识的管理者把自己零碎的知识系统起来。汉堡

大学的主要课程是两周的基本操作讲座课程(BOC)和11天的高级操作讲习课程。

基本操作讲座课程是一本有360页厚的操作手册,分为食品、设备和管理技巧三部分。这本教材包罗了各种知识,而且非常细化,目的是让学员学会制作产品的方法以及怎样进行生产和质量管理、营销管理、资料管理和利润管理等。主要是让管理人员精确地按照标准办事,不要违反标准。这一切都体现出麦当劳的标准化程度之高。标准绝不是口头上泛泛而谈的,而是在学习与训练中一点一滴地渗透到每一位学员的意识中,并经过操作实践转化为学员的习惯和行为。麦当劳将经营战略与制度和每一项管理工作紧密地联系在一起了。

高级操作讲习课程旨在训练更高层的管理人员。其内容与基本操作讲座课程有很大的不同,在知识上又上升了一定的高度,主要是"QSC"的研究,还有房地产、法律、再投资、财务分析、提高利润的方法、人员训练和人际关系、市场等。这些问题不是可以按照一个既定的标准来操作的,而需要管理者具有灵活的商业头脑和较高的管理能力。

五、四个层面的评估体系

在培训评估这一环节,麦当劳也努力做到了"反应、知识、行为、绩效"这四个方面的评估。

第一个层面是"反应",就是在上课结束后,大家对于课程的反应是什么。麦当劳使用评估表的方式收集学员的反应,及时作出调整,力求使培训符合学员的需求。

第二个层面是对讲师的评估。每一位老师的引导技巧都会影响学员的学习,所以在每一次课程结束后,都会针对老师的讲解技巧来做评估。在知识方面,汉堡大学也有考试。上课前会有入学考试,课程进行中也会有考试,主要是测试大家通过这些方式,究竟保留了多少知识,以了解训练的内容是否符合组织所要实现的目标。除此之外,汉堡大学非常重视学生的参与,会把学生的参与度量化为一个评估方法。因为通过学员的学习或者与大家的互动分享,培训者可以知道他的知识程度,并且在每天的课程中去做调整,以符合学生的学习需求。

第三个层面是"行为",即评估员工在课程中学到的东西能不能在回到工作岗位以后改变其行为,达到更好的绩效。在麦当劳,有一个双向的调查,上课前会先针对学生的职能做一些评估,再请他的同伴或者直属主管做一个评估,然后在训练3个月之后,再做一次评估;因为学生必须回去应用他所学的,所以培训者会把职能行为前后的改变做一个比较,来衡量训练的成果。

第四个层面是绩效。在"绩效"方面,课后行动计划的执行成果和绩效有一定的关系。每一次上完课，学生都必须设定出他的行动计划，回去之后必须执行。执行之后会由他的主管来为他做鉴定，以确保训练的成果。

在整个培训过程中，麦当劳还采用了一些有效的措施来保证培训能较好地实施。例如，按月考核辅导和多样化的沟通。采用按月考核辅导，主要是通过对员工的一个阶段的绩效进行考核来发现其行为中与组织价值观和目标不一致的地方，从而可以更好地制订计划来帮助员工改变行为，以提高绩效。通常是采用服务员全体大会、管理会议、组长会议、接待员会议、训练员会议和小组会议等会议方式，以及临时茶座会和公告栏等方式，与员工及时充分地沟通。在各麦当劳餐厅中，还备有各种笔记本，比如服务员联络簿、经理联络簿和训练员联络簿等。种种方式的沟通使得信息可以更快、更好地在麦当劳各个层次之间传递，使每一个员工都可以更好地进行合作和相互促进。

课堂讨论：请谈谈你对麦当劳培训方法与技术运用的看法。

第二节 以新兴技术为媒介的培训与开发方法及其选择

一、电视教育培训

电视教育培训是指将培训内容录制成电视节目，在规定时间内播放，让受训者在观看的过程中完成培训任务。

（一）优势

电视教育培训根据其自身的特点，拥有特定的培训优势。

1. 电视作为普及化的媒体传播技术，受众面极其广泛，故培训的范围十分可观。

2. 电视节目经过声音、图像来展现，传播的是目前的最新信息，故电视教育培训具有可视性和实时性的特点。

3. 电视教育培训可以在同样的时间内，向身处不同地点的规模人群，传递共同的培训内容，拥有极高的培训时间和资源的利用率。

（二）局限性

同样，电视教育培训也有其固有的局限性，主要如下。

1. 同样的节目面对的是大量的观众，电视教育培训是以一对多的形式来完成的，培训的针对性比较差。

2. 电视教育培训的信息传播是单向的,培训师与受训者之间没有面对面互动的机会,故培训的组织者无法现场观察到受训者的情况,无法直观、及时地了解受训者的培训效果。

3. 电视节目的播放是在固定的几个时间段内进行的,没有随时性的特点,故电视教育培训很难满足不同学员在时间安排上的不同要求,往往会顾此失彼。

对于普通电视教育培训中存在的局限性,目前已经通过技术改进进行了一定的解决,如利用互动电视、网络电视,改善普通电视教育培训存在的缺陷。

互动电视在普通电视广播技术的基础上结合了数字信息技术的新特点,更清晰的图像和更逼真的音效使观看者更有身临其境的感觉,加大了对观众感官上的刺激。互动电视传播的培训内容通过良好的感官刺激给受训者留下了深刻的印象,有利于强化培训效果。相比普通电视,互动电视最明显的特点就是"互动",即培训不再是单方向的、一致性的。互动电视可以按照用户的要求,对不同的用户播放不同的节目,用户可以自由选择播放内容和播放时间。故互动电视教育培训能够摆脱普通电视在播放时间和内容上的限制,建立了与受训者之间的互动,使培训更有针对性。

网络电视是一种集互联网、多媒体、通信等多种技术为一体的新技术,它可以为用户提供包括数字电视在内的多种交互式服务,互动性更强,电视资料更加丰富,电视节目更加个性化。采用网络电视方式进行培训可以增加与受训者之间的互动性,满足不同受训者的培训需要,有利于实现因材施教。

二、多媒体培训

多媒体培训是以计算机为基础,综合运用如文本图表、动画、录像等各种视听辅助设备或媒介展开工作的一种培训方式。多媒体培训方式给受训者提供的是一个"人机互动"的环境,经过多媒体技术传递的培训内容变得更加生动、有趣,将原本枯燥乏味的课堂讲授变成了多姿多彩的多媒体课堂培训。最典型的多媒体方式是交互式录像或多媒体光盘,企业在将培训内容制作成多媒体教材后,受训者可以在方便的时间、地点,采用相应的工具参加培训。

(一)优点

多媒体培训方式的优点如下。

1. 在计算机系统的引导下,受训者能以更直观、更生动的方式接受知识、掌握技能、改善态度,培训过程具有生动性和趣味性,使培训效果得以提升。

2. 多媒体教材的制作往往是标准化的,可以节省经费,提高资源利用率。

3. 多媒体教材在使用上不受时间和空间的限制,受训者可以自己安排时间和地点来接受培训。

4. 多媒体培训可以在过程中调动人的多种感官，加深受训者的培训印象。

5. 互动性较强，可以指导受训者接受培训，及时跟踪受训者的培训进度和效果。

（二）局限性

多媒体培训方式的局限性如下。

1. 多媒体培训对计算机设备和软件的依赖性很强，"人机互动"的方式使培训所承载的内容类别具有一定的限制，对某些培训内容不适用，如对人际交往能力的培训。

2. 多媒体教材的标准化或同质性不能完全符合培训的需求。培训的进度与环境、受训者的情况等都不是一成不变的，培训需求也在不断发生改变，故培训内容应该根据实际需要不断更新。然而，多媒体培训教材的培训内容不能经常更新，开发的费用又比较高，故无法完全适应培训的需求。

采用多媒体培训方式时应注意以下几个方面。一方面，多媒体培训方式由于其自身的特点，应该被运用在适合的培训项目中。另一方面，培训教材中的内容应尽量选择稳定性比较高的知识或技能，如对新进员工的基础培训就可采用标准化的多媒体教材。另外，在条件允许的情况下，应适当更新多媒体教材的内容。

三、计算机辅助培训

计算机辅助培训是通过计算机运行一定的课程程序和软件，与受训者进行互动的一种培训方式。培训的程序大体包括计算机提出问题、受训者回答问题、计算机分析答案并给受训者提出建议这四个步骤。所以，通过电脑辅助培训，受训者除了学习到课程内容外，还可以了解自己对课程内容的掌握情况，甚至能够得到改进和提高的建议。另外，计算机辅助培训主要通过受训者对计算机硬件、应用程序等的操作来实现，受训者可以自主制订学习计划，调整学习进度。故计算机辅助培训是一种自我学习的培训，特别适合一些基本知识和概念的培训。随着人工智能技术在计算机中的运用，产生了更高级的计算机辅助培训方式，即智能化计算机辅助教学。这种技术能够对受训者回答问题的模式进行智能化分析，根据受训者所犯错误的类型提出个性化的培训指导计划。

（一）优点

计算机辅助培训的优点如下。

1. 受训者可以自我控制整个培训过程。根据自己的情况，受训者可以自主安排培训时间，选择培训内容，并利用自己设计的方案检验自己的培训成果。

2. 具有良好的互动性。计算机辅助培训是受训者通过运行软件或程序与计算机进行互动的过程。受训者在互动的过程中不但能完成课程的学习，还能得到培训结果的评估以及学习改进的相关建议。这种互动性有利于受训者明确自己的培训情况,在指导中增强培训效果。

3. 培训时间和资料的利用率得到了提高。计算机辅助培训所提供的培训工具,如互动式录像、软件、应用程序等一般都是标准化定制的,同样的培训工具和内容能在同一时间对不同的受训者进行培训,时间和资料的利用率很高。

(二)缺陷

计算机辅助培训的缺点如下。

1. 难以控制培训的完成度和培训效果。计算机辅助培训是一个受训者自主培训的过程,培训的时间、内容、进度等都由受训者自主安排,故很难保证培训的完成情况。

2. 培训内容上受到一定的限制。计算机辅助培训是一个受训者与计算机互动的过程,所以无法胜任那些需要与人交流或合作的培训项目,如对人际交往能力的培训。

3. 培训的针对性较差。计算机辅助培训所提供的培训材料和工具都是标准化制作的,且开发的成本较高,所以无法满足受训者差异化的培训需求,无法实现因材施教。

实施计算机辅助培训时应注意几个问题。第一,应保证受训者拥有较强烈的学习欲望、较好的自我控制与监督能力以及计划能力,这样才能在没有外在监督的情况下保证完成培训任务。第二,加强技术研究,降低成本,在条件允许的情况下对培训材料或工具进行相应地更新与调整,以便适应技术进步或知识更新等因素所带来的培训需求的变动。

四、网络在线培训

网络在线培训是以互联网技术为平台,利用信息通信技术进行内容传播和快速学习的培训方式。网络中有各种课程和专家,受训者可以根据需要自主选择,控制学习进度,查阅考核结果。

(一)特点

网络在线培训的教学内容是通过网络传递的,无论播放多少次都不会丢失或走样,有较高的利用率。网络在线培训作为一种新型的学习模式,正如美国教育部2002年度《教育技术白皮书》从学习方式、学习媒介、师生关系、学习目标以及终身学习可能性等几方面总结的那样,其比较突出的特点如下。

1. 网络在线培训是通过互联网进行的教育或相关服务。

2. 网络在线培训对培训时间和空间没有限制,使终身学习成为可能。

3. 网络在线培训是一种全新的学习方式。

4. 网络在线培训是一种受教育的方式,包括新的沟通机制和人与人之间的交互作用。其中,新的沟通机制包括计算机网络、多媒体、专业内容网站、信息搜索、电子图书馆、远程学习网与网上课堂等。

5. 网络在线培训不会取代学校教育,但会极大地改变课堂教学的目的和功能。

(二)优点

网络在线培训的优点如下。

1. 速度快。以互联网或内部网为媒介,培训的相关信息能够快速传递到每个受训者那里。只要能够上网,受训者就可以快速接收所需要的信息。当培训内容或培训目标发生改变时,信息也可以及时更新并快速传递。

2. 成本低。网络在线培训可以快速传递大量信息给大批受训者,增加学习人数而不需要追加发送成本和时间,具有较高的经济规模效应。另外,由于服务对象数量较大,故每个人所需要的学习成本较低。

2. 服务优。网络在线培训不受时间、地点的限制,给学员提供了一个自主学习的空间。受训者可以自主选择学习内容、学习时间,对整个学习过程进行控制与管理。另外,网络在线培训能够将一致性与个性化相结合,并根据需要及时提供信息的更新、反馈与共享,让受训者得到较好的培训服务。

(三)局限性

网络在线培训的局限性如下。

1. 网络在线培训是受训者自主学习的过程,故对受训者的自我管理能力、控制能力以及自我效能要求很高。

2. 个性化成本很高。为受训者提供个性化培训服务需要花费较多的时间和代价。

3. 培训内容受限,培训效果受多方面影响。网络在线培训的中介是互联网,因而其不适合具体实地操作工作的培训和教学。现阶段培训老师认证不完善,培训老师的能力和水平的评价体系也存在弊端,培训的效果受培训教师的影响比较大。

网络在线培训的实施需要注意的是:第一,关注受训者的培训情况,可通过定期汇报的方式进行监督,对自我管理能力表现出色的受训者给予一定的奖励,鼓励受训者自主、高效地完成培训。第二,可更多地运用于培训内容的一致性比较明显的培训项目中,或者在条件允许的情况下加大技术研究,降低个性化成本。第三,将受训者的互联网在线培训和实际工作相结合,并向培训老师及时反馈修正,加强对培训老师的筛选和受训者培训效果的定期评估。

五、多媒体远程培训

多媒体远程培训是指运用多媒体网络进行远距离教学的一种培训方式。

这种远程培训方式与在线网络培训不同。在线网络培训是通过因特网或内部网传递教学内容，只要拥有计算机设备和网络，受训者就可以随时随地接受培训。而多媒体远程培训结合了各种多媒体技术，将培训的内容通过声音、图像等方式传递到各个教学地点，受训者需要到各地专门的教师那里接受远在外地的培训师的培训。对受训者来说，如同进入了一所虚拟学校，远在外地的培训师通过多媒体技术进行课程讲授，向受训者提问、答疑。受训者可以在课堂上提出疑问，通过网站、电子邮件或可视会议系统与培训师进行互动。随着技术的发展，多媒体远程培训已经能够达到多边远程互动的效果。

（一）优点

多媒体远程培训的优点如下。

1. 感官效果佳，培训的现场感强。多媒体远程培训结合了各种多媒体技术，通过声音、图像等方式传播培训信息，刺激受训者的感官系统，给受训者留下深刻的印象。另外，多媒体远程培训可以实现不同地点师生之间和学生之间的可视化联系，受训者可以直观地了解其他教学点的情况，具有明显的现场培训的逼真效果。

2. 远程培训，突破了时空的限制。多媒体远程培训可以将信息传递到尽可能远的教学点，使处于不同地方的人能够同时接受培训、相互沟通。另外，多媒体远程培训的时空优势实现了各个教学点培训的同步化，解决了部分地区培训滞后的问题。

3. 多向式沟通，信息流动效率高。多媒体远程培训可以实现各个教学点的学生之间，以及来自不同教学点的学生与远在外地的培训师之间的多方向的交流。处在不同培训点的人可以共享信息，信息无论是实时性还是多样性都远远高于网络在线培训。

（二）局限性

多媒体远程培训的局限性如下。

1. 研发成本高。多媒体远程培训要结合各种多媒体技术以及多媒体网络传输技术，购置计算机等相关设备、租用信息传输线路等，需要花费较大的财力。

2. 技术性要求高。多媒体远程培训需要及时传递大量的多媒体信息，这对传输媒介的信息承载力和传输速度的要求很高，需要较大的技术支撑。

3. 多媒体远程培训需要传递大量的视觉材料，所以需要将其他材料进行技术处理和转化才能方便受训者阅读。

实施多媒体远程培训应注意两个问题。第一，由于多媒体远程培训的研发成本高，故应保证拥有足够多的服务对象，只有组织规模化的培训才能实现较低的人均使用成本，缩短投资成本回收期，减轻财政压力。第二，由于多媒体远程培训对技术的要求高，故应在拥有过硬的技术支撑时采用这种培训方式，另外，在运行多媒体远程培训时应定期或不定期地进行技术维护，保证培训在良好的技术环境下顺利开展。

现在很流行的一个词“幕课”，其实就是一种多媒体远程培训的形式。所谓“幕课”（MOOC），是大规模在线开放课程的英文简称，是在线教育的最新的高级形式。顾名思义，“M”代表 Massive（大规模），与传统课程只有几十个或几百个学生不同，一门 MOOCs 课程动辄上万人，最多达十几万人；第二个字母“O”代表 Open（开放），以兴趣为导向，凡是想学习的，都可以进来学，不分国籍，只需一个邮箱，就可注册参与；第三个字母“O”代表 Online（在线），学习在网上完成，无须旅行，不受时空限制；第四个字母“C”代表 Course，就是课程的意思。虽然现阶段幕课主要用于高等教育的教学，但是在未来对于公司来说不论是在线学习还是在线培训都会收到意想不到的效果。

六、虚拟现实培训

虚拟现实培训是指以真实工作环境为模型，让受训者在仿真的虚拟环境中完成培训的一种培训方式。虚拟现实培训与情景模拟不同，它是以计算机为基础开发的三维模拟，这种模拟的技术性很强，通过专业设备（如特殊手套、眼镜等）观看计算机上的虚拟模型，可以刺激受训者的多重感官，让受训者产生身临其境的感觉。受训者在仿真的虚拟环境中更容易进入状态，受训过程更接近现实工作。

（一）优点

虚拟现实培训的优点如下。

1. 感官效果好，真实性强。虚拟现实培训可以为受训者营造一个接近现实的工作环境和工作条件，让受训者在真实的环境中积累大量的感性经验，练习不可能亲身体验的培训内容，将培训与真实工作紧密联系起来。

2. 规避风险，完成原本不可能的培训。虚拟现实培训可以让受训者在受控制的环境中检验各种假设，进行操作。由于操作不需要承担现实世界的后果，故受训者可以在没有危险的情况下进行原本有危险的操作，从而降低了培训的风险。

（二）局限性

虚拟现实培训的局限性如下。

1. 技术要求高。虚拟环境的营造，需要计算机软件、多媒体等技术支持，不然很难让受训者产生操作的真实感。

2. 存在培训成果产生偏差的风险。虚拟现实培训提供的培训条件毕竟是虚拟模仿的，很难与现实保持完全一致。如果虚拟环境中的某项设备或设计的某个环节与现实产生了明显的偏差，则培训会带给受训者错误的感觉，使培训效果产生偏差。另外，受训者在接受培训和回到现实时可能会产生不适应，从而影响现实的工作绩效。

虚拟现实培训的实施应注意的问题有两个。第一，应加大技术投入，一方面模拟出最接近现实的虚拟世界，另一方面搭建受训者与虚拟世界连接的桥梁。第二，应时刻关注现实情况的变化，对虚拟世界进行及时调整，让虚拟世界与现实世界始终保持相对一致。

七、卫星远程培训

卫星远程培训是结合因特网，通过卫星数据通信技术，将培训现场的实况传送出去，使其他会场能够同步观看培训现场情况，并通过各种方式与培训师进行交流。

卫星远程培训拥有多媒体远程培训共同的优点，培训不受时空限制，感官效果佳，互动性强。其最独特的优点是卫星数据通信技术的运用使培训的现场感更强烈，有利于创造积极的学习环境。然而，由于卫星远程培训的技术性较强，前期投入较大，所以大多数企业还无法驾驭这种培训方式。

八、移动互联网培训

当前，随着移动化、碎片化、社交化等移动互联网现象的出现并迅速发展，传统的学习和培训方式正在被改变。曾经玩弄手机被视为是不认真学习的表现，但是现在，手机可以成为培训的工具和手段，越来越多的企业拥有自己内部培训 App。

（一）优点

1. 打破时空界限，灵活便捷。在移动互联网时代，企业的培训完全可以通过手机终端来实现。一方面，个人掌握学习的主动权，可以很好地利用生活中零碎的时间，学习灵活简单，在地铁、公交甚至排队的时候都可以翻阅网页，碎片化学习。另一方面，移动互联网还具有提示性特点，企业可以通过移动互联网技术第一时间向受训者发送培训内容，提高了培训的时效性。

2. 培训资源可以重复利用，培训成本低。企业可以通过信息化手段统一管理所有的培训资源，甚至通过移动互联技术对资源进行远程操作和控制。企业员工可以通过身份认证进行反复学习，与传统的课堂讲授模式相比具有永久性。另外对于人数也没有限制，可以让更多的人来学习，在强化了培训管理和利用的同时，长期来看也是为企业节约了成本投入。

3. 内容更加丰富，选择更加人性化。网络是一个知识的海洋，给我们提供了一个可以接触到各行各业专家的平台，学习他们的精华观点。另外移动互联网培训可以最大限度地尊重员工的个性选择。随着社交软件的发展，员工通过移动终端的学习，不仅可以自由地选择培训的时间和地点，还可以自主地选择企业指定的学习内容以外的培训内容，并且可以自行掌握培训进度。例如，企业在自己的App中，鼓励员工自行加入不同的学习群，就学习中发现的问题，随时提问，与群中受训者及时交流和研讨。

（二）缺点

1. 无法照顾个体差异。网络学习并不是针对某一企业或者某一类职业的学员单独设计的。由于企业不同、受训者基础不同等个体和环境的差异，培训本身不具有针对性。

2. 学习过程无法监督，培训效果因人而异。由于是企业提供资源，培训过程是受训者自主学习，企业很难实行监督，对于自制力较弱的受训者的培训效果就会大打折扣。

依据移动互联网进行培训需要注意的是，在平常的工作和学习中要注重员工学习习惯的养成。在员工的闲暇时间有意引导员工更多地利用手机终端进行学习，养成良好的学习习惯，从而独立主动学习，提高公司的人力资本收益率。在移动互联网高速发展的今天，虽然用移动互联网进行培训可以给我们带来很多的方便，但是就目前而言还不能完全达到面对面交流，而且有些专业性强的职业需要更多的实际操作，所以企业还是要根据具体的职业类型来安排培训内容和培训方式。

第三节　特定人员的培训与开发方法及其选择

一、培训方法的选择

（一）培训方法选择的原则

培训方法选择的原则有如下五个。

1. 目标导向性原则。培训的目标是确定培训内容、制订培训计划、开展培训效果评估的根本。故应该以培训目标为导向，选择合适的培训方法与技术。

2. 实用性原则。培训的最终目的是提高工作绩效，故培训方法和技术的选择应该考虑其在实际工作中的运用效果。

3. 经济性原则。培训活动从本质上来说是一种人力资本的投资。根据利润最大化的原则，在选择培训方法时应考虑投入—产出比，选择经济效益较好的培训方式。

4. 兴趣引导性原则。受训者的态度是影响培训效果的关键之一,故应选择能激发受训者兴趣的培训方法与技术。

5. 全面性原则。一个培训项目的完成不一定只需要一种培训方法,同一个培训项目中可能有多个不同层面的培训要点,这就需要采用多种培训方法相结合的方式来完成整个培训。故在选择培训方法与技术时应全面考虑各种培训方法与技术的适用性,最终选出最合理的培训方法组合。

(二)培训方法选择的依据

每种培训方法都有优势和劣势,企业在选择时应全面考虑以下几个问题。

1. 明确培训的目标。在选择培训方法前应明确培训的目标,即希望通过培训达到怎样的学习效果,如知识的掌握、技能的提高、态度的改善、绩效的提高、观念的转变、思维的发展、心理的调整等。不同的培训方法能够达到不同的培训目标,如对企业基本信息的掌握可采用讲授法,对角色的把握可采用行为示范模仿法等。

2. 分析培训的内容。不同的培训内容适用不同的培训方法,所以在选择培训方法前应对培训内容进行分析,根据培训内容的特点选择合适的培训方法。

3. 充分了解各种培训方法的优、劣势。每种培训方法都有各自的优、劣势,在选择培训方法时,应对其进行充分了解,根据培训目标与内容选择合适的培训方法。

4. 分析培训对象特征。培训对象群体的特征包括受训者的构成、工作可离度和工作压力,这些特征都会对培训方法的选择产生影响。受训者的构成包括员工的工作特征、受训者的个性特征以及技术心理成熟度。工作可离度是指暂时离开工作岗位,其工作交给他人的可替代性,当员工的工作可离度低时,企业不便于采用集中培训的方式。当员工的工作压力大时,员工会主动提出培训要求,此时就可以采用员工自主性较强的培训方法。

5. 考虑培训方法使用的条件。任何培训方法的实施都需要一定的预算或条件,如设备、费用、场地、特定的培训师等。不同的培训方法所需要的预算和条件是不同的,所以在选择培训方法前应考虑企业是否能够支付预算和提供其他条件。

6. 应与企业的文化相适应。企业文化是影响培训环境的关键,不同的培训方法需要在不同的培训氛围中进行,故在选择培训方法时应充分考虑企业文化。

二、新员工培训方法的选择

上述归纳的培训方法选择的五大原则和六大依据具有一般性的特点,适用于所有的培训。故新员工培训方法的选择也应在遵循五大原则的基础上综合考虑六个方面的依据。在不考虑培训企业自身情况的前提下，新员工培训应主要考虑以下几个方面：新员工的特点、新员工培训的目标以及新员工培训的内容。

（一）新员工的心理特征

作为组织中的新成员，新员工在陌生又新鲜的环境中会存在一些担忧和顾虑，主要表现为以下几个方面。

第一，是否被同事接纳。对于群体中的其他同事来说，新员工作为未来的工作伙伴，其未来的发展存在着不确定性，是阻碍个人发展还是促进个人发展都不得而知，故他们对新员工的态度是谨慎的。当新员工威胁到自身利益时就会产生提防的想法，甚至做出不友好的行为。新员工往往会担心自己是否会被排挤或被欺负，希望能被同事接纳，从而获得良好的人际工作氛围。

第二，企业当初的承诺是否会兑现。在招聘时，企业往往提出优厚的条件来吸引人才，对愿意加入的应聘者许下美好的承诺，然而，当员工正式入职后，某些原本承诺的条件可能无法兑现。故新员工往往担心企业是否能履行当初的承诺。

第三，是否适应第一工作环境。对于新员工来说，组织中的一切都是陌生的，如工作条件、工作地点、人际关系、工作风格等。面对陌生的第一工作环境，新员工难免担忧。

（二）新员工培训的目标

由于新员工有其本身的自我定位不明确、工作流程不熟、新环境下的心理顾虑等特殊性，所以对新员工培训的目标主要着眼于以下方面。

1. 消除新员工的焦虑与困惑。对新员工进行培训可以让员工快速了解工作岗位对知识、技能方面的要求，体验工作的人际氛围以及新员工在企业中的角色或地位。通过这些方面的了解，可以帮助新员工解决以上三个方面的疑问，消除焦虑与困惑。

2. 稳定员工队伍。通过培训，新员工可以从多方面了解企业的情况，结合自己的未来发展或期望，对新岗位进行参考或衡量，作出最终的选择。培训后留下的新员工往往是已经通过仔细考虑，决定将新岗位作为其职业规划的一个部分的员工。这些新员工往往拥有稳定的心态，故新员工培训有利于稳定员工队伍。

3. 缩短新员工从学习阶段向创造价值阶段过渡的时间。通过对新员工的一系列培训，可以让新员工尽快学会专业知识、掌握所在岗位的所需技能、了解工作开展的既定规则和正确的运行程序，让新员工以较短的时间胜任新岗位，快速从一名学习者转化为一名为企业创造价值的员工。

4. 培养新员工的态度和价值观。每个组织都有其特定的文化，只有组织成员与组织文化相一致才能推动整个组织向着既定的目标前进。通过新员工培训可以让新员工了解组织文化，形成组织认同的价值观，从而与组织间建立信任，也建立对组织的忠诚。

（三）新员工的培训内容

1. 企业概况。企业概况培训的内容包括：致欢迎词；企业的创业史、成长历程、发展趋势、目标、优势和存在的问题；企业文化；传统习惯、规范和标准；机构的职能、产品、服务和主要用户的情况；产品生产和对用户提供服务的方式、步骤；企业各项活动的范围；组织结构，企业及其子公司的关系；组织指挥系统，主要经理人员的情况；各团体之间的关系、期望和活动。

2. 主要制度和政策介绍。这方面的培训内容有：考勤制度；职称评定制度；岗位责任制度；请假制度；人员进出制度；技术和业务等各种管理制度；财务制度。

3. 薪酬。这方面的培训内容有：工资率和工资范围；节假日补贴；轮班制；薪水发放的方式；购买内部产品的特权及折扣；工资预支；从银行贷款；工作费用报销；纳税方法。

4. 额外福利。这方面的培训内容有：保险；福利；加班补贴；残疾赔偿；节假日（国庆节、宗教日）；休假（病假、家人生病或丧亡、怀孕、临时事件、紧急事务、长期休假）；退休计划；在职培训机会；咨询服务；自主餐厅；娱乐和社会活动；公司其他服务。

5. 职业安全与卫生。这方面的培训内容有：填写紧急情况卡；健康和临床急救；锻炼和娱乐中心；安全预防；事故报告；火灾预防和控制；意外事故处理程序和报告；职业安全与卫生条例；体检。

6. 雇员的权利和义务。这方面的培训内容有：雇用条件和环境；分配、重新分配和晋升；见习期和上岗后的在职表现；病假和迟到报告制度；雇员的权利和义务；管理者的权利；合同政策与条款；业绩的监督和评估；纪律和申诉；合同终止（辞职、临时解雇、退休）；人事记录的内容和检查；沟通（上级和下级沟通渠道、建议系统、在公告栏公示信息、交流新想法）；卫生处理和清洁；安全设备、徽章和制服的配置、携带物进出门手续。

7. 硬件设施。这方面的培训内容有：设备的参观；饮食服务和自主餐厅；饮食的限制区域；雇员的入口；区域限制（如汽车）；停车场；急救；休息室。

8. 业务技能。这方面的培训内容有：专业或行业知识；岗位操作技能、程序；业务技巧；日常工作流程；工作合作关系与流程。

（四）新员工培训方法的选择

前节已详细介绍了各种培训方法及其优、劣势。根据以上分析的新员工的特点、培训目标及内容进行综合判断，适合新员工的培训方法有很多，可根据具体的培训需要来选择(参见表9－1)。

表9－1　新员工培训方法选择表

培训内容	培训方法
公司概况、主要制度政策介绍	讲授法、多媒体培训
薪酬、福利、雇员权利与义务	讲授法
职业安全与卫生	讲授法、行为示范模仿法
专业知识	讲授法、讨论法、多媒体培训
工作技能(岗位操作技术、程序等)	师带徒、教练式讲授法、讨论法、虚拟现实培训、行为示范模仿法、计算机辅助培训
人际交往(工作合作关系与流程、客户服务等)	工作轮换、情景模拟法、行为示范模仿法

三、管理人员培训方法的选择

与新员工培训方法的选择一样,根据培训方法选择的原则和依据,综合分析管理人员的特点、管理人员的培训目标和内容可整理出管理人员培训的方法。

(一)管理人员的特点

这里所说的管理人员的特点,是指从培训的角度来看管理人员工作上的特点。管理人员与一般员工在工作上的本质区别是,管理人员是通过指派下属工作,并对其工作进行指导以及评估等以实现组织的目标,而非直接完成某些具体工作任务,关键在于从事管理活动。所以从培训的角度来讲,对管理人员的培训主要集中在管理技能上。

(二)管理人员的培训目标

管理人员作为组织中的骨干员工,虽不参与具体工作任务的完成,但是在管理、协调、考核、决策中发挥着不可替代的作用,所以对管理人员培训的主要目标有如下几点。

1. 提高管理能力和效率。管理是一门科学也是一门艺术,并非所有人都能拥有这种技能,管理技能需要通过培养才能掌握。在技术发展和竞争的压力下,很多管理人员都遇到了技能老化的问题,如所拥有的管理技能已经无法完成管理的任务,甚至对企业日常工作开展造成了负面影响。有的管理者甚至触及了职业顶峰的问题,职业生涯发展遇到了阻碍。通过管理人员的培训能够使管理者掌握先进的管理技能,摆脱技能老化和职业顶峰的问题,不断提高管理能力和效率。

2. 为企业建立接班人队伍。管理人员作为决策者和领导者,是影响企业发展的根本之一。管理人才储备在很大程度上决定了企业的成长力和战斗力。通过管理人员的培训可以使企业了解内部管理实力,依据培训考核结果,选拔出有潜力的管理人才,并通过计划性的培训培养出接班人队伍,做好人才储备。

3. 实现企业的职业化管理的要求。随着社会的发展与进步,企业的管理向规范化的方向发展,对管理人员的职业化要求越来越高。对管理人员的培训可以丰富其管理理论和管理实践,规范管理人员的管理技能,形成一定的管理风格,从而实现企业的职业化管理。

(三)管理人员的培训内容

不同层次的管理人员在知识和技能方面的要求有所不同,以下提出的是作为管理者必备的通用技能。

1. 沟通技能。沟通是管理人员制定决策、执行决策的基础,良好的沟通能够让管理者获得足量的、真实的信息,然后做出正确的决策。另外,即使是最好的决策、最完美的计划,如果没有良好的沟通也是无法实施的,所以沟通技能的培训是非常重要的。

2. 倾听技能。管理者需要全面、及时地了解来自各方面的信息,如下属、上级、合作伙伴等。这就需要掌握良好的倾听技能,即能够积极主动地去倾听,充分理解各种信息的内涵,掌握信息的要点。

3. 反馈技能。管理者在工作中需要将自己所获得的情况反馈给下属,有效的反馈应强调具体行为和目标,确保反馈信息能够被准确理解,消极的反馈应指向接受者可控制的行为。反馈作为一种工作技能可以通过培训来提高。

4. 授权技能。在日常工作中,管理者往往需要将权力分派给其他人以完成特定的活动,如授权下属组织某些活动、执行某个方案等。授权不是简单的指派工作,而需要管理者解释授权范围,向相关人通报授权行为,建立授权反馈机制等。这是一项重要的工作技能,需要通过培训来掌握和提升。

5. 训导技能。对下属的训导是管理者的重要工作之一,有效的训导需要满足以下几个条件。首先,应该以平静、客观、严肃的态度指出问题的具体所在,讨论不针对具体人。其次,在保持对讨论的控制的前提下允许员工陈述自己的看法。最后,对今后如何预防错误与员工达成共识。

6. 冲突管理技能。日常工作中往往会遇到各种冲突,只要出现某种抵触或对立就会产生冲突。只有及时、有效地处理冲突,才能扫除障碍,保证工作的进度。

7. 激励技能。激发员工的工作积极性是管理者的本职工作之一。激励员工是一项技巧性的工作。首先,应在充分认清员工差异的基础上将员工与职务进行合理匹配。其次,奖励应该与绩效挂钩,以绩效改进为目标。最后,应保证激励的公平公正性。

8. 时间管理技能。只有有效利用时间，才能在规定的时间里完成管理任务，保证日常工作的顺利开展。

（四）管理人员的培训方法

通过对管理人员的特点、管理人员培训目标和内容的分析，结合本章第一、第二节中对各种培训方法的详细介绍，我们可挑选出相对适合管理人员的培训方法（如图 9－1 所示）。

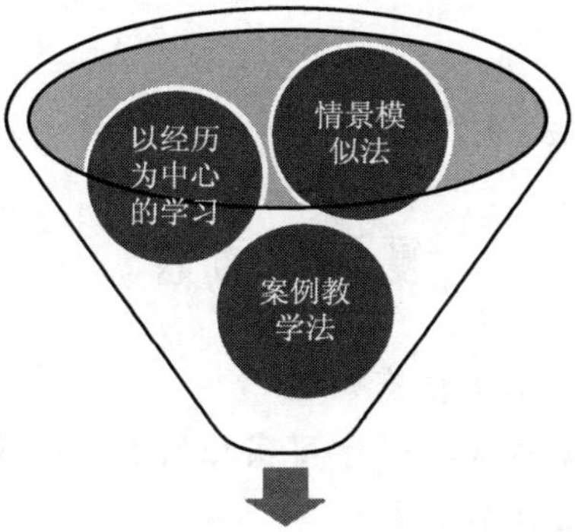

图 9－1　管理人员培训方法

图 9－1 中所列出的是适合管理人员培训的主要方法，其中以经历为中心的学习包括：一般性的行动学习、挑战性工作的委派和突破性学习、初级董事会。这三种培训方法适合不同层次的管理者的培训需求，前面已经具体介绍，这里不再赘述。情景模拟法中的角色扮演法和游戏法更适合管理者的培训。除图中所提到的培训方法以外，还有其他方法可作为参考，如工作轮换法、讨论法、业余进修等。

本章小结

员工培训与开发管理发展至今，所运用的培训方法可分为以传统技术为媒介的培训方法和以新兴技术为媒介的培训方法两大类。

以传统技术为媒介的培训方法可细分为在职培训和脱产培训两大类。在职培训方法包括：师徒制培训、教练式培训、工作轮换制、以经历为中心的学习等。脱产培训方法包括：讲授法、讨论法、案例教学法、情景模拟法、行为示范模仿法等。

以新兴技术为媒介的培训方法包括电视教育培训、多媒体培训、计算机辅助培训、网络在线培训、多媒体远程培训、虚拟现实培训、卫星远程培训等。

每种培训方法都有各自的优、劣势，在选择时应遵循如下几大原则：目标导向性原则、实用性原则、经济性原则、兴趣导向性原则、全面性原则。

培训方法的选择应考虑以下几个问题:第一,明确培训的目标;第二,分析培训的内容;第三,充分了解各种培训方法的优、劣势;第四,分析培训对象特征;第五,考虑培训方法使用的条件;第六,与企业文化相适应。

对于特定的培训对象,如新员工、管理人员等,应在充分分析其特点的基础上选择最有效的培训方法。

重要概念

员工培训与开发方法、员工培训与开发技术、特定人员培训与开发

复习思考题

1. 在职培训方式的基本类型有哪些?
2. 挑战性工作的委派和突破性学习实施的主要问题有哪些? 如何克服?
3. 情景模拟法的优势是什么?
4. 移动互联网培训的优点是什么?

应用案例 1

福耀集团的培训与用人理念①

福耀玻璃工业集团股份有限公司(以下简称“福耀”),于 1987 年在中国福州注册成立,是一家生产汽车安全玻璃的中外合资企业。在国内的整车配套市场,福耀为各著名汽车品牌提供配套服务,市场份额占据全国的半壁江山。在国际汽车玻璃配套市场上,福耀取得了世界八大汽车厂商的认证,现在,福耀已经成为 Audi、本特利(Bentley)、通用汽车公司(GM)、福特(Ford)、沃尔沃(Toyota)等的合格供应商,并批量供货。

福耀集团董事长曹德旺也是该集团的创始人。公司取得如此骄人成就,离不开他的耕耘和追求。在人力资源管理方面,他尤其重视培训。曹德旺在集团开设了培训中心,负责对操作人员进行基本岗位技能培训,以及举办各类专业技能提高培训。此外,曹德旺与厦门大学管理学院合作成立福耀管理学院,利用厦门大学的师资培训管理人员,所以公司中层以上的企业干部都接受过工商

① https://baijiahao.baidu.com/s?id=1703171214694128294&wfr=spider&for=pc.

管理硕士(MBA)课程教育。而且,每年都拨专款支持培训工作,还聘请世界知名的咨询公司做专题培训。

福耀成立初期,就有一大批的技术人员和生产管理人员接受了培训,这使得福耀与世界高水平企业的差距越来越小。后来,这些人还被分派到意大利、美国参加培训,他们博采众长,让企业的技术一直保持世界高水平。

曹德旺对于员工的培养,要求十分严格,只要是公司新进员工,不管是国内大学生、研究生,还是留学生,只要到了公司,就得去工厂的车间锻炼。他认为一个人能不能吃苦,能不能经得起折磨,是判断出这个人是不是人才的关键,因为这是成材所需的基本素质。

1990年毕业于北京航空航天大学管理信息专业的陈居里,现在是福耀的副总裁。毕业后,他曾受到许多国际大公司的邀约,但他因为想在福建工作,就来到了福耀。人事经理带着他见了曹德旺,曹德旺在了解了他的情况后,就让他留在了福耀。

陈居里到了工厂,被安排在垂直炉上三班倒,每天得用一辆平板车把废弃的玻璃从车间拉到玻璃堆去倒掉,一车玻璃有一二吨重,大多时候也就安排两个人去拉。别人以为陈居里干不长,但表面上长得文文弱弱的陈居里,他一样按工厂的规定,度过了这艰难的磨炼期。

有一次,曹德旺问陈居里:你受了那么多的气,为什么没有选择离开?陈居里说:只要福耀还有一张我的办公桌,我就不会离开。曹德旺问:为什么?陈居里说:因为您。您是一个正直的人,有几个公司能像我们福耀这样,公司的利益和老板的利益完全一致?这么好的公司并不容易碰到,我有幸进来了,怎么会轻易离开?曹德旺又问:那你为什么不申辩?陈居里说:申辩会让您觉得我在推卸责任,很难细究,所以索性就不申辩了。陈居里说:我记得我们毕业那天,老师说过一句话,一个人如果现在不打杂,以后永远要打杂。如果一个人现在打杂,以后永远不打杂。这句话对我影响很大。找工作就好比卖东西,只有先展示性能、展示你的本事,才有可能得到一个好价钱,但本事是看不见、摸不着的,人家怎么知道,所以自己得做。曹德旺认可了陈居里这个人才。陈居里的英文底子很好,后来从事香港进出口业务,一直干到总经理职位,1999年12月,陈居里被曹德旺提升为集团副总裁,主管海外维修市场销售系统工作,一直到现在。

曹德旺的用人之道,就是先考验这个人能不能吃苦,这点相当的重要。如果,经不住这份考验,那以后也很难有大的作为。曹德旺自己就是从底层的工作干起来的,他吃过太多的苦,所以,他深知能吃苦的人,都是将来有潜力的人。

从他用人的理念中可以看出来,曹德旺的人格魅力很强,他是一个正直的人,也是一个善良的人,更是一个愿意利益分享的人,不然,不会有人这么死心塌地地跟着他工作。古话说得好，千里马常有，而伯乐却不常有。曹德旺正是陈居里的伯乐，陈居里从他的人格魅力里学到了很多东西，也成长得很快，不负众望地成了曹德旺的得力干将。

不得不说，曹德旺在吸引人才、管理人才，以及培训人才方面，独具风格。从曹德旺身上可以看出许多做人的道理，他能成为一名成功的企业家，显然是有充分的道理的。曹德旺写了一本自传书《心若菩提》，其中，有他个人成长的经历与商海竞争的案例，各种闻所未闻之事，让人大开眼界。从这本书中，也可以看到曹德旺的投资手段以及商业思维。

问题：

1. 福耀公司的岗位操作人员在公司的培训中心进行基本岗位技能培训和专业技能提高培训。请为这类员工设计培训与开发的方法。

2. 公司中层以上的管理人员利用厦门大学的师资，接受MBA课程教育，且拨专款聘请世界知名的咨询公司做专题培训。请问：针对该类员工的培训方法的优势是什么？

应用案例2

比亚迪公司的导师培训制度①

管理的内涵是管“人”以理“事”，促成人和事友好。但伴随知识更新速度加快，人和事不友好是经常出现的。这就需要通过培训，不停更新我们职员的知识结构，使其跟上时代的步伐。

培训对于企业而言，应该是一个制度，而不是一两次活动。很多企业之所以培训不得其法，投入多而产出少，很大程度上是因为它们把培训当成处理困难的灵丹妙药，急功近利，一两次培训以后发觉并没有太大改善，便认为培训无用。培训是一个潜移默化的过程，唯有坚持不懈，才能真正提升职员素质，提升全员劳动生产率。

比亚迪培训不是一两次活动，也不是处理危机的“救火队”。比亚迪培训是一个制度，是着眼于企业长久发展而建立开发内部人力资源的一个循环不停的体系。

一、总则

第一条　为使新进管理人员能立即溶入企业文化气氛和适应企业工作环境，掌握工作必需的信息和技能，早日胜任本职工作，特制订本制度。

第二条　“导师”培训是指新进企业管理人员，在进入部门工作试用期间，

① https://wenku.baidu.com/view/ac14923117791711cc7931b765ce05087632757c.html.

由指定“导师”全方面负责对其进行试用期在岗培训，结合具体工作进行。

第三条　凡企业新进管理人员必须接受“导师”培训，并参考本制度具体实施。培训合格后，方能正式任用。

二、培训时间

第四条　培训期为学员进入企业试用期间，每个月十五日以前，当月计算在内，十五日以后，当月不计算在内。

第五条　如三个月培训期结束后，学员还不能胜任本职工作，可延长 30 天培训期。

三、导师

第六条　培训导师是指参考本制度具体实施培训人员。

第七条　导师必须在企业工作十二个月以上，表现优异，熟悉企业运作，和学员有亲密联络，能胜任培训工作。导师应由 D 级、E 级和能力突出的 F 级职员担任，一名导师最多同时培训两名学员，具体人选由各用人部门确定，报人事部备案。

第八条　导师必需履行以下职责：

1. 帮助学员完成融入企业职业生涯过程，实现意识和行动上转变，确立正确社会观和劳动观。

2. 培养学员协调性、主动性和自我提升、自我开发的工作热情。

3. 负责使学员立即了解企业运作情况、制度情况、人员情况等。

4. 负责培训学员岗位必需的基础知识和业务知识。

5. 每个月月初负责确定当月学员具体培训计划，并组织实施。

6. 每个月月末负责评价当月学员学习情况和工作情况。

7. 帮助学员处理在工作和生活中碰到的困难和迷惑。

8. 负责使学员在培训结束后，能胜任部门安排的工作。

第九条　导师在培训期间可享受培训补助：每培训一名 F 级学员，补助 300 元/月；每培训一名 G 级学员，补助 200 元/月。在延长培训期间不享受培训补助。

第十条　导师在培训中的表现，将作为上级领导对其考评的一个项目。企业每十二个月将对导师做出评价，不合格导师将取消导师资格两年，合格导师在晋升、提薪等方面将优先考虑。

四、学员

第十一条　学员是指参考本制度具体接受培训的人员。

第十二条　学员由新进企业 G 级、F 级管理人员组成，每位学员在试用期内有一位固定导师对其进行培训。

第十三条　学员在培训期内必须认真接受导师培训，每个月月初，和导师一起讨论该月培训计划,每个月月末,应向导师提交一份培训心得体会。在培训结束后,学员应提交一份培训收获总结报告。

第十四条　培训期内学员在工作上和生活上碰到问题,均可向导师提出并要求解答,如学员对导师培训有意见,可向部门经理和人事部申诉。

五、培训内容

第十五条　导师培训内容应伴随各部门性质、工作区分,由各部门及导师自行决定,但全部应包含下列基础内容:《职员手册》;企业运作体系;建立工作相关方面知识体系;相关技术方面培训;品质意识及市场意识。

第十六条　导师首先必须了解学员所须知道的一切企业知识,包含企业结构、目标、政策、产品及其特征、市场情况等,使学员对企业工作性质及发展有一个初步了解和心理准备。

第十七条　导师培训内容中要强调企业文化和价值观,使学员目标、价值观和企业目标价值观达成一致。

问题:

1. 请对导师制培训方式的导师相关规定内容进行评价。
2. 你最欣赏学员相关规定的哪些内容?为什么?

第十章

员工培训与开发管理的现状与发展

★ 课前提示 ★

在社会发展与技术进步的推动下,现代企业员工培训与开发管理呈现出了新的特点和独特的发展趋势。本章介绍员工培训与开发管理的发展与展望,以帮助了解企业员工培训与开发管理的现状和未来发展趋势。

第一节　员工培训与开发管理的现状

一、当前员工培训与开发管理的特点

(一)更注重培训目标设定的全局性

随着知识的丰富和技术的进步,完整的人力资源管理体系已经形成,并向着更加成熟和完善的方向发展。员工培训与开发作为人力资源管理体系中的一部分,一方面与招聘管理、绩效管理、薪酬管理等各模块之间有着紧密的联系,另一方面又与企业的运作或管理项目(如企业的财务管理、销售管理等)之间存在一定的关系。因此,员工培训与开发计划的制订与实施都会对人力资源的其他模块以及企业管理的其他方面产生影响,从而影响企业的长远发展和战略思想。现代员工培训与开发活动通常是根据人力资源规划的整体部署的,突破了既定岗位技能和具体工作知识的狭隘范围,更多地服务于中长期发展目标。现代员工培训与开发管理的执行,尤其是目标的设定都会全面了解组织环境和发展战略,掌握和盘活人力资源存量,预测相关人力资源发展的趋势并做

好准备，具有涵盖全局的特点。

（二）更强调培训对象的群体性

随着培训技术的提升和培训管理的日渐成熟，培训的对象不再只局限于企业内部的员工，而是扩展到了企业的外部，如客户、业务伙伴等。这是现代经济发展和合作创新的结果。例如，思科公司为其经销商、系统集成商和大用户免费提供了解网络新趋势、新动向和应用技术的培训，为潜在客户举办各种讲座。再如，海潮和微软在资本和业务方面进行合作，为了给海潮提供更多本土培训人才，微软每年为中国培训数千名 IT 人才。

（三）更关注员工个人发展的长期性

以往的培训，人们往往把关注的重点放在整个组织上，往往从组织的需求出发，制订培训计划、执行培训计划并对培训结果进行评估，评估的重点也在于组织整体目标的实现情况。而参与培训的员工只是作为实现组织培训目标的载体或工具，员工的个人发展往往是被忽略的，只有在企业需要达到一定的目标时才会开展培训。例如，当一家销售公司的业绩得不到提升时，公司会为提高业绩而对销售人员进行有针对性的培训。对培训的评价也只局限于公司业绩的提升情况，对销售人员个人素质提升的培训，则是为公司业绩提升服务的。而现代的培训拥有人力资源管理的整体性思维，将培训与员工的职业生涯规划结合起来，更加关注员工个人的发展。在上述例子中，关注员工个人发展的公司就会在培训中关注销售人员的学习情况，在交流中及时了解受训者的疑问并作出解答，同时，还将对销售人员的培训考核结果作为衡量整个培训效果的一部分。另外，重视个人发展的企业会在对员工日常的绩效考评中及时了解员工的胜任情况，对于存在问题的员工进行相应的培训，为员工的职业生涯发展提供引导和支持。

（四）更倾向于培训中员工角色的主体性

现代的培训中，接受培训的员工发生了角色的转变。过去的培训，都是由管理者通过培训需求分析制订培训计划并开展培训，员工只需要被动地接受。而在科技日益进步、竞争日益激烈的现在，跳槽成本增加，员工的工作压力和被替代的威胁都大幅度提升，员工需要不断提升自己的知识涵养和专业技能，才能在竞争中不被淘汰。在这样的大环境里，员工会根据自身情况提出接受培训的需求，积极参与培训，并在工作之余通过各种方式进行自觉学习和充电。未来发展中的员工在培训中不再是被动的，而是完成了角色的转变，化被动为主动，并且成为企业培训活动的原动力之一。此外，有的企业还让员工参与到培训计划的制订和实施等其他环节中来，使员工成为培训的主体。

（五）更彰显培训内容的广泛性

由于对员工个人发展的重视，员工培训的内容不只局限于工作方式、流程、服务、产品特性、技术规范等方面,还扩展到旨在提高员工素质的培训,如团队合作能力、表达能力、沟通能力、处理人际管理的能力、适应性训练、心理健康训练、耐挫折性训练等。另外,基于培训目标的全局性,在培训内容的选择上会充分考虑企业的长远发展和战略。如在对中高层管理人员的培训中,除培养其决策能力、训导能力、冲突处理能力、激励能力等管理技能外,还会加入关于企业战略管理方面的培训内容。

(六)更体现培训方法的多样性

现代技术的运用对培训产生了影响。一方面,在原有的培训方法中加入新技术,能够提高培训的效果;另一方面,经过技术与培训的良好结合,产生了新的培训方法,如网络在线培训法、多媒体远程控制法、计算机辅助培训法、虚拟现实培训法、卫星远程培训法等。这些高技术含量的培训方法解决了原有方法所不能解决的问题,使很多培训效果从不可能变成了可能。有些技术的运用,还降低了培训的平均成本,扩大了培训范围,给未来培训的发展提供了更多的参考空间。

(七)更要求培训组织形式的创新性

培训在应对挑战过程中的战略地位已逐渐凸显,从确保培训的高效性和方便性出发,企业开始创办自己的大学,如摩托罗拉大学、西门子管理学院、意大利 ENI 集团培训中心、施乐公司大学等。这些学校拥有完整的师资配备,教学设施也相当完备。以摩托罗拉大学为例,其在斯坎伯格设有主校园和分校,拥有 400 多名全职教师和 800 多名兼职教师,每年培训 10 万多名学生,其中 22% 的学生来自公司外部。摩托罗拉大学的主要任务是提供专业课程的教学,以实现公司的培训目标。大学的许多课程可以通过联机进行函授。公司要求所有员工每年至少参加 40 小时的培训。这个由总经理立下的规定为公司提供了持续的教育,被称为"摩托罗拉文化、价值观和历史的保护者"。企业大学的培训模式为员工提供了更好的培训,成为公司文化的重要部分。

再例如中国的华为公司,2005 年正式成立了被世人称为中国企业的黄埔军校——华为大学(Huawei University)。通过建立大学,华为试图将公司打造成一个学习型组织,为华为员工及客户提供众多培训课程。目前,华为大学拥有 300 多名专职培训师,以及逾千名兼职培训管理和专业人员,遍布于中国的深圳总部和其他地区及世界各大洲的分部或代表处。

二、当前员工培训与开发管理存在的问题

(一)尚未普遍树立先进的培训理念

培训作为人力资源管理中的重要部分,可以说是企业培养人才的一种投

资，而投资的效果直接影响到企业的日常经营活动的开展与长远目标的实现。因为人才是推动一个组织前进的力量源泉，只有拥有了优秀的员工，才能创造出优质的产品和服务，才能使企业保持良好的社会形象，从而在竞争中保持优势，拥有自己的一席之地。另外，只有拥有了优秀的管理者，才能使企业在科学的目标的指引下，适时作出正确的决策，获得长远的发展。所以，对员工给予培训与开发是决定企业命运的重要工作内容，应该支持。然而，仍然有一些企业并没有认识到这一点，在他们看来，培训是一种负担。有的企业急功近利，在培训后看不到立竿见影的效果，就认为培训完全是消耗，是一种资源的浪费，于是就不再给予任何人力或财力上的支持，使企业培训处于完全空缺的状态。有的企业了解培训的作用，但没有给予应有的重视，虽然开展了培训工作，在人力、财力等方面的支持却非常欠缺，使得培训无法正常开展或者开展的效果不佳。

（二）培训存在应急性和随意性

定期或不定期地开展培训应该是促进企业长期发展的重要工作环节之一，故培训应该与企业各个阶段的发展目标、员工岗位素质与技能要求及员工个人发展要求相结合。培训应该具有前瞻性和规划性。然而，很多企业并没有认识到这一点，开展的往往是“止血式”的培训，即只有当企业在某个阶段发生一系列问题，如业绩快速下降时，才会开展培训。这种培训只为解决企业某个时期的问题，毫无规划性，具有很明显的应急性。另外，有的企业不能真正理解培训的意义，只知道盲目跟风，看到什么内容流行就培训什么，完全不考虑自身的情况，不分析培训需求。在培训方法的选择上也盲目跟随，甚至还与同行比排场、比档次，把培训当成了作秀。这种培训具有极强的随意性，完全不考虑培训需求的实际情况，只会浪费时间、精力和资金，根本无法展现培训的真正意义。

（三）无法实现培训需求向培训内容的正确转化

正如前文所述，培训内容的确定需要深刻分析企业的培训需求，并实现准确地转化。然而，很多企业在这一工作环节上却犯下两类错误。第一，所培训的内容完全不符合员工的培训需求，也不符合企业生产、经营、服务的实际需要，培训内容完全偏离了培训的目标。第二，有的培训名目响亮，表面看来也与企业生产、经营活动和员工素质提升紧密联系，然而培训所展现的内容却空洞、肤浅，与实际情况相差甚远，使员工失去兴趣，培训效果堪忧。这种培训虽然了解了培训需求，却没有设定对应培训内容的技术和能力，结果跟第一类一样，根本无法达到既定的培训目标。

（四）员工参加培训缺乏自主性和积极性

企业组织的活动不仅是提高员工工作绩效的有效手段，从长远上来看更是提升员工综合素质和竞争力的人力资本的投资。故从员工个人的角度来讲,参与培训应该是丰富知识、提高技能、改善思维、调整心理的机会。只要员工能够好好利用机会进行学习和锻炼,就能提高自己的市场竞争力,为以后的职业发展积累人力资本。然而,现在的员工并没有充分认识到培训对自己职业生涯发展的特殊意义,而是把培训当作工作的一部分来完成,因而培训的积极性不高。有的员工认为培训是可有可无的,甚至还把培训当假期,蒙混过关,完全不把培训当一回事。所以,就目前而言,培训都是由企业推动的,大多数员工参加的自主性和积极性普遍不高。

(五)缺乏培训效果的评估和成果转化

培训是一种企业人力资源管理的手段,而并非最终目的。通过培训,员工在计划中的某些方面获得了收获和提高,培训取得了真正的效果。但仅是这样是不够的,接下来还要将培训成果转化成员工的工作绩效,即将员工在培训中所接收的内容很好地运用到实际工作中去,使企业的劳动生产率得到提高,从而实现其经营战略目标和经济效益,这才是培训的最终目的。然而,培训效果的转化并非易事。一项研究显示,一般的培训仅产生10% ~20%的转化率,即培训的绝大部分被浪费,其主要原因是企业缺乏促成培训效果转化的环境与机制。我国很多企业还没意识到培训的真正目的和意义,因而并不重视培训效果的转化。员工受训后很少能将所学到的知识、技能和新思维应用到工作岗位上去,从而导致培训与运用严重脱节,使培训与工作绩效失去了应有的联系。有些企业虽然重视培训效果的转化工作,但是由于国内总体上还没有形成企业培训效果转化的规范机制和相应的转化成效评估标准与机制,这些企业的培训效果转化工作基本上还处于一种随意、零乱的状态。

(六)缺乏科学的培训管理体系

现代企业缺乏科学的培训管理体系,主要表现在以下几个方面。第一,培训管理实施具有随意性的特点,一些企业在培训大纲的制定、培训教材的编写或选择、培训课程和项目的设计、培训方式方法的改革创新等方面都没有做深入的思考和细致的工作,使培训的各个环节缺乏应有的计划控制。第二,一些企业不重视培训制度的制定与执行,甚至没有制度的概念。第三,企业内部缺乏对培训工作开展的考评与评估,如培训实施情况考核、培训结果运用情况考核等,从而无法完全实现培训成果与员工待遇之间的有效联系。第四,一些行业没有系统、全面地开发培训体系,缺乏系统、详尽的长远规划,即分阶段培训实施计划,很多专业、工种还没有建立健全统一的岗位规范、职业标准、工种目录、培训大纲、教材、题库及考核体系等。第五,没有形成良好的政府、社会、行业、部门、学校、企业在员工培训方面的利益协调、组织协调制度和机制。第六,没有建立组织内的培训管理组织体系,或所拥有的体系不够健全。有的企业虽然有专门的培训管理机构,但由于职责不清,多头管理,培训无法形成合力,培训开展效果不佳,甚至无法顺利开展。

(七)培训网络体系不完备

现代培训所采用的培训手段和方法越来越多,除传统技术条件下的师带徒方式、讲授法、案例教学法、情景模拟法、行为示范模仿法等在职或脱产培训方法以外,还利用网络、多媒体等新技术进行培训,如电视教育培训、多媒体培训、网络在线培训、多媒体远程培训、虚拟现实培训、卫星远程培训等。多种技术方法的运用,开拓了员工培训方法选择的多样性,满足了不同的培训需求。然而,很多培训方法的运用需要与企业外部机构(如政府、培训机构、学校、社会团体等),在员工继续教育和培训资源的整合、共享以及培训的相互衔接方面做好工作。例如,电视教育培训的开展,需要与广播电视部门进行合作,由他们来控制播放的内容、时间段与频次。再如,网络在线培训需要与网络服务商达成协议,除保证信息传输的完整与快速以外,还要保障信息的保密性与安全性。又如,计算机辅助培训的开展需要与软件或程序的开发商进行合作,提供培训的工具与培训内容的载体。然而,很多企业认为培训只是组织内部的事,不重视与其他部门或专业人员的合作关系,因而,所使用的培训途径还非常单一,培训的内容容量少,信息更新慢,培训负担也过于沉重。

(八)尚未形成优秀的培训文化

文化是一个企业的灵魂,是企业开展任何经营活动的精神指导。培训文化是指导培训开展的无形力量,是企业文化的重要组成部分。优秀的培训文化能够指导企业培训向着更好的方向发展。首先,在优秀培训文化的影响下,企业必将更加重视培训活动的开展,将培训当成企业发展的头等大事。其次,在优秀培训文化的指导下,企业能够将培训与组织目标、战略紧密结合,选择适合的培训方法,最大限度地满足培训需求,实现培训目标。最后,优秀的培训文化会在培训实施的过程中不断成长、成熟,形成优秀的循环系统。所以,培训文化建设非常重要。然而,一些企业根本不重视培训文化的建设,甚至完全没有培训文化的概念,只是将培训看作是培训者的职责,对员工当前的能力和素质是否符合企业的发展也并不关心,从而使培训效果无法达到预期的目标,甚至偏离方向。另外,培训文化是一个多层面的渐进过程,不同的行业和经营模式,培训文化也有所不同。只有符合组织自身发展特点的培训文化才是企业发展所需要的。然而,一些企业虽然认识到了培训文化的重要性,却忽略了培训文化的差异性,盲目照搬别的企业的优秀文化,反而弄巧成拙。所以,普及培训文化意识、建立优秀文化仍然是现代企业的重要任务和努力的方向。

☞ 案例链接　AC尼尔森执行副总裁马旗戟将"迂回"进行到底[①]

"条条大路通罗马。最直接的方式未必最有效,相反,'迂回'战术的成功概率也许更高",从事数据调查行业已有19年之久的AC尼尔森执行副总裁马旗戟"总结"说,"有时,为了论证一个数据的准确性,我们会通过各种不同的渠道,采用各种不同的方式来达成目的。如果只知道'一条道跑到黑',不懂得适度'迂回',那结果不会好!""可以自豪地讲,从事数据调查这么多年,我没有做过一个假数据。"马旗戟似乎对善用"迂回政策"的结果很"受用"。"如果用这种理念来思考自己的职业生涯也是很有帮助的。假如自己觉得某些行业或者某些工作真的不适合自己,那最好及时做调整,选择自己擅长的、想做的。"马旗戟说自己之所以扎根数据行业这么多年,就是因为当初自己做了一个正确的选择,"这跟我的授业导师有很大的关系,他告诉我,如果所从事的工作正是自己喜欢的,那就值得你付出一辈子去做好它。"现在,马旗戟也会经常跟员工分享自己的职场经历,"跟他们说自己的故事,也是一种'迂回',直接告诉他们,他们未必接受。从事数据行业的人,严谨是必需的,但在这个基础上,如果懂得适当变通,那就是锦上添花了"。

生活中,马旗戟也将"迂回政策"发挥得淋漓尽致。虽然因为工作繁忙,马旗戟平时很少有时间陪孩子,但让马旗戟感到自豪的是,"我和孩子的沟通从来没有出现过任何障碍"。只不过,对于正处在青春期的孩子来说,马旗戟认为在采用迂回策略的时候要更加小心翼翼,更要讲求技巧,"千万不能跟他硬碰硬,要不肯定是两败俱伤",马旗戟笑着说。

一、"迂回式"教育——先承认弱点，再努力克服。

传统意义上,很多家长都会正面地教育孩子要坚强、勇敢等,但马旗戟却反其道而行——先承认弱点。"敢于承认自己的弱点是需要勇气的,谁没有弱点,只要肯承认,然后能想尽一切办法去克服,这就行。这也是一种'迂回式'教育",马旗戟表示,"孩子现在13岁了,已经开始有自己的社交圈子,也有自己的想法。孩子长大了,我的沟通方式也必须要跟着与时俱进"。

马旗戟从来不怕在孩子面前袒露自己的弱点。"大人们经历过的很多事情也不都是光明正大的,但有些道理却是相通的。不管大人做得对不对,只要把正确的道理告诉给孩子,让他自己去悟。"马旗戟讲起了自己的一段经历:儿子3岁那年,我带着孩子去商场,在商场门口,我看见一个人手里拿着一个钱夹,表情很慌张。当时直觉告诉我,那人是个小偷。等到我和他四目相对的时候,他恶狠狠的眼神让我有一种本能的退缩。最后,等确定那人果然就是小偷时,他

① 张潮宇,白鹤. AC尼尔森执行副总裁马旗戟将"迂回"进行到底[J]. 数字商业时代,2010:12.

已经逃之夭夭了。“没什么可说的，当时我就是退缩了。”后来，相同的场景在几年后又发生了，“我看见一个人尾随一位女士，朝着她的手提包‘跃跃欲试’。我当时大喊了一声，这么做，就是想引起注意，结果小偷没得逞。”马旗戟坦言，“我都会把这些事讲给孩子听，让他自己去判断”。

马旗戟说，现在儿子已经习惯通过自己的视角来观察周围的人与事。“他还会批评我呢”，马旗戟笑着告诉记者，“有时在家的时候，我会把工作上遇到的一些不痛快的事情‘叨唠’给他听。有一次，他听我说完后，一本正经地说我太‘优柔寡断’，还跟我讲了很多道理。”孩子的这个举动着实让马旗戟吃了一惊，不过，马旗戟更加坚信一点，“大人有时不需要什么事情都直接告诉孩子要怎么做，告诉他一个方向，让他自己去判断、处理才好”。

“管理员工也是一样，不需要什么事情都直接告诉他们。”马旗戟表示，只要能让员工进步，有时采取一些“曲线救国”的方式未尝不可。“现在的员工大多都是80后，他们往往比较自我，单纯地告诉他们要怎么做，还不如从旁引导。”在工作中，马旗戟会让员工自己制定工作目标。“我的作用只是提供技巧去帮助他们。”在实现目标的过程中，马旗戟甘愿做“隐形人”，一旦员工遭遇“迷茫、彷徨”，他就会“上线”，“他们的目标因为我的存在而更加清晰。”

马旗戟还有个习惯，就是帮助员工做职业规划。“我们的团队成员都很年轻，他们会面临很多职场困惑，有初入职场不习惯的，有事业上升遭遇瓶颈的，等等。”马旗戟虽然没时间为他们一一做规划，但他会经常性地把自己老师当年传授给他的理念跟员工分享。“其实，我从老师那里学到的技术是有限的，但他对其所从事职业的忠诚却深深感染着我，一定要从心里爱上你正在做的事情。”马旗戟希望也能把这种“感觉”传递给他的员工。“有时，传承的不仅仅是经验，而是精神。这是我所敬仰的管理的最高境界。”

二、“迂回式”引导——最直接的方式未必最有效

“有时，直接的方式未必是最高效的。‘迂回’的魅力在于技巧，我要做的就是找到合适的方法向外输送技巧，而非目标本身。我绝不会强压给对方具体目标，更多的是为他们创造实现目标的环境。”

童话故事中大狮子之所以将小狮子推向山崖，为的是让它提高承受磨难的能力。马旗戟在生活中就演绎着现实版的“挫折教育”。“我会刻意创造某些环境去考量孩子，让他有一定的挫败感，当然这不是摧毁性的打击”，马旗戟笑笑说，“有一阶段，孩子的学习成绩下滑得很明显，我就会采取惩罚措施。我要让他知道，如果继续下去，他会倒霉的。”马旗戟很认同一个观点——如果孩子在上学的时候能遭遇一些挫折，那是一种难得的体验。

而当员工出现错误的时候，马旗戟却很“心慈手软”。“不能纠缠于错误本身，管理者要为员工创造鼓励的氛围。”在马旗戟带领的团队中，可以说是管理

风格各异，有的管理者属于“保守型”的，有的是“激进型”的，“不管什么风格，我都允许它们存在”。

在公司划分数据研究标准时，有的员工主张根据客户类型划分，有的主张组织以“小团队”的形式推进。马旗戟允许两者都存在，“两者都有各自的问题，前者需要考虑全国各地出差产生的运营成本；后者则需要加强小团队的管理。这是技巧性的东西，我需要告诉他们。我鼓励创新，并愿意承担创新所带来的风险。”

“举个例子，一瓶水，仰着喝，会喝得更快，这是技巧；如果拿这瓶水冲澡，就是创新；如果想到水不够，试图取到更多的水，就是更大的创新”，马旗戟说，“自己只是提供有利的环境，使其取水更加方便有效”。每位员工都很聪明，向他们输出技巧，他们自然就会对以前过程中出现的问题进行调整。在马旗戟看来，不停地创新、调整，亦如成熟职业人“出炉”的过程。“管理者水平的高低，其中最大的区别就是对深远目标把握的深刻程度。这时候，更高一层的管理者要起到‘船票’的作用。我需要帮助员工记住目标，然后投入更多的精力去帮他们实现目标，而‘划船’的感觉却需要员工自己去体会。”

教育小孩亦是如此。儿子小时候曾经在一次天文夏令营中任小组队长。“可那次他并没有做得很好，凡事都等老师的指派，完全不知道自己需要做什么，结果被老师批评了”，马旗戟笑着跟记者说，“我没批评他，我只是跟他说，既然当了‘官’，就要主动去想问题、解决问题，而不是一味地去执行”。让马旗戟感到欣慰的是，后来儿子当了数学课代表之后，经常主动做些老师没交代的事，“可有‘小领导’的范儿了，大家都夸他是老师的小助手”。

跟许多家长一样，马旗戟望子成龙的期望也十分殷切，但他督促孩子学习的方式很特别。由于孩子是个十足的“天文迷”，“我就问他哪所大学的天文学最出名，如果想被这所大学录取，需要进入全国考生的2%，而要取得这个成绩，需要先在目前所在的班级取得前十名的名次才有可能”，马旗戟说，“我只是帮孩子分析现状，分析明白了，他自然会有学习的动力，这样，他会觉得是在为自己的梦想而努力，而不是为家长去实现什么目标”。

三、“迂回式”放开——将互联网使用权放给儿子

马旗戟说在教育孩子上面，自己的心态很放得开。“我从不强迫孩子做任何事。这也是一种迂回，目的就是为了他能健康、快乐地成长。”

在很多家长“谈网色变”的状况下，马旗戟却将互联网的使用权力放给儿子，“我允许他玩电子游戏，也可以使用QQ、微博，就看他喜欢玩什么，但我会规定他上网的时间。”这样做，马旗戟有他的理由，“数字化社会发展趋势不可阻挡，这是大势。在这样的大背景下，不可能让孩子与社会化进展割裂开来，否则他的成长就是缺失的。说得更严重点，那是件很恐怖的事情”。

环境越宽松，孩子反而会更加理智地选择自己的方式获取知识。“他比较

喜欢传统阅读,我同样支持,给他买了几箱书,比如《东周列国志》等,都是他喜欢的。"最近,电视台在播放《三国》的电视剧,为了能在同学们面前有"显摆"的资本,儿子每天放学回家就看关于《三国》的书。"家长没必要为这些事操心,应该获得什么样的知识他比家长有想法。"

而对于孩子未来的发展,马旗戟也不担心,"现在孩子还处在起跑线上,暂时的优秀与否并不重要,重要的是成长中所处平台是否相对优秀"。在马旗戟看来,放手给孩子选择的权力,而不是硬性规定必须做到什么优秀程度,也是为孩子创造了宽松的成长氛围,"这就是一种'迂回式'放开"。

也许正是因为马旗戟的这种"迂回式"放开,公司的员工也才能在一片开放的天空下自由成长。"我们性格上的多面性可以在这里自由展现",AC 尼尔森的一位员工跟记者说。

通常情况下,员工在职场中只能扮演一种角色,但在 AC 尼尔森,每个员工都有机会和权力挖掘自己另外的多重角色,"他们有的是圈子里著名的品酒师或者是布艺圈里著名的创作家",马旗戟强调,"不能强硬灌输价值观,唯一要做的就是尊重,放开手,让他们去飞,而我只要提供开放的平台就好"。

虽然,开发员工"多元化"的个性是有必要的,但困扰也随之而来。"管理团队的复杂度也随之上升了,不过,这也是一个必经的阶段。"对于这样的困惑,马旗戟似乎想得很明白,"只要大方向没错,出现什么问题,不断修正就可以了"。

课堂讨论:请分析 AC 尼尔森在员工培训与开发管理上的特点。

第二节　员工培训与开发管理的发展

未来,企业中的员工培训与开发管理活动,将逐渐呈现以下几方面的特点和变化趋势。

一、在培训的关注重点方面

(一)培训的关注重点从工作需要扩展到员工个人发展和角色转变的范围

企业以往的培训都是从工作的需要出发,以工作绩效的改进情况为关注的重点,往往忽略了员工在培训中的真正作用。然而,员工在培训中的表现和态度是影响培训开展以及培训效果的关键因素之一,如果没有员工的积极参与,培训工作无法顺利开展,培训的效果更加无法得到应有的保障。随着现代企业管理的发展,人们逐渐认识到人力资源是管理的核心,企业的发展依赖于员工素质的提高,只有掌握一定的知识和技能,拥有正确的职业价值观的员工才能推动企业的发展。故现代的培训管理更加重视员工的个人发展,将员工的个人发展计划融入员工的培训工作,从而激发了员工的积极性,实现了企业与员工的共同进步与发展。另外,随着劳动力市场竞争的日益激烈,员工在培训中的角色发生了转变。在培训中,员工不再是被动接受,而是主动参与。培训项目对员工来说,不再是工作任务,而是学习和提升的机会。现代社会,培训已经成为广义的薪酬福利待遇中的一种,优质的培训广受员工的欢迎。另外,在社会主义市场经济的发展和全球化趋势的推动下,企业步入了科技化、国际化的新时代,员工作为企业中创造价值的群体,为推动企业的发展和提高个人的竞争力,急需根据市场需要补充新知识、新技能。故为了适应整体发展趋势,企业在培训的内容中加入了更多国际化的元素,通过培训增强企业的国际竞争力的同时也推动员工向国际化人才方向转化。

(二)培训更加讲究投资回报

培训工作的开展,如同企业中的其他工作内容一样,需要企业投入相关的成本,包括各种费用,如前期的准备费用、中期的维护费用以及后期的管理费用等。另外,除费用投入以外还包括各种人力、物力的投入,如培训师、培训工作协助人员、培训监督管理人员以及各种设备等。所以,培训工作的开展从商业的角度来讲是一个投资的过程。从企业"经济人"的角度出发,任何投资活动的开展都应该衡量其经济效益,这是一直以来企业所关心的。如今,更多的企业意识到了这一点,更加讲究效果的最佳化和成本的合理化。所以,为控制成本、实现可观的经济效益,企业从各方面做出了努力。各种新技术在培训中的运用,增强了培训的功能,优化了培训的效果。例如,越来越多的企业依据腾讯会议线上平台,员工自主在手机客户端开展培训,并通过"线上"监管督查模式,确保培训质量。线上培训,可以惠及许多员工,明显降低了培训成本,增加投资收益率。

(三)培训活动的计划和执行向着更加规范化、专业化、技术化的方向发展

企业还将培训体系纳入整个管理体系之中,为培训活动的开展制定了科学和规范的组织程序和操作程序,在时间和空间上最大限度地贴近企业管理和业务的实际,用最佳的方法帮助员工完成培训,并通过正规的程序对培训效果进行评估,检验培训质量的高低,使培训工作的开展在实践中得到不断改进。

二、在培训的形式和方法方面

(一)培训向着更灵活、更多样的方向发展

传统的培训方式主要是课堂教学及现场实习、师傅带徒弟。现代企业所采

用的培训方法更加灵活多样，如工作轮换法、讨论法、行动学习法、教练式培训、挑战性工作的委派和突破学习、初级董事会、案例教学法、情景模拟法、行为示范模仿法等，这些方法都在一定程度上解决了传统培训方法所不能解决的问题。另外，随着多媒体、互联网等新技术的运用，产生了更多以技术为依托的新的培训方式，如多媒体培训、电视教育培训、虚拟现实培训、卫星远程培训、计算机辅助培训、网络在线培训、多媒体远程培训等。特别是近年，随着智能手机的广泛普及，移动网络教学已成为潮流和趋势。这些以新兴技术为媒介的培训方法分别从技术的角度展现了各自独特的优势，使培训内容更加生动，培训过程更加顺利，培训工具更加便捷，培训效果更加明显。近几年来，利用高科技来丰富培训的手段和提高培训的水平，已经成为国际上企业培训的主流，广受企业和受训者的欢迎。因为这种技术创新可以大大加快员工获得新知识和新技术的速度，解除时空限制，员工可以在任何时候和任何地点不受限制地学习知识和技能，使企业可以迅速适应市场的快速变化，把握先机。然而，高科技的引进与创新需要大量的人力、物力、财力等资源的投入，所以培训的高科技化必然带来培训的高投入，使企业用于培训的投入与日俱增。

（二）培训向深层次、更全面、更广阔的方向发展

首先，从培训的内容上来看，现代培训已经将企业员工培训向更广泛的领域渗透。过去的培训主要集中在员工的专业知识和技能方面，现代的培训已经发生了战略性的转变，培训的内容还扩展到团队精神、职业价值观、劳资关系处理、企业文化培育等方面，企业培训管理进入了更深层的领域。其次，从受训者主体来看，现代培训扩大了培训对象的范围。过去的企业培训主要面对创造经济价值的员工群体或者是以生产工人为主要培训对象，而现代的培训吸收了国外全员培训和终身教育、继续教育的观念，培训对象扩展到了管理人员培训、专业技术人员继续教育、班组长培训、工人岗位培训等更广泛的群体。另外，激烈的市场竞争使培训的内涵远远超过了培训本身，有的企业还将培训扩展到了企业相关人员，如顾客、合作商工作人员等。通过对客户的培训可以充分展示自己产品的效能与优势，提高自己的市场占有率。另外，通过对合作商工作人员的培训可以加深相互了解，促进合作的实现。最后，从培训的形式上来看，现代培训适应国际发展趋势和市场竞争的要求，很多企业的员工培训逐步发展为资格证书培训。企业可以通过适当的培训项目和课程，给通过培训的员工提供资格认证和技术定级。这些证书的获得一方面有利于员工进行自我定位和目标设定，另一方面为企业的人力资源管理工作提供参考，尤其是对一些可以通过技术和能力认定的操作人员、技术人员和管理人员。

（三）培训向着合作化、社会化的方向发展

随着经济的发展和社会的进步，现代企业中的许多要素，如经营、管理、制

度、销售以及组织文化等，都有了许多相通之处，这为企业培训的社会化创造了自身的条件。另外，由于现代社会信息交流的畅通和高新技术的运用，社会分工也越来越呈现出细致化和科学化的特点。越来越多的企业不再将培训工作作为单独的一项工作，而是将其推出企业内部，与社会其他部门、组织或机构进行合作，并通过培训产品的组合满足各方面的需要，让培训工作更加高效的同时也赶上社会化发展的潮流。如在我国，越来越多的企业通过与学校挂钩合作培训，如与技工学校、职业培训中心或高等学校签订培训承包协议，让员工进学校或学校派教师送教上门培训各类员工，其内容可以是一般知识性培训，也可以是针对特殊需要的专门培训。还有各种各样的成人教育，如夜大学、广播电视大学、函授、刊授等，也常被作为员工培训的手段。另外，为了培养某类专门人才，有的企业选派员工到高等学校进行定向的正规学制深造。近些年来，在职培训与正式课堂培训相结合的培训有不断增加的趋势。这样学生们既可选择从事技术工作也可选择大学教育。许多国外的机构，包括凡尼梅公司、汉堡王公司、冠军国际公司、太平洋电话公司、克雷研究公司和越能人寿保险公司，均与大学建立了密切的联系，并向教育项目投入了上百万美元。除此以外，还有一种合作方式——实习计划，即由大专院校和各类公司机构合作，为学生提供工作实践的机会，帮助学生了解如何在现实的机构内工作，也能让学生提早接触社会、了解社会，为未来的正式工作做好心理准备。同时，实习计划不仅是有利于学生的培训方式，若操作良好，对企业来说也是获益匪浅的。学生强烈的求知欲、旺盛的精力和崭新的思想一方面能够活跃整个组织的工作氛围，另一方面也能为组织创造经济效益。现在有很多大学都支持学生参加实习计划，从而将所学知识运用到实践中，提高学生的综合素养。

三、在培训的功能体现方面

（一）逐渐实现向“学习型组织”的成功转换

企业的培训和教育作为企业工作中的重要环节，其地位和作用范围已不同于早期。在早期的培训中，很多企业的培训和教育活动大多是在两种情况下派上用场，第一是当存在可以通过培训和教育解决的突发性问题时，企业就会开展相应的培训和教育活动。第二是当某种培训和教育活动普遍受欢迎，成为一种流行趋势时，有些企业就会盲目跟随。在这两种情况下开展的培训和教育活动具有应急性和随意性的特点，故当时大多数企业只把培训和教育活动看成是阶段性的解决方案。然而，培训和教育是企业不断获得效益的源泉，企业应当通过长期性的培训和教育规划，使企业在不断学习、进取和创新中改变原先通过行政措施来提高效率的做法，永不满足地提高产品和服务的质量，实现向“学习型组织”的转化。学习型组织是信息化社会背景下的需求和趋势，企业需要不断通过学习和培训来帮助员工获得新知识、新技能，获得不断进步和提升。现代越来越多的企业意识到了“学习型组织”的发展趋势，并积极参与到“学习型组织”的建设中去，更加崇尚知识和技能，倡导理性思维和合作精神，鼓励劳资双方通过素质提高来确保企业的不断发展。

（二）更加注重适应企业自身发展和国际化竞争的需要

随着信息产业的迅速发展，各个大企业都需要努力完善自己的服务系统，扩大销售网络，积极开拓国际市场，具有特殊才能的人才是完成这些富有挑战性的工作的关键。信息化环境下需要掌握相关知识和技能的高级管理人才和技术服务人才，这就必然对培训工作产生一定影响。首先，在培训指导的思想上，强调开阔员工的视野，重点开发员工的独立工作能力，而非只是一般性知识的积累。为迎接未来激烈的国际竞争，企业需要培养出“经济化”、“未来化”和“国际化”的人才。其次，在培训的内容上，企业需加入新环境中所需要的知识和技能，如电子学、计算机、控制论及外语等。最后，在培训的技术和方法上，为适应新的培训内容和培训思想，企业还需选择、引进和开发更适合、更高效的培训技术和方法，以更好地完成培训工作，实现培训目标，使得培训工作在企业自身发展和国际化竞争的道路上发挥良好的推动作用。

本章小结

当前员工培训与开发管理的特点显著：更注重培训目标设定的全局性；更强调培训对象的群体性；更关注员工个人发展的长期性；更倾向于培训中员工角色的主体性；更加彰显培训内容的广泛性；更体现出培训方法的多样性；更要求培训组织形式的创新性。

当前员工培训与开发管理存在一些问题，主要表现为：尚未普遍建立先进的培训理念；培训存在应急性和随意性；无法实现培训需求向培训内容的正确转化；员工参加培训缺乏自主性和积极性；缺乏培训效果评估和成果转化；缺乏科学的培训管理体系；培训网络体系不完备；尚未形成优秀的培训文化。

未来，企业中的员工培训与开发管理活动在培训关注重点、培训的形式和方法、培训的功能体系三方面会呈现出不同的变化和发展势头。

重要概念

员工培训与开发现状、员工培训与开发存在的问题、员工培训与开发管理的发展趋势

复习思考题

1. 企业员工培训与开发的特点是什么?
2. 当前企业员工培训与开发管理存在的问题有哪些?
3. 在培训的形式和方法方面,未来有哪些发展趋势?

应用案例

企业培训的七大发展趋势①

一、新培训 3.0

在这个时代,没有搜索不到的知识,只有你不愿意去搜索的知识。成人学习本来就是目的性极强的活动,所以,培训不应该去灌输知识,而应该制造“搜索知识的动机”。通过打造“人才折腾体系”,让员工形成强烈的学习动机,自我构建自己需要的知识体系。

人力资源(HR)应该观察到,在互联网时代,培训的功能已经开始快速迭代,企业需要的“培训模块”已然是一个新的存在。培训会发展到“实景模拟”,即培训的情景与实践高度接轨,此时,培训的效果是不需要评估的,这可以叫“新培训 1.0”。

培训开始能够与实践融为一体,“战训结合”成为大趋势,不少企业用行动学习包裹战略解码,用培训执行战略,这可以叫作“新培训 2.0”。

当前,企业已经开始将培训功能升级为打造“人才折腾体系”,全面加速知识的快速交互,全面强化企业的自我迭代能力,这可以叫作“新培训 3.0”。当前的培训 HR 急需推动自身工作进入这个阶段,只有这样才能跟上企业发展的步伐,培训才会成为一项不可缺少的功能。“新培训 3.0”将培训产品化。也就是说,在云化的组织里,我们不能期待去强行规划和设计出知识交互的场景,而是应该用产品经理的视角将培训打造成产品,让员工作为用户爱上它。腾讯在这个方面是标杆,他们的培训产品就是在与用户的交互中产生的,用户的在线数据反馈成了他们迭代产品的素材。

二、企业员工培训的七大发展趋势

目前,随着工业社会向信息社会的发展,国际上的大公司、大企业对员工的培训都十分重视,他们把员工培训作为企业的一项战略任务,自觉地将其纳入企业的经营管理之中,作为人力资源开发的核心。例如,美国的摩托罗拉(Mo-

① http://mk.36hjob.com/Mo/Article/Detail/QaQNk.

torola)公司在辉煌的时候认为培训是百年大计而非常重视,在全世界设有14所“Motorola大学”的分校,每年至少为每位员工提供40小时的培训,每年培训投资达1.5亿美元,它们正是得益于培训提供的高素质人才,才能得以不断扩大无线通信市场上的份额。而德国西门子公司每年投资于培训的费用则高达到8亿马克,占其利润总额的20%左右。在培训方面投资的高效益是他们跻身世界500强的重要原因。同时,随着技术和理念的不断发展,一些企业的员工培训和教育出现一些新的趋势,这些趋势会给培训和教育带来全新的内涵。归纳起来,有以下七个方面。

(一)培训目的演变为对企业人和现代人的塑造

企业培训目的已从主要使员工适应当前工作需要逐渐演变为对“企业人”和“现代人”的塑造,企业以往的员工培训主要是为了使人更好地适应机器,提高工作效率,而现代企业管理的发展使人们逐渐认识到人力资源是管理的核心,企业发展首先依赖于人的综合素质的提高,这不仅需要员工掌握现代知识技能,更要有现代人的意识与适应能力,并形成共同的价值观,即通过培训塑造“企业人”“公司人”“现代人”。为了激励员工、稳定队伍,培训既要考虑企业发展的需要,又要考虑员工个人发展的需要,与他们的个人职业生涯规划结合起来,满足企业经营发展与员工个人成长两个需要。

以往员工培训主要考虑企业当前的工作需要,着重知识、技能方面的提高或补充;随着社会主义市场经济、现代企业制度的逐步推进,企业步入了高科技化、国际化、竞争化的新时代,需要员工培训更具战略性,不仅要着眼于员工知识与技能方面的补充或提高,而且要培养企业文化与企业精神,培训员工的新观念和良好的工作作风,让他们掌握市场竞争、国际交往的知识和能力,保证企业经营和个人发展同时进行。

(二)企业已逐渐成为学习型企业

成功的企业将培训和教育作为企业不断获得效益的源泉。“学习型企业”的最大特点是:崇尚知识和技能,倡导理性思维和合作精神,鼓励劳资双方通过素质的提高,来确保企业的不断发展。这种学习型企业与一般企业的最大区别是,永不满足地提高产品和服务的质量,使企业不断学习进取和创新。最近微软公司总裁比尔·盖茨提出“知识工人”的概念,这是面对信息社会企业员工所必须具备的素质条件,为此需要不断学习和培训来帮助员工获得新知识。“学习型企业”的提出,反映了社会的需求和趋势,将为企业员工的培训和教育带来革命性变化,其意义是非常深远的。

(三)培训的方式越来越灵活多样

企业员工培训的方式越来越灵活多样,越来越呈现高科技和高投入的趋势。传统的培训方式主要是课堂教学及车间实习、师父带徒弟,现代企业采用了更加灵活多样的方式，并引入了许多现代化的方法与手段，如视听教学、模拟演习、研修讨论、职务轮换、自我测评、基层锻炼、挂职锻炼、游戏、电脑化培训、互联网培训、情景模拟、行为模拟等，使培训更加吸引人，效果也更好。

另外，企业培训呈现高科技和高投入的趋势。利用高科技丰富培训的手段和提高培训的水平，是近年来国际上兴起的企业培训的潮流。特别是电脑多媒体技术被广泛地作为企业培训的工具，如运用光盘进行人机对话、自我辅导培训，利用终端技术互联网进行规模巨大的远距离培训等，都使培训和教育的方式产生质的变化。这种技术创新，使员工获得新知识和新技术的速度大大加快，员工可以在任何时候和任何地点不受限制地学习知识和技能，企业可以迅速适应市场的快速变化，掌握先机。而培训的高科技化也必然带来培训的高投入，企业用于培训的投入与日俱增。

（四）逐渐走向社会化、合作化

培训由一个企业内部用来提高员工素质的单一部门逐步走出大门而跨向社会。这是因为现代企业的许多要素，如管理、经营、销售，乃至文化理念，都有许多相通之处，这就为培训的社会化创造了基本条件；同时，现代社会的分工和信息交流的畅通，使得培训能以社会化的形式出现，通过培训产品的组合来满足各方面的需求。越来越多的企业通过与学校合作培训，如与技工学校、职业培训中心或高等学校签订培训承包协议，让员工进学校或学校派教师送教上门培训各类员工，其内容可以是一般知识性培训，也可以是针对特殊需要的专门培训。还有各种各样的成人教育，如夜大学、广播电视大学、函授、刊授等，也常被作为员工培训的手段。也有为了培养某类专门人才，企业选派员工到高等学校作定向的正规学制深造的形式。

在美国，近些年来，在职培训与正式课堂培训相结合的培训有不断增加的趋势。这样学生们既可选择从事技术工作也可选择大学教育。许多机构，包括凡尼梅公司、汉堡王公司、冠军国际公司、太平洋电话公司、克雷研究公司和越能人寿保险公司，均与大学建立了密切的联系，并向教育项目投入了上百万美元。还有一种合作方式是实习计划，即大专院校和各类公司机构合作，为学生提供了接触社会的机会，帮助学生们了解如何在现实的机构内工作。学生们崭新的思想、旺盛的精力、对工作成果的强烈渴求同样使组织获益匪浅。亚利桑那州立大学，宾州大学以及其他许多大学都支持学生们通过工作和完成实习计划获取学分。

（五）深层次、全员培训和资格证书培训盛行

许多企业已将企业员工培训向各个领域渗透，其内涵已远远超过培训本身。例如，一些企业除了员工知识和技能的培训，还通过一定的形式，向培育企业文化、团队精神、劳资关系等方向发展，使企业管理行为进入更深层次的领

域,这是一个具有重要战略意义的发展趋势。企业员工培训的对象已从以生产工人为主发展为全员培训,由企业员工培训发展到相关人员培训。以前,我国企业员工培训主要针对生产工人,当时有学徒制度、企业技术训练班、员工夜校等;现在我国吸收和引进了国外全员培训和终身教育、继续教育的观念,逐步形成了包括工人岗位培训、班组长培训、专业技术人员继续教育、管理人员培训在内的比较完整的培训体系。近年来,培训对象还从企业员工扩大到企业相关人员,如顾客、合作厂商工作人员等。一些高科技产业公司通过培训自己的客户使自己的产品充分展示其效能与优势。

在我国,企业员工培训逐步发展为资格证书培训。无论是企业的管理人员、专业技术人员,还是操作人员,都存在着上岗资格问题。通过适当的培训项目或课程,他们获得相应的任职资格或技术等级,这种培训方式已经成为一种发展趋势与新型的要求。

(六)注重适应企业的发展和国际化趋势

随着信息产业的迅速发展,各个大企业都在努力完善自己的服务系统,扩大销售网络,积极开拓国外市场的同时,积极培训适应信息化要求的高级管理人员和技术人员,强化电子学、控制论、计算机及英语等课程的教育,加强操作方面的实践训练。在培训指导思想上,强调开阔员工的视野,着重开发员工独立工作能力。近年来,为适应国际化的发展,大企业着重培养"经济型"、"未来型"和"国际型"人才,以迎接未来更加激烈的国际竞争。

(七)注重科学化、程序化和经济效益

首先,培训者要认清员工培训的特点,在员工的需求和企业的需求之间寻找最佳结合点。其次,培训还要有一个科学和规范的组织程序和操作程序,在时间和空间上最大限度地贴近企业管理和业务的实际,用最佳的方法帮助员工获得知识和技能。最后,追求效果的最佳化和成本的合理化,追求企业培训的效益。检验培训质量的高低,可以通过效果评估,追踪员工培训在工作岗位上的表现,特别是在产品质量或服务水平上最能反映培训效果。为此,要遵循需求调查—培训实施—效果评估的运作程序,来保证培训的效果。

总之,现代企业员工培训一方面呈现综合化、复合化、广泛化趋势,另一方面呈现专业化、精细化、高品质化趋势,而且企业培训本身向市场化、企业化、集团化和高科技化发展。

问题:

1. 企业"新培训3.0"的本质是什么?
2. 当前员工培训与开发出现的七大趋势与本章的哪些内容不谋而合?

参考文献

[1]彭剑锋.人力资源管理概论[M].上海:复旦大学出版社,2005.
[2]徐芳.培训与开发理论及技术[M].上海:复旦大学出版社,2006.
[3]曹振杰,等.人力资源培训与开发教程[M].北京:人民邮电出版社,2006.
[4]白静,曹大友,孔冬,等.现代人力资源开发与管理[M].北京:中国人事出版社,2007.
[5]储成祥.现代企业人力资源管理[M].北京:人民邮电出版社,2003.
[6]丁利国,李进.人力资源管理[M].成都:西南交通大学出版社,2005.
[7]张德.人力资源开发与管理[M].北京:清华大学出版社,2001.
[8]马新建,等.人力资源管理与开发[M].北京:石油工业出版社,2003.
[9]黄维德.人力资源管理[M].上海:上海财经大学出版社,2006.
[10]李静,宋莉.国内外知名企业教育培训典型案例评析及国际企业培训发展趋势探讨[J].中国冶金教育,2004(3):18.
[11]唐宁玉,刘帮成.知识经济时代企业培训的最新发展趋势[J].商业研究,2003(13):23.
[12]王艳蓓,梁建春.基于胜任特征模型的员工培训与开发体系[J].现代管理科学,2007(7):36.
[13]邓今朝.浅谈企业的培训与开发[J].零陵学院学报,2004:10.
[14]李慧芬.企业人力资源培训与开发[J].现代企业教育,2004(6):14.
[15]吴忠权.构建提升企业竞争优势的人力资源培训与开发体系[J].合作经济与科技,2009(1):18.
[16]姚宏.如何将培训转化为竞争优势[J].人力资源,2003(7):29.
[17]李树伟.企业人力资源培训与开发的探讨[J].煤炭高等教育,2002.
[18]石金涛.人力资源培训与开发[M].北京:人民大学出版社,2003.
[19]罗辉.培训课程开发实务手册[M].北京:人民邮电出版社,2009.
[20]金延平.人员培训与开发[M].大连:东北财经大学出版社,2010.
[21]陈丽芬.员工培训管理[M].北京:电子工业出版社,2010.
[22]沃纳,德西蒙.人力资源开发[M].4版.董恬雯,徐芳,译.北京:中国人民大学出版社,2009.
[23]孙宗虎.员工培训管理实务手册[M].北京:人民邮电出版社,2009.
[24]郑海航,吴冬梅.企业人力资源管理:理论·实务·案例[M].北京:经济管理出版社,2007.
[25]中国就业培训技术指导中心.企业人力资源管理师国家职业资格培训教程

[M].2版.北京:中国劳动社会保障出版社,2010.
[26]李春苗,林泽炎,裴丽芳.企业培训设计与管理[M].广州:广东经济出版社,2002.
[27]向春.实效培训[M].广州:广东经济出版社,2005.
[28]王鹏,时堪.培训需求评价的研究概况[J].心理学动态,1998(4).
[29]吴琼琼.人力资源开发管理技能[M].北京:华夏出版社,2002.
[30]耿庆远.职工培训需求分析的内容和方法[J].胜利油田职工大学学报,2003.
[31]肖祥国.员工培训需求分析实用模型[J].科技资讯,2007(9).
[32]丁岩,赵君哲.企业培训需求分析研究[J].现代商贸工业,2007(10).
[33]王学栋,牛向东.培训需求分析在现代培训中的作用[J].职业技术教育,2001(34):14.
[34]蔡宁.培训需求分析五步流程[J].中国劳动,2009(6):22.
[35]文建秀,康晓卿,郭婕.论企业培训需求分析的有效性[J].商场现代化,2006(23):198.
[36]何斌,孙笑飞.基于胜任力的培训需求分析及其应用[J].企业经济,2004(1):27.
[37]冯友宣,戴良铁.工作绩效分析法:培训需求分析的重要方法[J].中国劳动,2004(11):15.
[38]龚道明.企业培训需求分析与方法探讨[J].技术与创新管理,2008(1):12.
[39]张正辉,邹化勇.浅析企业员工培训需求[J].合作经济与科技,2006(2).
[40]崔晓杰.培训需求分析[J].天津市经理学院学报,2008(4):10.
[41]张志有.试论现代培训需求分析[J].内蒙古民族大学学报,2008(3).
[42]刘永中,金才兵.培训经理手册[M].北京:南海出版公司,2004.
[43]王世英,吴能全,闫晓珍.培训革命:世界著名公司企业大学的最佳实践[M].北京:机械工业出版社,2008.
[44]严凡高,江美亮.培训部作业指导手册[M].广州:广东经济出版社,2010.
[45]于桂兰,魏海燕.人力资源管理[M].北京:清华大学出版社,2004.
[46]潘德.纽曼罗兰.管理法:追求卓越的阶梯[M].北京:机械工业出版社,2001.
[47]柯克帕特里克.柯克帕特里克.如何做好培训评估:柯氏四级评估法[M].北京:机械工业出版社,2007.
[48]爱尔文·戈尔茨坦.组织中的培训[M].北京:清华大学出版社,2002.
[49]赵国杰,杨文生.西方企业是怎样进行人力资源培训评价的[J].质量月刊,

2008(4).
[50]张一驰.人力资源管理教程[M].北京:北京大学出版社,1999.
[51]杨光斌.培训与开发[M].西安:西安交通大学出版社,2006.
[52]葛玉辉.员工培训与开发实务[M].北京:清华大学出版社,2011.
[53]袁燕华.培训课程开发与设计案例集[M].北京:人民邮电出版社,2011.
[54]陈胜军.培训与开发:提高·融合·绩效·发展[M].北京:中国市场出版社,2010.
[55]曲孝民,郗亚坤.员工培训与开发[M].大连:东北财经大学出版社,2009.
[56]王淑珍,王铜安.现代人类资源培训与开发 [M].北京:清华大学出版社,2010.
[57]MC CLELLAND S B. Training needs assessment data-gathering methods: part 1, survey questionnaires[J]. Journal of European industrial training, 1994.
[58]MC CLELLAND S B. Training needs assessment data - gathering methods: part 2, individual interviews[J]. Journal of European industrial training, 1994.